행복 여행

양재헌 지음

BM (주)도서출판 성안당

행복 무지개를 찾아서

어느 날 갑자기 거대한 바람이 불어와 나를 캄캄한 코로나 동굴 속으로 처박아 버렸다. 그 동굴 속에 갇혀 옴짝달싹하지 못하고 하늘만 원망하며 지냈다. 비행기를 타고 외국에 나갈 수도 없고, 친구들과 만나 바둑을 두 거나 당구를 치거나 술도 마실 수 없고, 학교에서 강의를 하거나 학생들 과 함께 사진 활동을 하는 것조차 금지돼 버렸다. 코로나가 두려워 요가 원에도 나가지 못하고 심지어 암으로 죽어가고 있는 동생의 병문안조차 가지 못하는 매우 갑갑한 세계 속에 갇혀 버린 것이다. 한마디로 외부인 과의 접촉을 철저히 차단당해 마치 감옥 속에 갇힌 것 같은 외로운 존재 가 됐다. 이 코로나 동굴 안은 너무도 어두운 무명(無明)의 상태이기 때문 에 도무지 출구가 보이지 않는다.

이리저리 헤매다가 한줄기 희미한 빛의 흔적을 발견했다. 희망의 빛이 다. 아무리 어두운 상태라도 한줄기 빛이 비치면 어둠은 물러가는 법이 다. 이 빛은 남이 아닌 내 스스로 발견한 것이다. 내 마음 속에서 빛을 일 으켜 어두움을 물리치기로 한 것이다. 나는 이 빛을 따라 한 발 한 발 걸 음을 떼기 시작했다. 바로 행복이라는 무지개를 찾기 위한 여행을 시작한 것이다.

이 책은 총 7부로 구성돼 있다. 1부에서는 행복이란 무엇이며, 행복한 삶을 살기 위해서는 어떻게 해야 하는지를 살펴보고, 2부에서는 '행복한 죽음을 맞이하기 위한 방법에 관해 살펴봤다. 3부에서는 삶이란 무엇이며 바람직한 삶은 어떤 것인지에 대해 살펴보고, 4부에서는 타인과의 관계를 이해하기 위해 '말씀'에 대한 생각을 정리했다. 또한 5부에서는 우리와 가장 가까운 나라인 '일본'에 관한 생각을 정리했고, 6, 7부에서는 명상과 종교가 우리 삶에 어떠한 영향을 미치는지를 구체적으로 살펴봤다.

이번 행복 여행 이야기에는 순간순간 웃음을 자아내는 각종 에피소드가 곁들여 있으므로 독자들이 코로나 국면을 돌파하는 데 도움이 되리라 생각한다. 나의 인생 철학과 삶이 담겨 있는 이 책이 코로나 동굴의 어둠에 갇혀 고생하고 있는 많은 사람에게 희망의 빛이 되길 바란다.

2021년 10월
양재헌

차 례

1

CHAPTER

행복을 찾아서

2
CHAPTER
죽음 바라보기

3
CHAPTER

삶의 바닷속으로

6
CHAPTER

명상

CHAPTER 1

행복을 찾아서

사람은 누구나 행복하게 살고 싶어한다. 지금은 힘들더라도 매일매일 열심히 일해 돈을 버는 이유도 미래에 행복하게 살기 위한 것이다. 때로는 부모가 온갖 고생을 하며 자식의 행복을 위해 희생하기도 한다. 또 종교적으로 이상 세계를 추구하는 신부나 스님과 같은 성직자들도 결국 사후 세계에서의 행복을 추구하기 위해 현생을 희생하고 있는 것이라 볼 수 있다.

어차피 태어난 이상 언젠가는 죽게 돼 있는 운명을 지닌 인간들이 과연 어떻게 해야 짧은 생을 사는 동안 행복하게 살다 죽을 수 있을까? 이 세상의 모든 사람이 항상 행복하게 사는 날을 꿈꾸며, 지금부터 행복 찾기 여행에 나서 보자.

행복은 무엇인가?

    행복은 잠을 잘자고, 아침에 일어나 맛있는 음식을 먹고, 좋은 사람들과 만나 즐겁게 지내고, 물질적으로도 풍요로운 생활을 하고, 정신적으로도 스트레스 없이 지내고, 육체적으로도 매우 건강하고 편안하게 사는 상태를 말한다. 간단하게 말하면, 행복은 '자기가 원하는 대로 편안하게 지낼 수 있는 상태'라고 정의할 수 있다.

    그렇다면 가장 편안한 상태는 언제일까? 우선 육체적인 측면에서 살펴보면 서 있을 때보다 앉아 있을 때, 앉아 있을 때보다 누워 있을 때가 더 편안하다. 누워 있을 때도 푹신한 침대에 누워 이불을 덮고 있는 것이 더 편안하다.

    이렇게 당연한 사실에도 원리가 숨어 있다. 우리의 신체가 다른 물체와의 접촉이 많아지는 상태가 될수록 편안하게 느끼는 것이다. 서 있을 때는 두 발바닥만 지면에 접촉해 있다. 앉아 있으면 접촉면이 엉덩이까지 늘어난다. 누우면 신체의 한쪽 면 전체에 접촉이 생기고, 이불을 덮으면 신체의 양쪽 면 전체에 접촉이 생기므로 편안하게 느끼는 것이다.

인간에게 가장 편안한 자세는 물속에 들어가 머리까지 담그는 것이다. 이렇게 하면 우리의 몸은 100% 물과 접촉할 수 있기 때문에 최상의 편안함을 느낀다.

그 이유는 우리가 태어나기 전 어머니의 자궁 안에서 우리의 몸을 100% 양수와 접촉할 때가 가장 편안했기 때문이고, 그러한 상태로 돌아가고 싶은 본능이 작동하기 때문이다.

수영을 못하는 사람들은 머리까지 담그는 것을 두려워 할지 모르니 수영장에서 머리만 내 놓고 있는 상태가 가장 편안할 것이다. 하지만 수영을 잘하는 사람들이 머리까지 담그고 가만히 있어 보면 최상의 편안함을 느낄 것이다.

그렇다면 정신적으로 가장 편안한 상태는 언제일까? 한마디로 '자신의 마음에 걸림이 없는 상태'를 말한다. 무슨 일이든 '마음에 걸리는 것'이 없으면 낮이든 밤이든 편안하게 생활할 수 있고, 밤에 잠도 깊이 잘 수 있다. 즉, 이것이 바로 행복한 상태라고 할 수 있다.

여기서 '마음'은 곧 '양심'을 말한다. 즉, 자신의 양심에 거리낌이 없도록 하는 것이다. 양심에 가책을 받지 않으면 두려움이 없어지기 때문에 많은 일을 과감하게 할 수 있고, 올바른 판단을 할 수 있기 때문에 많은 성과를 거둘 수 있다. 어떻게 하면 '마음에 걸림'이 없게 할 수 있을까? 방법은 생각보다 간단하다. 혹시 마음에 걸리는 일이 생겼다면 바로 반성하고 그 원인을 제거하면 된다.

예를 들어 아침에 배우자와 다투고 회사에 출근했다고 가정해 보자. 하루 종일 마음이 찜찜해 일이 잘 안 될 것이다. 마음이 찜찜한 원인은 바로 마음에 걸림이 생겼기 때문이다. 이를 한시바삐 해결해야 한다. 자존심 따위는 접어 두고 퇴근길에 예쁜 장미꽃이라도 한 송이 사서 "여보! 아침에는 내가 화를 내서 미안해! 내가 잘못했어."라고 사과하면 가정의 평화가 찾아올 것이다.

가족 내에서만 이러한 문제가 생기는 것이 아니다. 직장 내에서, 친구 사이에서, 연인 사이에서, 교회 내에서 등 인간 세상에서는 어디서나 '마음에 걸리는 일'이 항상 생기게 마련이다. 혹시 내가 남에게 상처를 줬을 때 바로 사과하고 용서를 구하면 '마음에 걸리는 일'이 조금씩 사라질 것이다. 이렇게 하나하나 비우다 보면 장래에 대한 두려움이 사라지고, 맑은 정신으로 현재와 미래를 볼 수 있는 행복한 상태에 이를 것이다.

물론 내 속이 부글부글 끓는데 먼저 사과를 하기는 쉽지 않을 것이다. 이럴 때는 성현의 지혜를 빌려 보는 것도 좋은 방법이다.

성경에서 예수의 제자들이 "형제들이 잘못하면 일곱 번이라도 용서를 해 줄까요?"라고 묻자, 예수는 "일곱 번이 아니라 일곱 번씩 칠십 번이라도 용서하라!"고 했다. 또한 불교의 석가모니도 "인생살이에서 가장 나쁜 세 가지 독이 있는데, 그중 하나가 남에게 성질을 부리며 화를 내는 것"이라고 했다.

부디 남을 용서해 주고 화를 내지 않긴 바란다. 아마도 이 책을 끝까지 읽으면 어느새 그러한 경지에 이른 자신을 발견하게 될 것이다.

행복의 종류

우리는 자신의 욕구가 충족되거나 편안한 상태에서 행복감을 느낀다. 또한 타인과 비교하며 자기 나름대로 만족할 때 행복감을 느낄 수도 있다.

행복의 종류는 타인과 비교하면서 느끼는 '상대적 행복'과 자기 스스로 느끼는 '자주적 행복'으로 나눌 수 있다.

상대적 행복과 자주적 행복

타인과의 비교를 통해 만족하는 '상대적 행복'은 일상생활에서 가장 흔히 느끼는 행복이다. 이는 남과의 비교를 통한 만족이기 때문에 주관적인 오차가 매우 크다. 예를 들면 30평 아파트에 사는 사람이 13평 아파트에 사는 사람과 비교하면 행복하다고 생각할 것이고, 60평 아파트에 사는 사람과 비교하면 불행하다고 생각할 것이다.

　또한 건강한 사람이 병든 사람과 비교하면 행복하다고 생각할 것이고, 자신보다 건강하고 몸 근육까지 잘 발달한 사람과 비교하면 불행하다고 생각할 것이다. 병든 사람의 경우에도 당뇨병에 걸린 사람이 암에 걸린 사람을 보면 행복하다고 느낄 것이고, 아무런 병이 없는 건강한 사람을 보면 불행하다고 느낄 것이다. 이와 같이 타인과의 비교를 통해 만족을 느끼는 '상대적 행복'은 개인의 주관적인 판단에 따라 달라진다.

　한편 자기 자신에게만 의존하는 '자주적 행복'은 타인과 비교할 필요가 없고, 오직 자신의 인생관에 따라 행동하기 때문에 행복하다는 감정이 쉽게 없어지지 않는다. 성당의 신부, 수녀, 사찰의 승려 등과 같은 성직자들은 일반인과 달리, 종교적 신념에 따라 자신만의 행복감을 느낀다.

　일반인들은 성직자와 달리 속세에서 생활해야 하기 때문에 자주적 행복을 느끼기 위해서는 자신만의 뚜렷한 인생관과 인생 목표를 정립할 필요가 있다. 즉, 자신이 정립한 인생관, 인생 목표에 따라 묵묵히 하루하루를 살아가며 만족하는 데서 행복을 느낄 수 있게 되는 것이다.

　경제적으로 매우 궁핍해 자살하고 싶을 만큼 괴로웠던 시절, '용산 철도 병원(지금의 중앙대학교 병원)'에서 있었던 일이다. 당시 동생이 뇌에 물이 차는 병으로 입원했는데, 부모님이 돌아가셨기 때문에 돌봐 줄 사람이 나밖에 없었다. 동생이 하루하루 죽음과 싸우고 있는 모습을 옆에서 지켜보고 있기도 힘든데, 입원비도 제때 내지 못해 매일이 지옥과 같았다. 당시 나는 "내가 이 세상에서 가장 불행하다."라고 생각하며 신세한탄을 하고 있었다.

어느 여름 날, 직장에서 퇴근하고 동생이 입원해 있는 병실로 가는 병원의 복도에서 "저기요! 저기요!" 하고 부르는 소리가 들렸다. 소리가 나는 병실 쪽으로 고개를 돌려 보니 한 환자가 침대에 누워 있었다. 그 환자는 나에게 "죄송하지만 창가에 있는 담배에 성냥으로 불을 붙여 제 입에 물려 주세요!"라고 하는 것이었다. 깜짝 놀라 환자의 상태를 보니 두 팔과 두 다리가 모두 없었다.

담배에 불을 붙여 입에 물려 주고 난 후에도 담배를 내 손으로 붙잡아 줘야만 했고, 담뱃재도 재떨이에 털어 줘야만 담배를 겨우 필 수 있었다.

사연을 들어보니 살기가 너무 힘들어 자살하려고 서부 이촌동 열차 터널 위 브리지에서 철로길 아래로 떨어졌지만, 두 팔, 두 다리만 잘리고 몸뚱이만 남겨진 채로 살아남게 됐다는 것이다. 그 후 그 사람에게 담배를 피게 해 주는 것이 나의 일과 중 하나가 됐다.

지금도 어려운 일이 생기면 그때의 일을 떠올린다. 그 사람에 비하면 나는 행복하므로 어떤 경우에도 낙담해선 안 된다고 생각했다. 즉, 다른 사람과의 비교를 통해 상대적 행복감을 느끼면서 더욱 분발하자는 각오를 다졌던 것이다.

"담배 불을 붙여 제 입에 물려 주세요!"

– 상대적 행복 경험 –

담배를 맛있게 피우고 있는 미얀마 할머니

나는 마음이 괴로울 때 삼성병원 암센터를 방문하곤 한다. 그곳을 오가는 사람들은 모두 암 환자들이다. 매일매일 죽음과의 사투를 벌이는 사람들이다. 그들은 지금 무엇을 생각할까? 아마도 "돈도, 가족도, 온갖 부귀영화도 필요 없다. 오직 내 몸만 건강하면 좋겠다."라고 생각할 것이다.

"나는 현재 여러 가지 일 때문에 괴롭지만, 이 괴로움은 저 사람들과 비교해 보면 '새 발의 피'인 것이다. 왜냐하면 나는 적어도 건강한 몸은 갖고 있기 때문이다. 따라서 내가 괴롭다고 하는 생각은 하나의 사치일 따름이다."라고 생각하며 위안을 삼았다. 즉, 상대적 행복을 느낌으로써 위안을 받는 것이다.

"골라! 골라!"

경제적으로 매우 궁핍했던 시절, 돈 문제 때문에 괴로울 때면 직장에서 가까운 남대문 시장을 찾곤 했다. 한 겨울 추운 날씨에도 손뼉을 치며 "골라! 골라!"를 외치는 사람을 보면서 "이렇게 추운데도 열심히 살아가는 사람이 참 많구나. 더 열심히 살아야겠다."라며 스스로를 다독였다.

"골라! 골라!"

'삶의 한 순간'. 모두가 최선을 다해 살고 있다.

자주적 행복감은 잠에서 깬 후에 '내가 숨을 쉬고 있네!'라며 '내가 살아 있다는 것'에 감사하는 데서 시작된다. 그리고 일상생활에서 일어나는 모든 일에 감사하는 것도 잊어서는 안 된다.

세수를 하면서 '시원한 기분을 느낄 수 있다는 것'에 감사하고, 면도를 하면서 매일 수염이 자랄 수 있는 '생명력이 있다는 것'에 감사한다. 식사를 할 때도 감사하고 식사를 한 후에도 '이 사이에 낀 음식물'에 감사한다. 음식물이 이 사이에 낀다는 것은 귀찮고 성가신 일이라 이전에는 원망을 했다. 하지만 생각을 고쳐먹고 보니 '음식물이 낀다는 것은 건강한 이를 갖고 있기 때문이 아닌가! 이 얼마나 감사한 일인가!'라고 생각하게 됐다.

좋은 일은 물론, 나쁜 일이 생기더라도 원망하지 않고 감사한다. 심지어는 나를 배신한 인연들에게도 감사한다. 그뿐 아니라 그들을 위해 기도를 드린다. 이렇게 하는 이유는 그들을 위해서가 아니라 이렇게 해야 내 마음이 편안해지기 때문이다. 원망스러운 상대방을 진심으로 용서하고 축복하면 내 마음이 개운해지고 응어리가 남지 않는다. 또한 내가 정한 인생 목표를 향해 나아가는 자신에게 만족하며 살아가는 것이 자주적 행복이라 생각한다.

불행이란 무엇인가?

불행의 원인

불행은 어디에서 시작됐을까? 기독교에서는 에덴 동산에서 이브가 뱀의 유혹으로 선악과를 따먹은 원죄 때문에 생겼다고 한다. 즉, 신의 명령에 불복종했기 때문에 불행이 시작됐다는 것이다.

반면, 불교에서는 불행의 시작은 탐욕 때문이라고 한다. 즉, 인간의 탐·진·치(貪·瞋·痴, 욕심·성냄·어리석음) 때문에 괴로움의 굴레에서 벗어나지 못한다는 것이다. 인간은 제 욕심대로 안 되면 화를 내게 되는데, 이 모든 것은 자신이 어리석기 때문이라는 것이다.

나는 '불행은 마음가짐에서 시작된다.'고 생각한다. 세상만사가 마음먹기에 달린 것이다. 암으로 죽어가는 사람이 '왜 하필 내가 암에 걸려 죽어야 하는가?'라고 생각하기보다는 "차라리 잘 됐다. 교통사고로 갑자기 죽는 사람들이 엄청나게 많은데 그래도 나는 약간의 시간을 벌게 됐지 않았는가. 나는 이 귀한 시간을 이용해 그동안 잘못했던 것을 반성하고 보기 싫어했던 사람들과도 만나 용서를 구하며 내 재산을 내 마음 가는 곳에 기부할 수도 있지 않는가!"라고 생각하면 한층 마음이 편해지면서 행복감을 느낄 것이라 생각한다.

불행에 대한 생각을 한방에 떨쳐버리기

불행에 대한 생각은 한방에 떨쳐버릴 수 있다. 그 방법은 바로 '나에게 최악은 무엇인가?'를 생각하는 것이다.

자동차 운전의 최악은 '핸들이 빠지고 바퀴도 빠지고 지붕도 날라간다.'일 것이다. 얼마 전에 테슬라 전기 자동차의 고장으로 유명한 변호사가 강남에서 사망하는 일이 발생했다. 잘 달리던 차량이 도로의 한복판에서 마치 컴퓨터가 다운되듯 모든 장치가 꺼지고 차가 멈춘 것이다.

수많은 사건 가운데 가장 최악은 '내가 죽는 것'이다. 만약 내가 살아 있다면 나는 불행하지 않은 것이다. 즉, 행복한 존재인 것이다.

자신이 불행하다고 생각한다면 그 불행의 원인을 다른 곳에서 찾지 말고 자신에게서 찾는 것이 좋다. 그 이유는 그 불행을 뒤집기가 쉽기 때문이다. 내 마음 하나 고쳐먹으면 불행이 행복으로 바뀔 수 있다.

불행은 왜 나에게만 일어날까?'

'왜 나는 매번 실패할까?'

'진실의 거울' 속에 비치는 나를 보라!' 이 모습이 바로 지금의 당신 모습이다.

　　우리는 무슨 일이 잘못되면 핑계를 대거나 미련을 갖는다. 그리고 '불행은 왜 나에게만 일어날까?', '왜 나는 매번 실패할까?'라고 생각한다. 이런 생각이 들 때의 가장 확실한 해답은 "당장 거울을 보라! 그리고 그곳에 비친 사람에게 물어보면 된다."이다. 우리 주변에는 진정한 불행의 원인을 알지 못하고 외면하는 사람이 많다. 원인을 알더라도 괴로워서 외면하는지도 모른다.

미래의 거울

　　앞 페이지의 사진을 보면 아름답고 젊은 여인이 '미래의 거울'에 자신을 비춰 보고 있다. 그런데 이 여인의 거울 속 모습은 해골이다. 왜냐하면 여인이 비춰 보고 있는 것은 '진실의 거울'이기 때문이다. 어차피 미래에는 우리 모두가 이렇게 변할 것이므로 하루하루를 즐겁고 보람되게 살아야 할 것이다.

외면하지 말라

　　꿩은 적과 만나 눈을 마주치면 고개를 바로 돌려 버린다. 상황을 일단 외면하는 것이다. 더욱 위기라고 느끼면 머리를 아래로 처박는다. 상황을 철저히 외면하는 것이다.

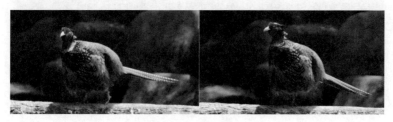

꿩은 눈을 마주치면(왼쪽) 고개를 돌리며 외면한다(오른쪽).

괴로움

우리는 괴로운 일을 만나면 적극적으로 나서서 해결하기보다는 일단 외면하려고 한다. 고통이 무섭기 때문이다.

하지만 괴로움의 원인을 분석하고 당당하게 마주해야 한다. 그러면 생각보다 쉽게 해결 방법이 보일 것이다. 이제부터는 마주친 상황을 외면하거나 고개를 돌리지 말고 진실을 마주하자.

역경에서의 행복

우리는 살아가는 과정에서 수많은 역경과 마주치게 된다. 역경 속에서도 행복 체험은 가능할까? 역경을 극복하는 과정에서 몰입 상태를 경험하게 되며 그 자체가 행복감과 연결될 수도 있다. 역경에서 탈출하면 행복감이 극대화될 것이다.

사마천은 궁형까지도 극복했다

중국 전한(前漢) 시대의 사마천은 무제의 노여움을 사서 생식기를 잘리는 형벌을 받았다. 그는 비참하게 물러났지만, 이를 기회삼아 『사기(史記)』를 지음으로써 후대에 이름을 남겼다.

상상 골프

미국의 한 프로 골퍼가 폭행죄로 1년형을 선고받고 감옥에 들어갔다. 그는 운동을 할 수 없게 되자 상상을 통한 골프를 생각했다. 1~18번 홀을 매일 상상 속에서 돌았다. 그리고 출소한 후 골프 대회에 나갔는데, 기적과 같은 일이 벌어졌다. 곧바로 3등을 한 것이다. 이는 자신의 의식을 통제하고 몰입한 결과였다.

고통에 대한 공포 때문에 생기는 괴로움

실패했을 때의 마음가짐

어떤 일을 추진하다 실패했을 때는 낙담하지 말고 현실을 담담히 받아들이는 자세가 중요하다. 이미 벌어진 일은 완전히 잊어야 하는 것이다. 물레방아를 거쳐 흘러간 물은 되돌릴 수 없지 않은가! 마음을 추스르고 새로운 삶을 맞이해야 한다. 성경에서는 "사람이 마음으로 자기의 길을 계획할지라도 그 걸음을 인도하는 자는 여호와시니라(잠언 16:9)."라고 했다.

삼국지에서 천하의 재사이자 명장인 제갈량도 연전연승 끝에 어느 날 패배하게 된다. 위나라 사마의와의 한판 승부에서 예기치 못한 소나기로 패배를 맛보게 된 것이다. 제갈량은 낙담하지 않고 다음과 같은 말을 하며 마음을 다잡았다.

"사람이 일을 꾸며도 하늘이 돕지 않으면 일이 안 된다."

자신의 실패 경험을 긍정적으로 소화하면 어떠한 음식에도 체하지 않을 수 있다. 인생만사 새옹지마(塞翁之馬)인 것을 알고 결코 실망하지 말자.

거꾸로 보기 - 다양한 시각

우리는 정말 어리석다. 어렸을 때부터 교육받은 이미지나 선생님의 설명에 따라 고정관념을 갖게 된다. 하지만 나의 생각이나 이미지는 항상 옳지 않다. 보는 방향과 입장에 따라 다른 것이다.

한국에서는 까치를 길조(吉鳥)라 여겨 복이 들어온다고 생각하고, 까마귀는 흉조(凶鳥)라 여겨 복이 나간다고 생각한다. 하지만 우리나라와 가까운 일본에서는 까마귀를 길조(吉鳥)라 여기며 매우 좋아한다. 이와 같이 동일한 새라 하더라도 지역에 따라 호불호가 갈리는 것이다.

자신이 어떻게 생각하느냐에 따라 자신에게 다가온 행복이 불행으로 바뀌기도 하고, 불행이 행복으로 바뀌기도 한다.

고드름은 위에서 아래로 자란다.

역고드름(김용순 작)

역고드름

고드름은 원래 지붕이나 나무에서 물방울이 떨어지며 얼어 붙는 것을 말한다. 즉, 중력의 법칙에 따라 위에서 아래로 자라며 생기는 것이다.

하지만 이와 반대로 아래에서 위로 솟아오르며 생기는 고드름도 있는데, 이를 '역고드름' 또는 '승빙(乘氷)'이라고 한다. 이처럼 자연계에서는 우리의 고정관념과는 다른 현상도 얼마든지 일어날 수 있는 것이다.

일체유심조

일체유심조(一切唯心造)는 불교 《화엄경》의 핵심 사상을 이루는 말로, "모든 것은 오직 마음이 지어낸다."라는 뜻이다.

신라의 고승 원효대사는 중국으로 유학을 가는 도중 한 동굴에서 잠을 자게 됐다. 밤중에 목이 말라 곁에 있는 빗물 고인 물을 맛 있게 먹고 잤다. 그다음 날 일어나 보니 해골에 괸 물을 먹었던 게 아닌

우리 모두의 장래 모습이다.

가! 깜짝 놀라 구역질하는 자신을 보며 다음과 같이 생각했다.

"어젯밤에는 물이 그렇게 맛이 있었는데, 해골물인 것을 알고 나니 구역질을 하고 있지 않는가? 세상만사 마음먹기에 달린 것이다."

사물에는 더러움도, 깨끗함도 없으며, 오직 마음먹기에 달렸다는 사실을 깨달은 것이다. 원효는 그 길로 중국 유학을 포기하고 고국으로 돌아와 위대한 보살이 됐다.

같은 것을 동시에 바라보는 데도 보는 이에 따라 다르게 보일 수 있다. 대부분의 사람은 물을 보면 마시고 싶다거나 발을 담그고 싶다는 생각을 한다. 하지만 물고기에게는 그냥 사는 집일 뿐이다. 즉, 물이라는 객관적 형태도 입장에 따라 천차만별로 보일 수 있는 것이다.

행복과 불행도 주어진 환경에 따라 오는 것이 아니라 자신의 마음이 지어내는 것이다. 아무리 불행하게 느끼더라도 마음먹기에 따라 다르게 전개될 수 있다. 누가 나에게 욕을 하든 말든 내 마음만 바로 선다면 아무런 상관이 없을 것이다.

지금의 어려운 현실도 언젠가는 추억이 된다. 문제는 '고통'이 아니라 '그 고통을 어떻게 받아들이느냐'이다. 부디 자신의 삶을 긍정적으로 해석하면서 아름답게 꾸며 나가자.

생각을 바꾸면 인생이 달라진다!

극단적 선택의 전후

우리의 마음은 항상 변한다. 누구에게나 세상살이가 괴로워 죽고 싶은 순간이 찾아온다. 이런 생각에 지배당하면 자살을 하는 것이고, 그 순간만 넘기면 생을 되찾을 수도 있다. 따라서 생각은 신중하게 그리고 실행은 천천히 할 필요가 있다.

내가 죽고 싶었던 추억

용산고등학교 1학년에 재학 중일 때의 일이다. 나는 집안이 어려워 신문 배달을 했다. 방과 후에 학교에서 남영동 보급소로 달려가 동아일보 120부를 받은 후 남영동 일대에 돌리는 것이 하루 일과였다. 용산구 남영동은 미군 부대 옆이라 '양공주'라 불리는 분들이 많이 사는 동네였고, 집안에서 맹견인 셰퍼드를 많이 키웠다. 신문을 돌리려면 집안으로 들어가야 하는데, 자칫 잘못하면 개에게 물리기 십상이기 때문에 항상 긴장과 두려움 속에서 신문을 배달했다. 결국 개에게 물리기가 싫어 신문을 던지는 방법을 개발했다. 신문 끝을 접어서 잡고 45도 각도로 던지면 3미터 정도 날라 목표 지점에 도착하게 하는 기술이다.

날씨가 좋은 날은 대문 밖에서 안으로 신문을 접어서 던지는 방법으로 개를 피하며 그럭저럭 돌렸지만, 비가 오는 날에 신문을 던지면 신문이 젖기 때문에 집안으로 들어가야만 하는데,

개집에 묶어 놓은 커다란 셰퍼드가 컹컹 짖으며 달려들기 때문에 정말 두려웠다.

비가 많이 오던 어느 여름날, 비닐 우비를 입고 신문 배달을 하던 중 갑자기 큰 소리가 들렸다. "아! 임마, 거기 서!" 하는 소리에 놀라 뒤를 돌아보니 키가 무척 큰 사람이 앞에 서 있었다. 그 사람은 해군사관학교 장교 출신으로, 얼마 전 부임한 체육 선생님이었다.

"야! 임마. 너 왜 학교의 명예를 더럽혀! 용산고등학교는 일류인데, 그 신성한 교복을 입고 신문을 돌리며 학교의 명예를 더럽혀?" 하며 커다란 손으로 내 뺨을 때렸다. 나는 길바닥에 쓰러졌다. 하지만 쓰러지는 순간에도 신문을 생각했다. 다치는 것보다도 신문이 젖지 않는 것이 더 중요했기 때문이다. 체육 선생님은 나를 때린 후 아무렇지도 않은 듯 유유히 사라졌다.

나는 매월 120부 중 110부 값을 매월 말일에 입금해야만 했다. 그러면 10부 값은 내 몫이다. 하지만 매월 말일에 입금하는 것은 거의 불가능했다.

매월 말일에 신문대금을 받으려 노력하지만 항상 말일을 넘겨 다음 달 열흘 날 정도가 돼야 한 달치 신문 값을 받을 수 있었다. 그래서 하는 수 없이 용산에서 다방을 하는 고모님에게 돈을 꾸고, 다음 달에 갚고, 또 꾸고 하면서 입금날을 겨우 맞췄다. 남는 신문 10부는 길거리의 신문 가판대에 팔았는데, 이것이 나의 유일한 용돈이었다.

이렇게 신문 한 부 한 부가 중요한데, 무려 70부 정도가 비에 젖어버린 것이었다. 나는 내 팔에서 새어나오는 피는 쳐다보지도 않고 허겁지겁 신문을 집어들며 엉엉하며 울었다. 내 일생 중 가장 슬프게 울었던 것 같다.

나이가 든 지금도 그때 일이 이해가 되질 않는다. 교복을 입고 신문을 돌리는 것이 어째서 학교 명예를 훼손하는 것인지? 당시 나는 교복 이외에는 옷이 없었고, 다른 학교 학생들도 교복을 입고 신문을 돌리는데, 용산고등학교가 일류라는 이유로 교복을 입고 신문을 돌리면 안 된다는 것일까? 아마도 자신이 해군사관학교 출신이므로 자신이 해군사관복을 입고 신문을 돌리는 상상을 하며 나를 때린 것은 아닐까? 아무튼 지금도 이해가 가질 않는다. 그분은 이미 돌아가셨지만, 나중에 저승에서라도 만나면 꼭 물어보고 싶다.

그때는 정말 죽고 싶었다. '나는 왜 이리 불행할까?', '왜 나만 항상 납부금을 내지 못해 3차 등록 때까지 교무실로 불려가 꾸중을 들어야만 할까?', '약간의 돈을 벌려고 어렵게 신문을 돌리는데 체육 선생님은 왜 나를 때리는가?' 등을 생각하며 울분을 토했다.

하지만 '악착같이 돈을 벌어 성공하는 것이 진정한 복수다!'라고 생각하며 마음을 조금씩 가라앉혔다.

부정적 사고를 긍정적 사고로 전환하자

인간은 어떤 사건이 발생했을 때 일단 부정적으로 바라보도록 진화했다. 일단 부정적으로 판단하는 경향이 매우 높은 것이다. 그 결과 스트레스를 받게 돼 건강에도 좋지 않을 뿐 아니라 사회생활에서도 좋지 않은 결과를 초래하게 된다.

어떤 사람을 처음 만났을 때 '이 사람은 인상이 좋지 않아. 강도처럼 생겼어. 경계해야겠어.'라고 생각하는 대신, '이 사람은 인상이 독특하네. 턱이 사각형이고 광대뼈도 나왔어. 꼭 액션 배우 같아.'라고 생각을 바꾸는 편이 스트레스를 덜 받고, 그 사람과의 인간관계도 좋아질 것이다.

우리는 인생을 사는 동안 많은 난관에 부딪힌다. 그때마다 부정적인 생각에 함몰되면 난관을 극복하기 어렵다. 현실을 긍정적으로 받아들이고 한층 더 분발해 극복하는 것이 좋을 것이다.

"웃자!"

나는 20세 때 ROTC 육군 소위로 임관해 부산에서 근무했다. 그 당시 어머님이 갑자기 돌아가시고 집에는 병든 아버님과 3명의 동생이 있었다. 집안은 매우 가난해 끼니를 이어나가기도 어려운 형편이었다. 나에게는 대학교 3학년 때 약혼한 여자가 있었다. 내가 어린 나이에 약혼을 한 이유는 그녀가 임신중절 수술을 했기 때문이다.

어쨌든 나는 군대를 갔고, 그녀는 교사가 됐다. 그러던 어느 날 그녀가 미국으로 이민을 떠났다는 청천벽력 같은 소식을 들었다. 찢어지게 가난한 집의 맏며느리 노릇을 하지 말라고 그녀의 어머니가 딸을 데리고 이민을 떠났던 것이다.

그 후 매일 잠을 자지 못할 정도로 괴로워했다. 매일 새벽 4시경 근처 교회의 종소리를 들은 후에야 한두 시간 자는 것이 전부였다. 죽고 싶을 만큼 괴로웠지만 죽을 수도 없었다. 나에게는 병든 아버님과 3명의 동생이 있었기 때문이다.

마음을 고쳐먹었다. "어떻게든 이 난관을 극복해 돈을 많이 벌어 성공하자. 먼 훗날 그녀를 만나 성공한 내 모습을 보여 주자!"라고 생각한 것이다. 그리고 내 책상 앞에 '웃자!' 라는 글을 써 붙였다. 하루 종일 우울하다가 군대에서 퇴근한 후 공부를 하려고 책상에 앉으면 그 글자가 눈에 보였다.

'웃자!'라는 글자를 보면 나도 모르게 빙그레 웃음이 새어 나왔다. 비록 씁쓸한 미소였지만, 화를 내거나 슬퍼하는 것보다는 한결 위안이 됐다.

웃자!

군 장교시절 퇴근 후 독신 장교 숙소(BOQ) 책상에 앉아 이 글을 보면서 슬퍼하는 대신 미소를 짓게 됐다.

그로부터 약 10년 후 내 친구가 우연히 미국 뉴욕에서 LA로 가는 비행기에서 그녀와 옆자리에 앉게 됐다고 한다. 그녀에게 "그 친구는 무역회사 회장이 됐고, 대치동의 큰 아파트에 살고 있으며 재벌이 됐다."라고 과장되게 말했다고 한다. "내가 자네 대신 복수했네."라고 말하는 친구를 보며 쓴웃음을 지었다.

우울증 스트레스

나는 어린 시절, 다음과 같은 방법으로 우울증을 극복했다.

오락부장 벼슬

나는 가난한 집의 아들이었기 때문에 항상 우울하게 지냈다. 집에서도 매일 밤 선친이 술을 마시고 모친에게 술주정을 하는 모습을 접하다 보니 집에 대한 애정도 거의 없었다. 그리고 초등학교 때도 다른 친구들은 4학년 때부터 과외를 하는데 과외는커녕 집안 사정이 더 어려워져 흑석동에서 구로동으로 이사를 가게 됐다. 하지만 용산 중학교에 합격한 후에는 더 이상 우울하지 말아야겠다고 생각했다. 슬픈 삶을 행복한 삶으로 바꾸려면 나부터 웃어야 한다고 생각했다.

그래서 홈룸(Homeroom, 일주일에 한 시간 정도의 학생 자율 시간) 시간에 사회를 볼 수 있는 오락부장에 자원했다.

남들을 웃겨야 하는 직책을 맡은 후 여러 가지 만화나 이야기 책 등을 보며 아이디어를 내서 웃기다 보니 성격이 바뀌기 시작했다. 이를 계기로 우울한 상태에 너무 빠지지 말고 전혀 다른 발상을 하면 세상이 달라 보인다는 것을 배웠다.

억지로라도 웃자! 썩은 미소라도 웃자! 그러면 모든 것이 풀릴 것이다.

범털 형님 감방 이야기

나는 1974년 ROTC 장교로 임관 시 각 대학교 ROTC 1등에게 수여하는 국방부 장관상을 받았다. 그리고 1987년 무역의 날에는 대통령 산업포장을 받기도 했다. 그리고 무역회사를 개인이 아닌 법인으로 창업해 꽤 많은 세금을 냈다.

2000년대 초 어느 날, 사진 동아리 중 주역과 사주팔자 보는 법을 배우고 있던 사람이 내 생년·월·일·시를 물어 대답을 해 줬다. 그런데 그 사람이 "원래 사주는 '금·목·수·화·토' 오행으로 보고, 대개 사주팔자의 여덟 가지 항목에 '금·목·수·화·토

(金木水火土)'가 서로 여러 가지로 나뉘어 배치되는데, 네 사주는 '금·금·금·금 목·목·목·목(金金金金 木木木木)'이므로 성직자가 되거나 감옥에 갈 운명"이라고 말했다. 나는 이 말을 귀담아 듣지 않았다.

물론 고등학교 시절 교회 회장도 하고, YFC(Youth For Christ, 십대복음선교회) 전국 총회장도 했기 때문에 내 팔자에 성직자가 될 확률은 있을지도 모르지만, 대통령 산업포장과 국방장관상을 받은 장교 출신이 감옥에 간다는 것은 상상할 수도 없는 일이었다.

그러던 어느 날 성남검찰청의 호출을 받아 들어가 보니 담당검사가 "당신은 전과 3범이고, 아주 죄질이 나쁜 사람"이라고 말했다. 나는 무역회사를 경영하면서 약간의 돈을 벌어 하남시에 창고를 3채 지었다. 그 창고는 그린벨트에 지은 것으로, 법적으로는 농가형 시설이었다. 예를 들면 축사·양계사 등과 같은 농·축산업의 목적으로만 허가가 나는 것이었다. 당시에는 현지인의 이름으로 건축해 넘겨받는 방법으로 짓는 것이 관례였고, 하남시, 군포시, 남양주 등 경기도 일원만 하더라도 약 7,000채 이상 지어진 상태였다. 그리고 현실적으로는 모두 농가 창고가 아닌 일반 창고처럼 운영했다. 가끔 단속을 나오면 적당히 지내다가 운이 없으면 1년에 약 100만 원의 벌금을 냈고, 결국 나도 3년 간 벌금 300만 원을 냈는데, 그것이 바로 '전과 3범'이라는 것이다. 나는 벌금이 전과에 들어가는 줄 몰랐다. 나의 불찰이니 누구를 원망하랴!

경기도의 수많은 창고는 다양한 법적 규제를 받고 있다.

바퀴벌레

검찰청에 불려가 취조를 받고 나오기 전에 나는 30세 정도의 여검사에게 항의조로 물어봤다.

"하남시만 해도 약 2,000개의 축사나 창고가 있는데, 왜 하필 나만 잡아왔나요?" 하고 물었더니, "집안의 장롱 밑에 있는 바퀴벌레는 숨어 있기 때문에 죽지 않지만, 장롱 밖으로 나오면 잡혀 죽게 되지요."라고 대답했다. 그 말이 진리라는 것을 느꼈다.

좀 더 알아보니 수원지검의 명령으로 경기도 창고 비리를 수사하던 도중 하남시청의 비리도 알게 됐고, 내 창고를 건축했던 사장이 걸려 여러 사람을 조사했는데, 내가 하남시에서 창고의 크기가 두 번째로 커서 도저히 빠져나갈 수 없었던 것이다.

창고의 크기가 너무 커서 빠져나가지 못했다는 뜻은 '유전무죄 무전유죄(有錢無罪 無錢有罪)'가 아니라 '무전무죄 유전유죄(無錢無罪 有錢有罪)'라는 어쩌면 나름 정의로운 판단일 것이다. 어쨌든 이 사태를 겪으면서 나는 바퀴벌레 철학을 배웠다. "걸리면 죄가 되는 것이다. 그저 장롱 밑에 숨어 있어야 했는데…."

변호사를 믿지 말라!

재판에 대비하기 위해 성남검찰청에서 퇴직한 지 얼마 안 돼 전관예우가 가능하다는 대학 후배를 소개받아 거금을 주고 변호를 의뢰했다.

그 친구와 골프도 많이 쳤다. 당시 나는 좋은 골프장 4개의 멤버였기 때문에 주말 부킹이 잘돼 그 변호사의 부탁을 여러 번 들어 준 것이다.

2주일 후에 성남지청에서 호출을 받고 그 변호사와 함께 갔다. 그런데 갑자기 나를 검찰청 유치장에 넣었다. 변호사와 나는 당황했다. 변호사도 전혀 예상치 못한 일이었다. 변호사는 "걱정 마세요."라고 말하며 물러갔다.

검찰청 유치장 이야기

'변호사가 곧 빼 주겠지.'라고 생각하며 유치장에 앉아 있는데, 계속 사람들이 들어왔다. 그때는 크리스마스 전날로, 날씨가 무척 추웠다. 그중 한 사람에게 물었다. "어떻게 들어오셨나요?"

대답은 간단했다.

"저는 매년 말 파출소로 가서 다짜고짜 파출소의 기물을 때려 부수지요."

"왜요?"

"나는 원래 노숙자인데 겨울에는 노숙하기 힘들고 또 감방에 들어가면 하루에 3만 원씩 돈을 벌 수 있고 하루 세끼 밥도 주니 안 들어 올 이유가 없잖아요. 내가 지은 죄면 대략 3개월 정도의 형량이 나오는데 그 정도 살다가 따뜻한 봄이 오면 나가는 것이지요."

나는 할 말이 없었다. 그렇다! 다들 들어가기 싫어하는 감방이지만 어떤 사람에게는 그곳이 천국인 것이다. 검찰청 유치장에 갇혀 있다가 다음날 새벽 1시에 끌려간 곳은 송파구의 '성동구치소' 였다.

구치소 이야기

구치소에 가니 옷, 안경, 혁대를 벗겼다. 그리고 아주 얇은 죄수복을 줬다. 그리고 배정된 감방으로 들어갔다. 감방 맞은편 화장실의 비닐 창에서 찬바람이 쌩쌩 들어왔다. 약 10여 명이 담요를 덮고 잠을 자고 있었다.

들어가 보니 벽에 두꺼운 잠바 하나가 걸려 있었다. 나는 너무 추워 그 잠바를 꺼내 입으려고 했다. 그러자 갑자기 한 친구가 절대로 안 된다며 손사레를 쳤다. 마치 그 잠바를 입으면 맞아 죽는다는 듯이…. 나는 아랑곳하지 않고 그 잠바를 입고 따뜻하게 잤다.

다음날 기상 나팔소리에 일어나 잠바를 벗으면서 "이 잠바누구 거냐?"고 물으니 바로 감방장님 것이라고 했다. 감방장님은따뜻한 아랫목에 앉아 있었다. 그런데 매우 어리게 보였다.

"야! 넌 어린 놈이 왜 들어왔냐?"라고 물으니 "여호와의 증인"이라고 대답했다. "그래? 여호와의 증인이라면 캐나다 워치타워(Watch Tower)성서협회의 「깨어라」, 「파수대」를 많이 읽어 봤겠네."라고 말했다. 「깨어라」, 「파수대」는 2주일에 한 번씩 나오는 여호와의 증인들의 잡지다. 할머니가 여호와의 증인이었기 때문에어머니를 전도하기 위해 한 달에 두 번 정도 그 잡지를 우리 집에갖다 줬고, 그것을 내가 가끔 본 적이 있기에 기억한 것이었다.

그러자 바로 감방장이 일어나 나를 자기 자리에 앉게 했다.이 일을 계기로 나는 감방에 들어가자마자 감방장이 됐다.

감방에는 약 10여 명이 한 방에 수용된다. 감방장과 고참은아랫목을 차지하고 신참은 맨 윗목의 화장실 근처에 배치된다. 밤에는 잠을 자면 되지만, 낮에는 오전 6시부터 오후 10시까지 하루종일 방에 앉아 있어야만 한다. 방안에 누워서도 안 된다.

더욱이 당시 성동구치소는 미결수 감방으로, 시설이 매우열악했다. 화장실의 바깥 창은 유리창이 깨져 비닐로 막아 놓았는데, 그중 일부가 찢어져 찬바람이 들어오고 있었다. 다른 수감자가 "과천 서울 감옥소는 김대중 수감 이후 시설이 좋아졌는데,

이곳은 시설이 열악하다."라고 하면서 투덜거렸다.

성동 구치소에서는 1인당 각 두 장의 담요가 분배됐다. 이 담요는 밤에만 사용하고 아침에는 일체 사용하지 못했다. 더욱이 밤에는 난방이 되는데, 아침에는 안 돼 바닥이 무척 차가웠다.

나는 "저기 쌓아 놓은 담요를 내려서 너희들 궁둥이에 깔아라!"라고 명령했다. 이것이 감방장으로서의 첫 번째 명령이었다. 하지만 감방원 모두 반대했다. 왜냐하면 간수가 지나가다 담요를 깔고 앉은 모습을 보면 벌을 받게 된다는 것이었다.

하지만 나는 "모든 책임은 내가 질 테니 아무 걱정 말고 깔아라!"라고 말했다. 다행히 간수는 우리들이 담요를 깔고 있는 것을 발견하지 못하고 복도를 지나다녔다.

한편 감방은 밖에서 상상하는 것보다는 꽤 괜찮은 곳이었다. 하루 세 끼 어김없이 따뜻한 국과 식사가 들어왔고, 관물대 위에는 개인적으로 구입한 라면, 빵, 치약, 수건 등이 있었다. 아쉬웠던 점은 술·담배를 못하는 것이었지만, 이 기회에 술·담배를 끊자고 생각하니 참을만 했다. 이렇게 어쩔 수 없는 환경을 받아들이며 "대한민국은 정말 좋은 나라다. 군대 시절보다 더 좋지 않은가!"라고 긍정적으로 생각하며 하루하루를 지냈다.

나는 감방장으로서 두 번째 명령을 내렸다.

"각자 왜 이 이곳에 오게 됐는지 말해 봐!"

"저는 억울합니다. 맥주를 마시러 갔다가 주인이 바깥에 나가는 것을 보고 돈 통에서 약간의 돈을 갖고 나오다가 걸린 단순 절도죄인데, 강도죄로 들어왔어요."

"네가 사람을 때렸겠지. 약간이라도!"

"사실은 도둑질을 해서 나오려고 할 때 주인 여자가 들어와서 세게 밀쳤는데 그 여자가 길에 고꾸라지긴 했어요."

"그러니 단순 절도가 아니고 강도지!"

다른 감방원은 다음과 같이 말했다.

"저도 억울합니다. 꽃뱀에게 걸려 들어왔어요."

"생긴 것을 보니 넌 제비야! 제비가 여자를 등쳐먹었으니 그 여자가 너를 검찰에 직접 고발한 거지."

이런 대화를 주고받다가 마지막에는 내가 어떻게 들어왔느냐고 물었다. 나는 대답할 수 없었다. 그들은 사기, 횡령, 강간, 절도, 강도 등의 중범죄인들이었는데, 나는 그들에게 말하기 쑥스러운 가벼운(?) 죄였기 때문이다. 내가 죄를 짓게 된 이유는 첫째, 그린벨트법 위반으로 벌금 세 번을 내서 전과 3범이 된 것이고, 둘째 창고의 크기가 매우 크다는 것, 셋째 바퀴벌레처럼 장롱 속에 숨어 있어야 했는데 어쩌다 남의 사건에 연루돼 세상 밖으로 나왔기 때문이다. 이러한 사유는 그들이 보기에 너무나 하찮은 것이기 때문에 자칫하면 그들이 나를 우습게 여길지도 모른다고 생각했다.

그곳에는 가장 무거운 죄를 진 사람에게 고개를 숙이는 문화가 있었다. 예를 들면 살인죄 1순위, 강도죄 2순위 기타 사기 횡령 등은 모두 잡범 취급을 했다.

나는 내 죄명을 말하지 않고 "내가 이곳에 내 뜻대로 들어온 것이 아니지만 나갈 때는 다를 것이다. 두고 봐라."라며 큰소리를 쳤다.

내가 이와 같이 큰소리를 친 것은 변호사를 믿어서가 아니다. 이미 내가 구속된 사실 하나만 보더라도 변호사는 아무런 역할을 하지 못한 것이다. 하지만 전생에 닦은(?) 어떤 인연으로 인해 곧 나갈 수 있을 것이라 확신하고 있는 상태였기 때문에 큰소리를 친 것이다.

다음 날 집사람이 면회를 와서 펑펑 울었다. 내가 엄청나게 고생하고 있다고 생각하는 모양이었다. 하지만 나는 새롭게 부여된 현실에 적응해 그다지 괴롭다고 느끼지 않고 있는 상태였다.

"걱정하지 마. 내가 누구야? 나는 사막에 떨어져도 살아나는 사람이잖아!"라며 아내를 위로했다.

그다음날 나는 세 번째 명령을 내렸다. "점심을 먹었으니 이제부터 운동을 실시한다. 야! 제비! 너 춤추면서 많은 여자를 홀렸을 테니 앞에 서서 우리에게 춤을 가르쳐라! 모두 일어서!"

우리는 제비의 시범을 따라 지루박, 차차차, 왈츠 등을 배우며 즐거워했다.

그날 밤 잠을 자고 있는데, 새벽 2시쯤 한 늙은 친구가 들어

왔다. 다음 날 아침 나에게 보고를 하는데 자신은 억울하다고 했다. 이곳에 들어온 사람들의 공통점은 모두 '자신이 억울하다는 것'이다. 나를 포함해….

자신은 폐암 4기로 병원 진단서를 검찰에 제출했는데도 검찰이 자기를 이곳에 넣었다는 것이었다.

나는 그가 사기꾼처럼 느껴졌지만, 나이가 많아 보였고 폐암 4기라는 점을 고려해 심한 코멘트는 하지 않았다.

구치소와 돈 · 돈 · 돈!

구치소에서도 돈이 필요하다. 돈을 주면 치약, 칫솔, 라면, 빵 등과 같은 생활 용품을 주문할 수 있다. 하지만 도둑질(일명 '뚜룩잡이')이나 강도질을 하다 잡혀온 친구는 돈이 없었다. 나는 영치금 100만 원 중에서 3명에게 5만 원씩 나눠 줬다. 이들은 나를 예수님이라도 되는 것처럼 우러러 보기 시작했다.

돈은 우리 삶의 축약이 아닐까?

다음 날도 여느 때와 같이 모두 춤을 췄다. 춤을 춘 후에 폐암 4기 친구가 말했다.

"이런 식으로 추는 춤은 구식입니다. 마치 육군사관생도가 춤추는 것 같네요."라며 직접 시범을 보였다. 춤사위가 제법 부드럽고 세련되게 느껴졌다. 우리는 이 친구에게 소위 신식 춤을 배우기 시작했다.

범털 형님

어느 날부터 모두 나를 '형님'이 아니라 '범털 형님'이라 부르기 시작했다. 왜 "범털이냐?"라고 물으니 '이 세상에서 가장 센 형님'이라는 뜻이란다. 심지어 내가 언제 나갈지 몰라 불안하다고도 했다.

범털

나는 변호사에게 "다음 주 ○○일에 구속적부심 청구를 하라!"고 요구했다. 변호사는 믿을 수 없었기 때문에 나름대로 대책을 세워야 했던 것이다. 마침내 ○○일에 감방을 나가게 되자 감방원들은 "범털 형님께서 저희들을 두고 나가시면 저희들은 어떻게 삽니까?"라며 울먹였다. 그들은 모두 죄를 지었지만 마음만은 따뜻했다.

'누가 누구를 죄인이라 하겠는가?'

나를 포함해 우리 모두는 전부 자신이 억울하다고 생각하는 사람들이다. 이것이 내가 감방 생활을 하며 배운 진리다.

행복의 흐름

이 세상과 우주는 자연 법칙에 따라 움직일 뿐, 인간을 위해 존재하는 것이 아니다. 주변 사람들도 마찬가지다. 그들은 자신을 위해 존재할 뿐 나를 위해 존재하는 것이 아니다. 이와 마찬가지로 나도 그들을 위해 존재하는 것이 아니라 나를 위해 존재한다. 따라서 내 안에서 행복을 찾고자 노력해야 한다.

행복을 추구하는 욕구

우리는 끊임없이 행복을 추구하려는 욕구를 갖고 있다. 이러한 욕구는 우리 삶을 지속시켜 주는 원동력이기도 하다.

우선 기본적으로 생리적 욕구가 있다. 먹고 자고 배설하는 것이다. 먹을 때도 좋은 음식을 먹고 싶고, 자거나 배설할 때도 안락한 환경을 원한다.

이외에도 사회적 소속감 욕구, 경제적 풍요 욕구, 문화적 즐김의 욕구 등이 있다.

이러한 욕구가 이뤄지면 더 많은 욕구가 계속 발생한다. 이와 같이 인간의 욕구는 끊임없이 발생한다. 끊임없이 발생하는 인간의 행복을 추구하는 욕구는 계속 채워질 수 있을까? 대부분의 사람들이 계속 이러한 노력을 하다 생을 마친다. 한 가지 확실한 점은 '이러한 욕구는 완전히 채울 수 없다.'는 것이다.

이를 깨달은 이는 속세를 떠나 산중으로 들어가기도 한다. 한편으로 생각해 보면 산중에서 자신만의 삶을 추구하는 것도 또 다른 욕구의 표현일 것이다. 이제 우리는 인간으로서의 욕구가 자동으로 발생한다는 점을 받아들이고, 어떻게 하면 이 욕구를 잘 채울 것인지를 연구해야 한다.

행복 만들기

행복을 추구하는 욕구는 충분한 몰입으로 통해 이룰 수 있다. 즉, 몰입을 이용해 생명이 끝나는 순간까지 행복을 추구하는 것이다.

몰입을 통한 행복 찾기

몰입(沒入)은 '한 가지 일에 집중하는 것'을 말한다. 몰입은 '내적(In-sight) 몰입'과 '외적(Out-sight) 몰입'으로 나눌 수 있다. 내적 몰입은 내부의 대상(숨, 몸의 느낌, 의식 등)에 집중하는 것이고, 외적 몰입은 외부의 대상(드라마, 영화, 음악, 미술, 사진, 골프, 스키, 섹스, 당구, 바둑 등)에 집중하는 것을 말한다.

종교에서는 '내적 몰입'을 강조하며, 가능하면 '외적 몰입'은 무시하라고 한다. 물론 '내적 몰입'은 우리 마음에 평안을 주기 때문에 매우 중요하다. 하지만 우리의 일상생활 중에서 항상 접할 수 있는 '외적 몰입'도 내적 몰입 못지않게 중요하다. 어쨌든 인간은 '몰입'을 통해 많은 것을 창조하기도 하고, 희열을 맛보기도 한다. 이러한 과정 속에서 행복해지는 것이다.

과녁 맞추기

한자의 '충(忠)' 자를 살펴보자. '충성 충(忠)' 자는 마음(心)이 하나의 과녁에 꽂혀 있는 형상(中)을 띠고 있다. 즉, 한 가지 일에 '몰입하는 것'과 같다. 만약 마음이 2개의 과녁에 꽂히면 한 가지에만 몰입되지 않아 근심 환(患) 자가 된다. 이와 같이 한 가지 일에만 몰입하는 것이 행복의 지름길이다.

활을 쏘아 과녁을 맞춘다

우리나라의 양궁이 세계적으로 유명한 이유는 명상을 통해

'내적 몰입'을 충분히 연습한 후에 과녁 한가운데의 10점 원과 자신의 마음이 일치하는 순간 화살을 보내 명중시키는 방법을 사용하기 때문이다. 결국 우리나라의 양궁은 '내적 몰입'의 결과라고 할 수 있다.

하지만 또 다른 활쏘기도 있다. 아마도 역사적으로 이러한 활쏘기 방법이 더 많이 이용됐을 것이다. 즉, 몽골이나 고구려 지역에서 사냥을 할 때 말을 타고 달리며 활을 쏘아 사냥감을 맞추는 것이다. 내가 타고 있는 말도 달리고, 사냥감도 달린다. 서로 빠르게 움직이는 가운데 활을 쏘아 사냥감을 맞추는 기술이야말로 '내적 몰입'보다 한수 위인 '외적 몰입'의 세계라고 생각한다.

산중에서 도를 닦는 도인들이 조용한 환경에서 명상을 통해 깨달음을 추구하는 것을 '내적 몰입'이라고 한다면 원효대사와 같은 도인들이 시장에서 중생들과 어울리며 도를 실천하는 것은 '외적 몰입'이라고 할 수 있다. 이처럼 '내적·외적 몰입'을 통해 인생을 행복하게 꾸며 보자.

내적 몰입

인간은 몸과 마음으로 이뤄져 있다. 몸은 눈, 귀, 코, 혀, 신체로 이뤄져 있고, 마음은 의식으로 이뤄져 있다.

눈: 매일 아침 일어나 잘 때까지 눈에 들어오는 모든 것과

무당은 신과 인간의 중간에 있는 존재로 여겨진다. 무당이 신과의 합일을 위해 몰입하고 있다.

인연(사람, 태양, 바다, 구름 등)을 본다. 눈에 보이는 모든 것이 매우 소중하다는 것을 깨닫는다.

미국의 헬렌 켈러(Helen A. Keller)는 일생 중 단 3일이라도 좋으니 바깥 세상을 보게 해 달라고 매일 기도했다.

그녀는 "사흘만 세상을 볼 수 있다면 첫째 날은 사랑하는 이의 얼굴을 보겠다. 둘째 날은 밤이 아침으로 변하는 기적을 보리라. 셋째 날은 사람들이 오가는 평범한 거리를 보고 싶다."라고 말했다.

그녀는 들을 수도, 볼 수도, 말할 수도 없었지만, 장애를 극복하고 장애인 인권 운동가, 사회주의자 등 다방면으로 활동한 인물이다. 그녀가 보지 못했던 이 아름다운 세상을 우리는 매일 보고 있으니 이보다 행복한 일이 무엇이겠는가? 이와 같이 무엇인가를 볼 수 있다는 것이 가장 큰 축복이라는 것을 깨닫도록 하자.

귀: 우리는 온갖 소리를 들으면서 행복을 느낀다. 모든 소리가(심지어 아내의 잔소리까지도) 나에게 행복을 선사하는 천사의 음성이다.

코: 맛있는 커피 향, 김치찌개 냄새 등 수많은 냄새를 느낀다는 것은 내가 살아 있다는 증거다.

혀: 음식이 혀에 닿는 감촉과 침이 고이는 기적을 매일 맛본다는 것은 최상의 기쁨이다.

몸: 걷기, 요가, 스포츠, 섹스 등 다양한 즐거움을 느낄 수 있다.

의식: 좋아하는 사람과의 추억, 장래에 대한 희망, 상상력 등 우리의 마음을 한껏 펼쳐 우주 공간을 헤매게 하는 것도 좋은 일일 것이다.

> 명상의 세계에서는 한 가지에 집중하는 동안 떠오르는 모든 생각을 망상(妄想)이라 말하기도 하지만, '어차피 우리의 속성인 걸 어쩌랴.' 하며 즐기는 것도 한 가지 방법일 것이다. 물론 이와 반대로 명상을 통해 우리의 의식을 최고의 차원으로 이끄는 것 역시 매우 행복한 일이다.

외적 몰입

몸과 마음을 통한 내적 몰입 외에 내 몸 바깥에 있는 외부 세계와의 접촉으로도 행복을 맛볼 수 있다. 인간은 사회적 동물이므로 혼자 살아갈 수 없다. 어차피 외부와 접촉해 함께 살아가야 한다. 외부와의 만남을 통한 행복 추구는 외적 몰입을 통해 이룰 수 있다.

가족을 통한 몰입

가족은 혈연으로 뭉친 조직원들이다. 가장 가까운 존재이기 때문에 매일 싸우기도 하지만, 그래도 가족밖에 없다. 항상 가족에게 감사하며 그들에게 몰입하자. 전철을 타고 가는 중이라도 카톡으로 '고맙다!', '미안하다!', '사랑한다!'라는 메시지를 남겨 보자.

친구를 통한 몰입

친구는 나와 함께 인생을 살아온 동반자다. 그들과 놀며, 싸우며 살아왔다. 놀 때도 싸울 때도 최선을 다해 몰입한 것이다. 세월이 흘러 나이가 들면 친구가 제일이다. 내가 죽었을 때 와서 소주를 마시며 아쉬워하는 사람도 친구다. 사랑하던 사람도 떠나고, 모두가 떠나도 친구는 좀처럼 떠나지 않는다. 지금 당장 좋아하는 친구에게 전화해서 "고맙다!", "미안하다!", "용서해라!"라고 말해 보자.

종교 활동을 통한 몰입

기독교, 불교, 이슬람교, 힌두교 등 다양한 종교와 접촉해 보면 나름대로 신기하고 재미 있는 이야기를 접하게 되는 행복을 맛볼 수 있다. 자신이 갖고 있는 종교 자체에 몰입하는 것도 좋고, 다른 종교 세계를 들여다보는 것도 좋다.

다른 종교를 접해 보면서 '혹시 내가 내 종교에 빠져 우물 안 개구리처럼 살아 온 것이 아닐까?' 하고 사유해 보는 것도 매우 훌륭한 몰입 방법이다.

취미 활동을 통한 몰입

바둑, 당구, 댄스, 사진, 미술, 별 관찰 등과 같은 다양한 취미 활동은 행복한 삶을 사는 데 많은 도움이 된다. 예를 들어 당구에 몰입하면 모든 물체가 당구공으로 보이고, 심지어 콩자반의 콩알도 당구공으로 보인다.

산책을 통한 몰입

'매일 평균 1만 보 걷기'라는 목표를 세운 후 산책을 해 보자. 만보걷기 앱을 다운받으면 도움이 된다. 보통 사람의 보폭이 약 50~60cm이므로 1만 보면 약 5~6km 정도에 해당한다. 시간적으로는 약 1시간 30분 정도다.

가능하면 대중 교통수단을 이용하는 것이 좋다. 이렇게 하면 출퇴근만 하더라도 약 6,000보 정도는 될 것이다. 사정상 어쩔 수 없이 자동차로 출퇴근하는 경우라면, 점심 또는 저녁 식사 후 반드시 30분 내지 1시간 정도 걷는 습관을 갖도록 하자. 처음에는 실천하기 어렵더라도 꾸준히 노력하면 어느새 습관이 돼 산책을 하지 않으면 못 견디는 중독 상태에 이르게 된다.

나는 20년 전부터 1만 보 걷기를 실천해 왔다. 이제는 비가 오든, 눈이 오든, 바람이 불든 언제나 산책을 한다. 심지어 비바람이 거센 날이라도 아파트 복도나 계단을 오르내리거나 지하철 역사 안을 왔다 갔다 하는 방법으로 목표량을 채운다. 이러한 습관이 들면 감기도 안 걸리고 모든 면에서 매우 건강한 신체를 갖게 된다.

산책을 하며 오가는 사람, 강아지, 흔들리는 나무, 꽃 등 자연과 대화를 하듯이 즐긴다. 산책을 한 후 집에서 샤워를 마치면 무한한 행복감을 느낀다.

독서 등 지적 활동을 통한 몰입

종교, 역사, 철학, 과학 등을 탐구하거나 소설, 시집 등을 읽으며 독서 삼매경에 빠지는 것도 훌륭한 몰입 방법이다. 창가에서 따뜻한 햇살이 들어오는 침대에 누워 베르나르 베르베르의 『개미』 등과 같은 책에 빠져보는 것도 좋은 방법이다.

일을 통한 몰입

우리는 흔히 '일은 괴롭고, 휴가는 즐겁다.'라고 생각한다. 하지만 일 속에서 행복감을 느끼는 사람들이 의외로 많다. 일이 단순히 돈을 벌기 위한 노동이라고 느끼는 사람도 있지만, 일을 통해 성취감을 느끼고 일 자체에 몰입해 행복감을 느끼는 사람도 많다.

> 세상은 우리가 원하는 대로 돌아가지 않는다. 하지만 우리가 일어나는 일 그대로를 좋아하기 시작하거나, 자신의 욕망에 집착하지 않고 매사를 긍정적으로 받아들이면 비참해지는 일은 결코 없다. — 김상대(아주대 명예교수)

봉사 활동을 통한 몰입

봉사 활동을 하면 정신적·육체적으로 깊은 만족감을 느끼게 된다. 장애 아동이나 저소득층 직장 여성의 아기 돌보기, 급식 지원, 도시락 전달 등과 같은 봉사를 할 수 있다. 교통 정리, 주차 정리, 길거리 청소하기 등과 같은 봉사를 할 수도 있다.

또한 자신의 특기를 이용한 지식 나눔 봉사를 할 수도 있다. 예를 들어 교사 출신이라면 어린이 공부방 학습 지도, 저소득층 자녀 학습 지도 등을 할 수 있고, 사진가라면 주변 사람에게 영정 사진을 만들어 주거나 사진을 가르치는 봉사를 할 수 있을 것이다.

자선 활동을 통한 몰입

자신의 부를 이용해 기부 행위를 하는 것도 좋은 방법이다. 대표적인 예로는 아너 소사이어티(Honor Society)에 기부하는 것을 들 수 있다.

자신을 숨기고 자선 활동을 하는 사람들이 간혹 있는데, 이러한 행위야말로 진정한 자선이라 할 수 있다. 성경에도 "왼손이 하는 일을 오른손이 모르게 하라."는 말씀이 있고 불경에도 '무주상보시(無住相布施)', 즉 '자신이 보시한 사실 자체의 상(相)에도 빠지지 말라.'는 말이 있다.

스포츠를 통한 몰입

테니스, 축구, 마라톤 등 스포츠를 즐기며 땀을 흘리는 것이야말로 몸의 몰입을 통해 행복감을 맛보는 예라 할 수 있다.

나는 어렸을 때 한강변에서 자랐는데, 초등학교 때 한강을 건널 정도로 수영을 잘했다. 신혼여행을 갔던 어느 여름날, 경포대 해수욕장에서 혼자 수영을 하며 앞바다로 나아간 적도 있다. 하늘의 태양 빛이 물속으로 퍼지며 들어오는 장면이 마치 천상의

수영은 좋은 스포츠다. 왜냐하면 우리 모두는 엄마의 뱃속에서 9개월간 수영을 하며 살아왔기 때문이다. 특히 머리를 물에 담그고 눈을 뜬 채로 바닥을 바라보면 천상의 정원을 느끼게 된다.

정원에서 '물 아지랑이'가 찬란하게 펼쳐지는 듯 느껴졌다. 그렇게 수영을 즐기다 해변으로 돌아와 시간을 보니 무려 2시간이나 지나 있었다. 이렇듯 자기가 좋아하는 일을 하게 되면 시간의 흐름이나 어떠한 잡념도 느끼지 못한다. 이것이 바로 '몰입을 통해 느끼는 행복한 상태'라고 할 수 있다.

대리 만족을 통한 몰입

자신이 직접 스포츠를 하지 않더라도 쉽게 몰입 세계로 들어가는 방법은 스포츠 경기를 관람하는 것이다. 권투 경기에서는 자신을 대신해 상대방에게 주먹을 날리는 선수를 보며 환호하고, 축구 경기에서는 골을 넣는 선수를 보며 열광한다. 그 선수가 자기를 대신해 뛰고 있는 것이기 때문이다. 이때 느끼는 희열감을 '대리 만족(Vicarious Feeling)'이라 한다.

응원을 하면서 몰입하는 행복

고독감을 즐기는 몰입

혼자 있는 것은 매우 두려운 일이다. 인간은 약한 존재이기 때문에 곁에 누군가 있어 주길 원한다. 하지만 여러 사정상 혼자 있게 되면 우울하고 슬퍼진다. 하지만 생각을 바꾸면 사정이 달라진다. 새로운 경험을 이용해 독서도 하고, 명상도 하며, 다양한 세계를 즐길 수 있기 때문이다.

나는 평소 사진을 찍고, 강의를 하고, 친구들과 어울려 바둑, 당구 등을 즐기며 바쁘게 보내다가 코로나19로 홀로 지내게 되면서 처음에는 갑갑하고 우울하기까지 했다. 하지만 생각을 고쳐먹었다. 이번 기회에 새로운 일을 해 보자고 생각한 것이다. 우선 각종 책을 많이 읽었다. 아마도 내 일생 중 읽었던 책보다 더 많이 읽었던 것 같다. 또한 인생과 종교에 대한 책을 쓰기로 결심하고 2년 정도를 집필에 매달렸는데, 그 결과물이 지금 독자들이 읽고 있는 책이다.

사진 활동을 통한 몰입

사진 활동에서는 촬영에 몰입하는 것 자체가 행복이다. 나에게 제2의 인생을 선사해 준 사진 활동은 몰입 경험의 대표적인 예라 생각한다.

사진 활동은 촬영 및 후보정으로 나눌 수 있다. 촬영을 할 때는 새로운 피사체를 찾아 많이 걷게 되는데, 단순한 산책과 달리 걷는 도중 자연과 사람들의 모습 등에 집중하게 된다. 그중

사진을 촬영하고 후보정을 하면서 며칠 동안 밤을 새 작품이 완성됐을 때 느끼는 감정은 '본
능의 배설'에서 느끼는 행복이다.

좋은 피사체를 만나면 촬영 단계로 들어가 준비를 하고, 마지막에 셔터를 누른다. 특히 마지막에 셔터를 누르는 순간은 몰입이 극에 달한다. 촬영 이후에는 또다시 걷기 시작한다. 즉, 몰입과 이완을 반복하는 것이 촬영 행위인 것이다.

후보정은 촬영한 이미지를 포토샵 등과 같은 프로그램으로 현상하는 과정을 말한다. 이 과정 속에서도 극도의 몰입을 하게 되며, 본격적으로 작품을 만들 때는 밤을 새워 작업하더라도 시간의 흐름을 전혀 의식하지 못한다. 작품이 완성됐을 때 느끼는 행복감은 그 무엇과도 비교할 수 없다.

현대인들은 사진에 친숙하다. 대부분이 핸드폰을 지니고 다니므로 음식을 먹을 때나 아름다운 꽃을 마주쳤을 때 등 언제 어디서나 사진을 찍을 수 있다. 이러한 행위가 우리의 몸과 마음을 건강하게 해 주는 것이다. 사진을 잘 찍는 방법은 '3부 삶의 바닷속으로'에서 알아본다.

카파도키아에서 기구가 나를 준비를 하고 있는 모습을 촬영하며 몰입 상태에 빠진다.

CHAPTER 2

죽음 바라보기

인간은 누구나 엄마의 뱃속에서 편안히 지내다가 때가 되면 좁은 산도를 나와 이 세상에 내던져진다. 태어났을 때 가장 먼저 하는 일은 '우는 것'이다. 아기의 첫 번째 울음은 '첫 번째 호흡'을 의미한다. 이 호흡은 일생 동안 계속되며, 이 호흡이 그치면 죽는다. 아기의 입장에서는 탄생의 순간이 곧 지옥으로 떨어지는 순간이라 할 수 있다.

이렇게 반강제적으로 시작된 호흡이 어느 순간 멈추게 된다. 바로 '죽음의 순간'이다. 이 사실은 누구나 알고 있지만, 평소에는 애써 외면하려 한다. 마치 죽음이라는 세계는 나와 상관없는 일이라 생각하며 당장 눈앞에서 벌어지는 아주 사소한 일에만 매달려 허겁지겁 살아가는 것이다. 죽음의 문제를 직시하고 관심을 기울여 평소에 어떻게 준비해야 하는지에 대한 문제를 구체적으로 살펴보자.

죽음과 마주하기

인간은 누구나 삶이 호흡으로 시작되고, 호흡이 멈추면 삶이 끝나는 숙명을 안고 태어난다. 즉, 탄생과 동시에 짊어지게 되는 멍에가 바로 '죽음'인 것이다. 이와 같이 우리는 태어날 때부터 사망 선고를 받는다. 다만 사망할 때까지 집행 유예를 받은 것일 뿐이다.

'나는 어디에서 와서 어디로 가는가?', '나에게 다가올 죽음의 의미는 무엇이며, 죽음 이후에는 어떠한 세계가 기다리고 있는가?', '드넓은 우주의 공간과 무한한 시간의 의미는 무엇인가?'
이러한 근본적인 의문들이 인간의 일생을 지배하고 있지만, 그 어느 것 하나 해답을 못 구한 채 일상생활에 허덕이며 오늘도 죽음의 세계로 한 발 한 발 다가서고 있다. "인간은 태어나자마자 죽기에 충분할 만큼 늙어 있다."라는 하이데거의 표현처럼 죽음은 인간 모두의 공통 명제라고 할 수 있다.

사형선고. 전라도 부안 갯벌은 사형선고를 받았다. 바다를 막고 갯벌을 없애는 작업이 시작된 것이다. 우리도 이와 같이 사형선고를 받고 태어났다.

인간은 항상 불안함을 지니고 살아간다. 주변에서 죽는 사람들을 보면서 '언젠가는 나도 죽겠구나.'라고 생각하며 불안해하는 것이다. 인간은 언젠가 죽는다는 사실을 누구나 알고 있다. 따라서 평소 죽음에 대해 생각하고 대비할 필요가 있다.

죽음이란 무엇인가?

죽음은 '생명이 끊어지는 것'을 의미한다. 그렇다면 우리의 생명은 언제 끊어질까? 그것은 바로 숨의 결과에 달려 있다. 숨을 반복을 하지 못하는 순간, 즉 호흡이 중단되는 순간 죽는 것이다.

숨이 끊어지면 육체적으로는 맥박이 사라지고, 몸이 차가워지며, 정신적으로는 일생동안 육체에 의존해 왔던 의식, 영혼, 혼백, 생각이 사라진다. 육체는 땅속으로 사라지지만, 의식, 영혼, 혼백, 생각은 도대체 어디로 가는 것일까? 이 문제는 '7부 종교와 행복'에서 알아본다.

병원에서 사람이 죽었을 때 주위 사람들이 가장 먼저 하는 일은 사망진단서를 발급받는 일일 것이다. 다음은 내가 겪은 사망진단서와 관련된 이야기다.

고종 사촌동생이 병원에서 죽게 되자, 고모부가 나에게 사망진단서를 떼오라고 해서 원무과로 갔다. 사망진단서의 내용은 간단했다. 사인(死因)란에 '호흡 중단'이라는 글자가 쓰여 있었다. 나는 사망진단서의 내용을 보고 어안이 벙벙했다. 적어도 사망진단서에는 사인을 구체적으로 기록해야 한다고 생각했기 때문이다. 하지만 간단하게 '호흡 중단'이라고만 쓰여 있었다. '호흡 중단', '심장 중단', '뇌 활동 중단' 등의 간단한 사인은 의사가 아닌 나라도 쓸 수 있는 것이었다.

인생의 길이

탄생과 죽음의 시간 차이를 살펴보자. 보통 가장 긴 시간은 '영원', 가장 짧은 시간은 '찰나'라고 생각한다. 찰나는 시간적으로 1/63초에 해당한다. 영원은 시간이 끊임없이 계속된다는 개념이다. 이러한 찰나와 영원 사이에서 인생의 길이는 얼마나 될까? 짧으면 50년? 길면 100년? 이 중 가장 긴 100년의 시간을 생각해 보자. 이 시간을 우주의 시간이자, 가장 긴 시간인 '영원'과 비교해 보자. 우리에게 주어진 시간은 '찰나'보다 짧다는 것을 바로 알게 될 것이다. 이토록 짧은 시간만이 우리에게 주어진 것이다.

당신은 과연 얼마나 살까?

지구가 탄생하고 소멸하는 긴 시간도 영원의 시간에 비하면 짧은 순간일 것이다. 그리고 이러한 긴 영원의 시간표 속에 당신의 태어남(Birth)과 사라짐(Death)의 순간은 아주 작은 한 점에 불과할 것이다. 이 한 점을 각각 B/D 점이라고 한다면 다음과 같은 영원의 시간표 속에서 당신의 B/D 점은 어디라고 생각하는가?

우주의 탄생(138억 년 전)------지구의 탄생(45억 년 전)------
B?-D?------지구 멸망?------우주 멸망?

위 그림을 보면 영원한 우주의 시간표 속의 나의 삶은 정말 하찮은 찰나의 순간이라는 것을 알 수 있다. 이 짧은 시간에도 우리는 여러 가지 일로 헤매다 느닷없이 죽음을 맞이하게 된다.

2020년도 한국 총인구 통계

흔히 100세 시대라고 하니 자신도 100살까지 살 수 있을 것이라고 생각할 수 있지만, 실제로 그렇게 될 확률은 매우 낮다. 통계청의 연령별 생존 확률을 보면 80세까지 사는 것도 대단한 행운이요, 축복인 것 같다.

나이(세)	70	75	80	85	90
생존 확률(%)	86	54	30	15	5

즉, 90세가 되면 100명 중 95명은 이 세상에 없고, 5명만 생존한다는 것이다. 한편 확률적으로 건강하게 살 수 있는 평균 나이는 76~78세까지다. 이와 같이 인생의 길이는 생각보다 매우 짧다는 것을 알 수 있다.

따라서 앞으로 살아 있는 동안 정신적, 육체적으로 늘 행복하고 건강하게 살기 위해서는 무엇을 어떻게 할 것인지를 살펴보는 것이 매우 중요하다.

죽은 후에 벌어지는 일들

자기 주변에서 사람이 죽으면 많은 일이 일어난다.

첫째, 너무 슬픈 나머지 방황을 하거나 우울증에 걸려 자신의 목숨까지 버리기도 한다.

석가모니 시대에 한 여인의 아들이 죽었다. 그 여인은 도저히 이 사실을 받아들일 수 없어 죽은 아들을 품에 안고 온 마을을 이리저리 돌아다니며 용한 의사를 찾았지만 모두 허사였다. 그러다 어느 사람이 부처님을 찾아가면 해결될 것이라고 말해 부처님을 찾아갔다. 부처님께서 말씀하시길 "마을에 가서 한 집에 한 알씩, 겨자씨 3알을 구해오면 살려 주겠다. 단 그 집에서 사람이 죽은 일이 있는지를 묻고, 사람이 죽은 일이 없다고 하면 그 집에서 얻어오라."고 말했다.

그 여인은 집집마다 돌아다니며 겨자씨를 얻으려고 했지만, 사람이 죽은 집들 뿐이어서 한 알도 얻을 수 없었다. 이를 부처님께 돌아와 고하니 부처님께서 "사람뿐 아니라 모든 생명을 가진 것은 죽게 돼 있으니 그 집착을 내려 놓아라!"라고 말하자 그 여인은 바로 깨달아 성인의 경지인 수다원과*를 얻게 됐다고 한다.

* 수다원과: 불교 용어로, 성자가 되는 첫 번째 단계를 말한다. 수다원과를 얻으면 죽은 후 일곱 번의 윤회를 거친 후에 완전한 깨달음의 세계에 이른다. 보통 사람들은 지옥과 천상 사이에서 영원히 낳고, 죽고, 윤회하기를 반복하는데 비해 일곱 번만 윤회하면 된다고 하니 이것도 굉장한 수준이라 할 수 있다.

인간의 멍에. 우리는 태어날 때부터 죽음이라는 멍에를 짊어지고 태어났다. 평생 그 멍에를 지고 살아가야 한다.

둘째, 종교에 의존해 죽은 이의 영혼을 천상에 보내고자 천도재 등을 지낸다.

셋째, 서로 싸운다. 자식 친척 간에 망자의 재산을 두고 서로 다투며 심하면 법정 싸움을 벌이고 심지어 살인을 저지르기도 한다.

넷째, 고인의 뜻을 이 세상에 널리 알린다.

어떻게 죽을 것인가?

삶의 마지막을 준비하자

살아 있을 때 죽음에 대비하는 것이야말로 현명한 일이며, 이러한 자세를 지니고 살면 아주 짧은 순간의 삶이라도 행복하게 살 수 있다.

이를 위해서는 삶의 마지막을 준비할 필요가 있다. 이러한 준비는 빠를수록 좋다. 왜냐하면 준비가 끝나기 전에 죽을 확률이 매우 높기 때문이다. 교통사고, 살인 사건, 해일, 폭풍, 지진 등과 같이 우리 의지와는 관계없이 죽게 되는 순간이 아주 많은 것이다.

> 그대의 생은 이제 마지막에 와 있다.
> 그대는 죽음의 곁에 와 있다.
> 죽음으로 가는 길 위에는
> 쉴 곳도 없나니
> 그대는 아직
> 길 떠날 준비조차 되지 않았구나.
>
> (출처: 법구경 16:237)

우리 모두는 이 구멍을 향해 매일매일 한 걸음씩 걷고 있는 존재다. 나이테는 매일매일

죽기 전의 후회

대부분의 사람들은 죽기 전에 후회를 한다.

"나는 내 삶에 있어서 최선을 다하지 않았다. 내 인생이 천 년 만 년인 줄 알고 오늘 할 일을 내일로 미루며 안일하게 살아왔다. 그러다 보니 정작 할 일은 제대로 하지도 못하고 죽음을 맞이하게 됐구나. 아! 참으로 후회스럽다."

이렇게 후회하지 말고 '나는 내일 죽을지도 모른다. 오늘 최선을 다해 지내자. 보고 싶은 사람이 있으면 만나고, 가능한 한 많이 남에게 베풀자!'라고 생각하며 살아야 한다.

도스토옙스키는 한때 사형자 신세였는데, 사형을 당하기 직전에 기적적으로 사면을 받고 유배를 가게 된다. 그 후 형에게 "형님! 인생을 낭비하지 마세요. 인생을 아껴 인생의 주인공이 되세요."라는 편지를 썼다고 한다. 그리고 그 후 자신도 많은 노력을 기울여 러시아 최대의 문호가 됐다.

장자의 아내가 세상을 떠나자 황제가 조문을 왔다. 황제는 아내의 죽음을 슬퍼하기는커녕 나무 아래에 앉아 악기를 연주하며 노래를 부르고 있는 장자를 보고, '울지 않는 것도 보기에 좋지 않은데 노래까지 부르다니…'라며 괘씸하게 생각했다.

장자는 이런 황제에게 "제가 왜 울어야 합니까? 저는 아내가 영원히 살 것이라 기대하지 않았습니다. 영원히 살 것이라 기대했던 사람은 당연히 울어야겠지요. 하지만 저는 아내도 언젠가는 죽어야 하는 존재라는 것을 알고 있었습니다. 오늘이 바로 그날일 뿐입니다. 죽음이 찾아왔을 때 노래를 부를 수 없는 사람은 살아서도 노래를 부를 수 없습니다. 삶은 끊임없는 죽음이기 때문이지요. 우리가 태어나는 순간, 죽음도 함께 태어납니다. 우리는 삶 속에서 자라고, 동시에 죽음 속에서 자라고 있는 것입니다. 저 불쌍한 여인은 저와 여러 해를 함께 살았습니다. 저는 아내가 사랑과 화평과 노래 속에서 떠나가길 바랍니다."

— 김상대(아주대 명예교수)

유언장

나는 유언장을 미리 작성해 놓았다. 유언장은 법적 효과가 있는 것이라기보다는 마음을 정리하는 용도라고 생각한다. 미래에 일어날 일을 예측하고 죽음에 대비하는 것은 매우 행복한 일이다.

영정 사진 만들기

당장 영정 사진을 만들어 액자 속에 넣어 두자. 조금이라도 건강할 때의 모습을 담아 사진을 찍고 액자에 넣는 것만으로도 감회가 새로울 것이며, 앞으로 남은 생을 사는 데 있어서 새로운 각오가 생길 것이다.

사람이 죽었을 때 가장 먼저 고민을 하게 되는 것이 바로 '영정 사진'이다. 또한 평소에 정면으로 찍은 사진이 없을 때는 매우 난감하다.

DSLR 카메라가 있다면 그것으로 촬영하면 좋고, 없으면 핸드폰 사진으로도 충분하다. 보통 8×10인치 정도의 액자에 넣으

유언장

유언자: 양재헌
생년월일: 19○○ 년 ○월 ○일
주소: 서울특별시 ○○번지
전화번호: 02-1234-5678

1. 나는 다음과 같이 유언한다.

1) 재산의 유증에 관해

서울특별시 ○○번지 아파트는 상속인 장남 양○○과 장녀 양○○에게 공동으로 증여한다. 이 유증은 나의 사망으로 인해 효력이 발생한다.

2) 마석공원묘지 모란공원 중앙 N-19의 선산은 양○○에게 증여한다. 선산으로 조성한 이 묘지에는 양씨뿐 아니라 친척 중에 타 성씨도 입장시키도록 하라! 이 문제의 결정은 장손인 양○○과 장녀 양○○이 삼촌들과 의논해 결정하도록 한다.

3) 마석공원묘지 모란공원 중앙 N-19의 선산 중 20평에 배롱나무를 심고 키운다. 이 나무는 수목장 터로 사용할 것이다. 여기에는 지구인(地球人) 누구든지 원하면 수목장을 하도록 허용하라! 단, 나무 밑에 단지를 묻는다든지 하면 안 된다. 화장된 재를 뿌리는 것만 허용된다. 누구든지 조용히 조용히 대지로 돌아가는 장소다.

4) 기타 재산은 일체 모두 '(재단법인) 종교·어린이·동물천국'에 기증한다. 나의 자손은 일체 재단법인의 경영에 간섭하지 못한다. 동 재단법인은 자체적으로 영구히 운영되는 시스템으로 운영될 것이다.

5) 이미 '사전 장례식'을 치뤘으므로 나의 죽음을 일체 외부인에게 알리지 말라! 또한 절대로 울지 말고 담담하게 보내 주길 바란다.

6) 시신은 ○○대학병원에 기증했다. ○○대학병원에서 사용한 후 남은 시신이 반납되면 화장해 마석공원묘지에 수목장을 하도록 하라!

2. 유언 집행자 지정

위 유증의 이행을 위해 유언 집행자로 장남 양○○과 장녀 양○○을 지정한다.

작성일자: 2021년 1월 15일
유언자: 양 재 헌 (인)

면 되는데, 액자는 사진 현상소나 슈퍼마켓에서도 쉽게 구할 수
있다. 사진의 종류는 컬러 사진, 흑백사진 모두 가능하다. 사진
인화 및 액자 비용은 약 1만 5,000원 정도면 충분하다. 사진을
촬영할 때는 가능하면 잔잔한 미소를 짓도록 하자. 영정 사진이
완성되면 주위의 가족 친지에게도 권유해 그들의 액자도 만들어
선물하는 것이 좋다.

흑백 영정 사진   컬러 영정 사진

생전 장례식하기

생전 장례식을 열자! 나의 장례식에 참석한 사람들에게 감
사의 마음을 전한 후 "나는 이제 이 세상을 떠나게 돼 기분이 좋
다."라고 선언한다. 이와 아울러 내가 실제로 죽었을 때는 별도
의 장례식은 없다고 선포한다.

그동안 나를 도와주셔서 감사하고, 혹시 내가 잘못한 일로 섭섭하셨다면 용서해 달라고 말한다. 조사(弔辭)를 해 줄 사람도 섭외한다.

생전 장례식에서는 다음과 같은 식순으로 진행하는 것이 좋다.

- 주인공 인사말
- 가족 소개
- 주인공의 일생 소개(사진, 영상 병행)
- 친구, 친척들과 함께 촬영한 사진, 영상
- 가족 대표 인사말
- 지인 대표 인사말
- 참석자들과 인사
- 맛있는 음식, 노래, 춤을 즐김
- 기념품 제공(조의금은 일체 사절)

사후 장기 · 시신 기증하기/연명 의료 계획서

어차피 썩어 없어질 내 시신을 다른 사람의 인생을 위해 기증하는 것만큼 고귀한 일은 없다. 이 일로 내가 살아오는 동안 수없이 지은 죄를 하나라도 씻을 수 있다면 이보다 가치 있는 일은 없을 것이다. 내 육체를 통해 의대생들은 또 다른 생명을 살리는 훈련을 할 것이고, 많은 생명을 살리는 일이기도 하니 얼마나 보람된 일인가!

장기 기증

장기 기증은 이 세상을 떠날 때 더 이상 필요 없는 장기를 기증하거나, 살아 있을 때 사랑하는 가족이나 말기 장기부전 환자에게 자신의 장기를 대가 없이 기증해 꺼져가는 소중한 생명을 살리는 생명 나눔 행위를 말한다.

시신 기증

시신 기증은 장기를 기증하는 것이 아니라 의과대학의 해부학 연구를 위해 시신 전부를 기증하는 것으로, 본부를 통해서는 시신 기증 등록을 할 수 없다. 시신 기증을 원할 때는 의과대학에 문의하면 된다.

연명의료계획서

생명을 살릴 확률이 매우 낮은 상태에서 의식이 없어겼는데도 계속 의료 처치를 하며 무의미하게 생명을 연장하는 것을 방지하기 위해 '연명의료계획서'를 미리 작성해 두는 것은 본인을 위해서나 유족을 위해서나 바람직하다고 생각한다. '연명의료계획서'는 환자 스스로 인위적으로 생명만 연장하는 장치를 보류하거나 중단할 수 있도록 하는 것을 말한다.

최근 들어 말기 암 환자나 회생 가능성이 없는 호스피스 병동의 환자가 '무의미한 연명치료'를 거부하는 사례가 크게 늘고 있다. 무의미한 연명치료에는 심폐소생술뿐 아니라 인공호흡기,

■ 호스피스·완화의료 및 임종과정에 있는 환자의 연명의료결정에 관한 법률 시행규칙 [별지 제1호서식]

(앞쪽)

연명의료계획서

※ 색상이 어두운 부분은 작성하지 않으며, [ ]에는 해당되는 곳에 √표를 합니다

등록번호	A21-83218	※ 등록번호는 의료기관에서 부여합니다.

환자	성 명	▓▓	주민등록번호 510711-1******
	주 소	06597 ▓▓▓▓▓▓▓▓▓▓▓▓▓▓▓▓▓▓ ▓▓	
	전화번호	010-9292-8962	
	환자 상태	[V] 말기환자	[ ] 임종과정에 있는 환자

담당의사	성 명	▓▓▓	면허번호 138***
	소속 의료기관	국립암센터병원	

호스피스 이용	[V] 이용 의향이 있음	[ ] 이용 의향이 없음

담당의사 설명사항 확인	설명 사항	[V] 환자의 질병 상태와 치료방법에 관한 사항
		[V] 연명의료의 시행방법 및 연명의료중단등결정에 관한 사항
		[V] 호스피스의 선택 및 이용에 관한 사항
		[V] 연명의료계획서의 작성·등록·보관 및 통보에 관한 사항
		[V] 연명의료계획서의 변경·철회 및 그에 따른 조치에 관한 사항
		[V] 의료기관윤리위원회의 이용에 관한 사항
	확인 방법	위의 사항을 설명 받고 이해했음을 확인하며, 임종과정에 있다는 의학적 판단을 받은 경우 연명의료를 시행하지 않거나 중단하는 것에 동의합니다.
		[V] 서명 또는 기명날인 2021년 04월 20일 성명 방효준 (서명 ▓▓)
		[ ] 녹화
		[ ] 녹취
		※ 법정대리인 년 월 일 성명 (서명 또는 인)
		(환자가 미성년자인 경우에만 해당합니다)

환자 사망 전 열람허용 여부	[V] 열람 가능	[ ] 열람 거부	[ ] 그 밖의 의견

「호스피스·완화의료 및 임종과정에 있는 환자의 연명의료결정에 관한 법률」 제10조 및 같은 법 시행규칙 제3조에 따라 위와 같이 연명의료계획서를 작성합니다.

2021년 04월 20일

담당의사 김남중 ▓▓▓

210mm×297mm[백상지(80g/㎡) 또는 중질지(80g/㎡)]

국립암센터병원 ▓▓▓▓▓ 2021-04-27 13:30:03.244

연명의료계획서

혈액 투석도 포함된다.

'연명의료계획서'는 보건소나 큰 병원 등에 신청할 수 있다. 이 '연명의료계획서'는 본인의 의사가 바뀌면 언제든지 철회·수정할 수 있다.

앞의 연명의료계획서는 일산 암센터에서 말기 암으로 입원한 사촌동생이 담당 의사에게 신청한 것이다.

저물녘의 당부

이 글은 전 증권투자자문업협의회 이승배 회장께서 자신의 시신을 고향인 제주도의 제주의과대학에 기증했고 장례식을 할 필요조차도 없다고 아들과 손자에게 유언하는 내용이다.

"나는 내가 죽었을 때 내 몸을 흙에 묻거나 그냥 태워 연기로 날리는 대신, 제주대 병원에서 의학도들이 유용하게 쓸 수 있도록 한 것이 인생에서 내 의지로 내린 결정 중 가장 잘한 일이라 여기고 있다.

'구구팔팔이삼사(99세까지 팔팔하게 살다가 이삼일 앓고 죽는다)'는 누구나 꿈꾸는 일이지만, 나는 나이와 상관없이 '존엄사(尊嚴死)'를 희망한다. 인간답게 죽는 것, 그러므로 지병 하나쯤은 숨기면서 사는 것도 괜찮은 일인지 모르겠다. 죽을 때까지 내 의식이 뚜렷해서 가족과 이별의 말도 남기고 마지막 인사도 할 수 있으면 얼마나 좋을까? 그래서 나는 아들과 손자에게 당부했다.

첫째, 내가 깊은 병에 들었을 때, 내 의식이 없을 때는 연명치료를 하지 말길 바란다. 나는 존엄사를 강력하게 희망한다.

사회적 부담과 가족의 고통도 문제가 되겠지만, 연명치료야말로 나에게는 정말 의미 없는 일이기 때문이다.

둘째, 내가 죽었을 때 부고를 내지 마라. 허둥지둥 여기저기 알리지 말고 조용히 제주대에 전화를 걸어라. 그 사이에 내 몸은 이미 제주대에 가 있었으면 좋겠다.

누구나 나름대로 한 세상 살다가는 것이다. 내 곁에는 가족이 있고, 사랑이 있었다. 비록 하고 싶은 일을 다 하지 못했지만 일생을 산 것이다.

셋째, 가족끼리 조용히 모이는 것은 좋지만, 장례 의식은 하지 말라. 이미 땅에 묻을 시신도, 불에 태울 뼈도 없지 않은가? 조용히 가족끼리 모여 감사 예배를 드리도록 하라.

넷째, 아들은 이별의 슬픔이 어느 정도 가신 후에 아버지의 친지들과 평소 알고 지냈던 선후배들에게 편지를 써서 아무 날, 아버지가 세상을 떠났다는 것을 조용히 알려 주는 것이 자연스러우리라. 인간된 도리로서 죽음의 소식을 알리는 것은 내가 할 수 없는 일이기 때문이다."

이 분의 사례는 인간이 세상에 태어나 성실하게 살고, 죽을 때까지 다른 사람에게 봉사를 실천하는 좋은 예라고 할 수 있다.

죽은 후 어디로 갈 것인지 정하기

내가 죽으면 어디로 갈 것인지를 정해야 한다.

첫째, 장례 방법을 정한다. 매장·화장·수목장 등을 정한 후 구체적인 장소를 생각해 본다. 둘째, 필요한 조치를 취한다. 매장을 원하면 산소 터를 정하고, 화장을 원하면 화장 후에 납골당으로 갈 것인지, 절로 갈 것인지, 수목장을 할 것인지 등을 정한다. 수목장을 원한다면 어느 곳, 어떤 나무 아래에 묻힐 것인지도 정한다. 이는 괴롭고 슬픈 과정이 아니라 오히려 즐거운 과정이라는 것을 깨닫길 바란다.

인생의 황혼기는 누구에게나 다가온다. 이 황혼기를 어떻게 맞이할 것인가?

묘비명 정하기

내가 죽은 후 산소나 납골당 등을 만든다면 묘비명을 먼저 정하는 것도 좋은 방법이다. 이 묘비명에서 훗날 자손들이 보고 느끼는 바가 있을 것이다.

유명 인사의 묘비명

• "오래 버티고 살다 보니 이렇게 될 줄 알았다."　　　　– 조지 버나드 쇼
• "나는 내 창조주를 만날 준비가 됐다. 창조주께서 나를 만나는 큰 시련
　을 견딜 준비가 되셨는지는 다른 문제지만."　　　　– 윈스턴 처칠

나의 묘비명 '여기도 참 좋다.'

묘비명을 정했다면 구체적인 계획을 세워 실천해야 한다. 다음은 나의 경험이다.

나는 가난한 집의 아들이었다. 어찌어찌 장교로 군대를 갔고, 어느 토요일에 거제도로 2박3일 여행을 떠났다. 월요일에 부대에 출근하니 관보(官報)가 와 있었다. 관보에는 모친 사망 소식이 실려 있었다. 허겁지겁 부산에서 서울로 올라가니 이미 장례식이 끝나 있었다. 어디로 모셨냐고 물으니 벽제 화장터에서 화장하고 화장터 굴뚝을 통해 하늘로 날려 보냈다고 했다. 당시에는 친척들이 매우 원망스러웠다. 당시 우리 집은 제일 가난했지만 삼촌들은 비교적 형편이 괜찮았다. 더욱이 그 삼촌들은 우리 아버지 덕분에 명문고, 명문대를 보결로 들어가 졸업해서 잘살고

있었다.

그리고 그다음 해에 우리 아버지가 돌아가셨다. 역설적이게도 그 덕분에 나는 효자가 됐다. 육군 중위 때 취직원서를 제출하려 서울 흑석동 집으로 상경해 전날 산 전기 면도기로 아버지 수염을 깎아드리고 취직원서를 보여드린 후 윗동네 누님 집에 가서 잤는데, 다음 날 아침에 여동생이 뛰어와 아버지가 이상하다고 말했다. 급히 아버님을 등에 업고 길가에서 택시를 잡으려 했지만 쉽지 않았다. 그때 동작동 국립묘지 방향에서 군용차가 다가왔다. 그 차를 얻어 타려고 하는 순간 아버님의 고개가 내 어깨 위에 떨어졌다. 나중에 생각하니 그 순간 내가 늙을 노(老)자 아래 자식 자(子)자가 되어 효자(孝子)가 된 것이다 .

평생 불효자였던 내가 아버님의 운명을 맞아 갑자기 효자가 됐다.

인생은 그런 것이야! Such is Life!

부모님 살아생전에 경제적으로 도와드렸어야 했는데, 고등학교와 대학교 납부금을 신문팔이, 아르바이트 등을 하며 내야 했던 까닭에 제대로 효도를 하지 못했다. 하지만 어느 날 돈을 벌어 효도를 하려고 하니 부모님은 이미 세상을 떠나셨다.

아버님이 남긴 유일한 유산은 약간의 빚, 누님 한 분, 동생 3명이었다. 아버님의 장례식을 치를 돈도 없었다.

이전에 어머님을 산소에 모시지 못한 것이 한으로 남았던 나는 어떻게 해서라도 아버님만은 산소에 모시고 싶었다. 당시 장교 월급은 1만 8,300원이었다. 산소 값을 알아보니 20만 원이었다. 약 1년분 월급에 해당하는 큰돈이었다. 나는 고민 끝에 친구 엄마를 찾아가 20만 원을 빌려 간신히 분당 남서울 공원에 모시게 됐다. 그후 큰아버님도 그곳에 모시게 됐다. 다만 할머님은 10년 전에 삼촌들이 마석 모란공원에 모셨기 때문에 우리 친척들은 한식이나 추석 성묘 때가 되면 두 군데를 오가는 불편함을 감수해야 했다.

부잣집은 선산이 있어서 자손들이 죽은 후 묏자리를 걱정하지 않는다. 하지만 가난한 집에는 선산이 없다. 사람이 죽은 후에야 비로소 허겁지겁 죽은 이가 갈 곳을 생각하는 것이다.

세월이 흘러 약간의 돈을 벌게 됐다. 나는 내가 번 돈을 내가 갖고 가지 못한다는 것을 알고 있었다. 천하의 부자 이병철 회장님도 동전 한 잎만 지니고 가셨다고 하지 않은가! 그래서 어렵게 번 돈을 보람 있게 쓰자고 결심했다.

철저하게 계획하기

첫 번째로 실천한 것이 '선산 만들기'다. 서울 주변의 용인, 파주 등 온갖 공원 묘지를 돌아다닌 끝에 마석의 모란공원으로 정하고, 그곳에 30평 묘지 터를 사서 영구 관리비까지 지불했다. 내 생애 중 가장 잘한 일일 것이다.

모란공원 내에서도 어느 토지를 살까 검토했다. 결국 남향(南向)으로 30평을 샀다. 과거 선조들은 죽으면 북망산(北邙山)으로 간다고 해서 산소를 북향(北向)으로 만들었다. 우리 집안의 할머니, 아버지, 삼촌의 묘지도 모두 북향이었다.

하지만 나는 그런 고정관념에 구애받지 않고 남쪽으로 잡았다. 그 결과 성묘를 가면 환한 햇살 아래에서 친척 모두가 즐겁게 지내다가 돌아온다.

나의 묘비명인 '여기도 참 좋다!'는 인생 좌우명이다. 또한 이 글씨체는 일반적인 인쇄용 활자 글씨체가 아니고 포토샵의 펜도구를 사용해 직접 만들었다. 이로서 선산이 만들어졌다.

다음 사진 중 맨 아래 사진은 양씨가 아닌 지씨 아들이 호주에서 죽어 호주에 묻었는데 누님이 자기 아들의 유품이라도 이곳에 넣고 싶다고 해서 추모식을 지내는 모습이다. 또한 이 속에는 강아지 '예쁜이'와 '아롱이'의 유골도 넣었다. 즉, 이 속에는 사람의 성씨 구별도 없고, 인간과 동물의 구별도 없다. 나는 이곳이 지상의 천국이라고 생각한다.

30평 양재헌
중앙 1지구 197호
30평 중 납골묘 10평

70평

20평

모란 공원 내에서도 어느 토지를 살까 검토했다. 결국 남향으로 30평을 샀다.

❶ 상판: 무늬 삽입

❷ 중판 오석에 '여기도 참 좋다!' 삽입

여기도 참 좋다!

南原梁公淳景
全州李氏 마리아 家族墓

❺ 비석 앞쪽에 배치

❸ 제사상: 오석

❹ 꽃병: 오석

석물의 모양, 묘비명, 비석의 형태 등을 철저하게 계획하고 점검한다.

선산의 완성된 모습이다. 호주에서 죽은 조카의 선글라스를 놓고 추념하고 있다.

성씨는 무엇인가?

위 사진의 오른쪽 비석을 보면 남원(南原) 양씨(梁氏)와 전주 (全州) 이씨(李氏)의 가족묘라는 것을 알 수 있다.

양씨? 이씨? 그들만의 묘? 과연 그럴까? 혹시 기타 모든 성 씨의 집합체는 아닐까? 한번 생각해 보자.

우리나라에서는 동성동본은 결혼하지 못하게 했었다. 물론 우생학의 관점에서는 좋을지 모르지만, 중요한 것은 우리 묘의 주인은 양씨라는 것이다. 과연 그럴까?

이 묘 속에는 양씨인 할아버지 양순경 님의 유골이 없다. 오 직 할머니 이마리아 님의 유골과 후손들이 있을 따름이다. 하지 만 묘비석에는 양순경이라는 이름이 대표로 돼 있다. 왜냐하면 남자가 대표이기 때문이다. 다른 사람들은 이 묘 속에 양씨 계열의 유골만이 있을 것이라 생각할 것이다.

나는 양씨 묘를 마련했지만, 지씨(매형)를 이미 넣어 줬고 앞으로도 함씨(매제), 방씨(고종사촌) 등 성씨를 가리지 않고 원하는 사람들을 모두 넣어 줄 것이다. 혹시 내가 죽더라도 그대로 하라고 이미 자식과 친척들에게 당부했다.

내 자식? 아마도 내 자식? My Baby or My Maybe?

양씨 남자가 이씨 여자를 만나 애를 낳았다. 양씨의 유전자가 전해질 확률은 얼마나 될까? 우선 이씨 여자는 자신의 배로 낳았으므로 제 자식일 확률이 100%일 것이다. 하지만 남자는 혹시 착각하는 것이 아닐까? 양씨라고? 그다음 양씨라 이름 지은 아들이 김씨를 만나 손주를 낳았다. 그리고 또 양씨라 이름을 붙인다. 결과적으로 '양씨+이씨+양씨+김씨' 등이 되는 것이다. 여기서 양씨는 생각한다. 중간에 다른 성씨가 들어 왔지만 여전히 양씨의 유전자가 많으므로 양씨 집안일 것이다. 과연 그럴까?

유전자 실험 결과

실험 결과가 밝혀졌다. 네델란드에서 실험한 결과, 무려 60%의 여자가 다른 남자의 아이를 낳았다는 것이다. 어떤 여자는 아이를 4명 낳았는데, 100% 다른 유전자의 아이를 낳았다는 것이다. 또한 최근 미국에서도 유전자 검사를 한 결과, 약 30%

의 여자가 다른 남자의 아이를 낳았
다고 한다.

그래서 외할머니는 확신한다.
"내 자식과 손주는 내 것(My Baby)이
라고!" 그 딸도 확신한다. "내 자식
은 확실히 내 자식(My Baby)이라고!"

하지만 외할아버지나 친할아버
지는 군번이 확실하지도 않으면서
자기 묘 속에 집어 넣으려고 하는 것
이다. 즉, 할머니나 딸은 내 자식(My

내 배로 낳은 내 딸 그리고 딸의 배
로 낳은 내 손자를 껴안은 외할머니
는 마냥 행복하다.

Baby)임을 확신하는 반면, 할아버지나 아들은 '아마도 내 자식(My
Maybe)' 신세가 되는 것이다.

따라서 여자의 혈통만이 진정으로 확률이 높은 것이다. 전
세계의 남자들이여 헛된 꿈에서 깨어나라!

죽음에 가까이 다가가기

마지막에 어떻게 죽을 것인가? 고통에 힘들어하며 안타까
운 표정으로 죽을 것인가? 죽음이 다가왔다는 것을 인정하고 담
담히 웃으며 죽을 것인가?

나는 태어날 때 울었고, 주위 사람들은 웃었다. 하지만 내가
죽으면 주위 사람들은 태어날 때와는 정반대로 울 것이다.

울 것인가, 웃을 것인가?

내가 태어날 때는 본능에 따라 울었다. 이와 마찬가지로 내가 죽을 때는 태어날 때처럼 울 것인가?, '나는 왜 이렇게 빨리 죽어야만 하는가?'라며 울 것인가?, '내가 죽으면 우리 식구들은 어찌할 것인가?'라며 울 것인가? 다가온 죽음을 응시하며 담담하게 받아들이고 조용히 명상을 하듯이 미소를 지으며 죽을 것인가?

적어도 하나만은 확실하다. 내가 태어날 때는 선택할 수 없었지만 죽을 때는 선택할 수 있다는 것이다. 즉, 태어날 때는 울었지만 죽을 때는 웃을 수 있다는 것이다. 나는 다가온 죽음을 담담히 받아들이고 조용히 미소를 머금고 가고 싶다.

내가 죽기 3시간 전

내가 죽기 3시간 전을 생각해 보자. 내 주변에는 의사와 간호사가 있을 것이고, 슬퍼하는 자식들도 있을 것이다. 이렇게 죽기 전을 구체적으로 상상해 보면 지금의 삶이 바뀔 수 있다.

내 마지막 순간의 모습

나는 아마도 병원에서 마지막 순간을 맞이하고 있을 것이다. 가까운 사람들이 나의 죽음을 슬퍼할 것이다. 하지만 사전 장례식 때 "나는 웃으며 죽을 것이므로 내가 실제로 죽을 때는 장례식은 별도로 하지 말라."고 했던 말을 떠올리며 참 잘한 일이라고 생각할 것이다. 물론 기력이 없어서 말도 못하고 눈도 뜨지 못할 것이다. 하지만 내 의식만은 또렷이 남아 내가 숨을 아직도 쉬고 있다는 것을 알 것이다.

내가 죽기 5분 전

마지막으로 내가 죽기 5분 전을 생각한다. 이 순간 원통하고 후회스러운 생을 살았다고 생각할 것인가, 만족한 삶을 살았다고 생각할 것인가?

아마도 '내 인생의 순간순간을 최선을 다하며 살기 위해 노력했다.'라고 생각할 것이다.

마지막 내 생각

이제 내 숨이 거칠어진다. 나는 안다. 이제 때가 왔다는 것을! 이 세상에서 맺은 모든 인연에 감사하고, 이 세상에 태어나게 해 준 신께도 감사하고, 많은 은혜를 베풀어 준 사람들에게도 감사할 것이다. 다음에 다시 태어난다면 '천상'에서가 아니라 이번 세상에서 누린 자유와 행복을 누리도록 다시 한번 '사람'으로 태어나게 되길 빌면서 마지막 한 호흡을 빙그레 미소를 지으며 내쉴 것이다. "할렐루야! 나무아미타불 관세음보살!" 하며….

> 내 정체성은 크리스찬·부디스트(Christian·Buddist, 기독·불교도)이다. 나는 우선 하나님께 감사한다. 나를 태어나게 해 주시고, 부처님의 진리를 배울 수 있게 해 주시고, 힌두교의 각종 신의 세계까지도 접하게 해 주신 것

에 감사드린다. 하지만 강아지를 위해 기도할 때는 '나미아미타불 관세음보살!'이라고 기도한다. 왜냐하면 기독교에서는 "강아지는 영혼이 없거나 천국에 못 간다."라고 주장하지만, 불교에서는 "인간은 물론 동물까지도 모두 영혼이 있어 다음 생에서는 사람으로도 태어날 수도 있다."라고 가르치고 있기 때문이다.

나는 인간은 물론 동물까지도 모두 영혼이 있다고 확신한다. 사랑하는 내 동생이 죽을 때 환한 빛으로 사라지는 기운을 느꼈고, 사랑하는 강아지를 떠나보낼 때 영혼이 사라진다는 것을 느꼈기 때문이다.

개와 고양이는 천국에 못 간다?

기독교에서는 동물들은 천국에 못 간다고 생각한다. 다음 성경 구절 때문이다. 즉, "인생들의 혼은 위로 올라가고 짐승들의 혼은 아래로 내려가는 줄을 누가 알랴?"(전도서 3:21, 한글 개역 개정판의 내용) 이 번역 성경 구절 때문에 많은 기독교 성직자가 동

두 번째 강아지인 아롱이가 죽기 한 달 전 모습이다. 이 아이가 얼마 못 산다는 것을 알고는 절대로 울지 않고 웃으며 보내 주겠다고 결심하며 살던 순간의 모습이다.

물들은 천국에 못 간다고 생각한다. 신도들의 강아지나 고양이가 죽더라도 목사들이 추도식을 해 주지 않는 이유는 바로 이 때문이다.

하지만 이는 잘못된 생각이다. 영어 성경을 한글로 번역한

한글 개역 개정판의 번역이 잘못된 것이다. 다른 번역판을 살펴보자.

"인생들의 영은 위로 올라가고 짐승의 영은 아래 땅으로 내려간다고 하지만, 누가 그것을 알겠는가?"(전도서 3:21, 새 번역)

"사람의 영은 위로 올라가고 짐승의 영은 땅속으로 내려간다고 하지만, 누가 입증할 수 있겠는가?"(전도서 3:21, 현대인의 성경)

즉, 옛날 전도서 시대에 일반인들이 생각하는 바를 말한 후 "그 내용을 누가 알겠는가?"라고 의문점을 말했을 뿐인 것이다.

이사야에는 천국에 많은 동물이 있다는 내용이 포함돼 있다. 이사야 60장 '예루살렘이 받을 영광' 편에서는 여호와의 영광이 이스라엘에 내릴 때의 모습을 말하고 있다.

"네 눈을 들어 사방을 보라(이사야 60:4). …(중략)… 허다한 낙타, 미디언과 에바의 어린 낙타가 네 가운데에 가득할 것이며(이사야 60:4) …(중략)… 게달의 양무리는 다 네게로 모일 것이요(이사야 60:7). …(중략)… 저 구름 같이, 비둘기들이 그 보금자리로 날아가는 것 같이 날아오는 자들이 누구냐(이사야 60:8)."

결론적으로 천주교나 기독교의 성직자들은 성경을 제대로 이해한 후에 동물들을 대접해야 할 것이다.

삶의 마지막 과정

마지막 목욕을 마친 후에 수의를 입는다. 그리고 관 속으로 들어간다. 염을 하는 장의사에 따르면, 망자의 얼굴은 사인(死因)과 관계없이 모두 평온하다고 한다. 즉, 고인의 표정만으로는 그가 행복했는지, 불행했는지 짐작할 수 없다고 한다.

수의

시신에 수의(壽衣)를 정성스럽게 입힌다. 수의에는 주머니가 없다. 아무리 많은 재산을 갖고 있었더라도 주머니가 없어서 갖고 가지 못한다.

약 200년 전에는 수의가 평상복이었다고 한다. 과거 왕릉의 부장품을 보더라도 이를 알 수 있다. 따라서 비싼 수의는 필요 없다.

입관

입관(入棺)한 후 화장, 매장, 수목장 등 계획된 절차에 따라 장례가 치러진다. 내 여동생이 죽었을 때는 집안 친척들이 대부분 목사, 장로, 권사 등 기독교 신자인 관계로, 기독교식으로 장례를 치렀다.

1 내가 죽기를 허락한 여동생

2 기독교 목사, 장로, 권사, 집사 조직이 장례를 치루고 있다.

3 입관 장면

입관을 마치고 관 뚜껑을 덮었다. 이제 다 절차가 끝났다고 생각하던 중 관 뚜껑 위로 또 커버를 씌우지 않는가! 그 커버를 모두가 덤덤히 쳐다보고만 있었는데, 자세히 보니 한자로 '왕생극락(往生極樂)'이라 적혀 있었다.

왕생극락은 불교식 용어로, 죽은 후 새롭게 극락(極樂)에 가서 태어나라는 염원이 담겨 있다. 장례식 내내 친척들이 기독교식으로 천국(天國)으로 가라고 기도하며 "며칠 후 며칠 후 요단강 건너가 만나리!" 하며 찬송을 했는데, 마지막 과정에서는 갑자기 불교식으로 발원하는 셈이다.

왕생극락의 발원에 따라 기독교도였던 내 동생은 극락으로 갔을까? 암튼 좋은 곳으로 갔을 것이다. 왜냐하면 내가 더 이상 췌장암으로 괴로워하지 말고, 그만 떠나도 좋다고 허락했기 때문이다. 불교식으로는 빨리 죽어야 빨리 환생할 것이고, 기독교식으로도 죽어야 좋은 곳에서 부활할 것이기 때문에 나는 내 사랑하는 동생의 죽음을 감히 허락해 준 것이다. 내가 주제넘게 생명을 끊는 허락을 해 준 것에 대해 신께서 벌을 주신다면 기꺼이 받을 것이다.

나는 장의사에게 '왕생천국(往生天國)'으로 교체해 달라고 요청했다. 하지만 장의사는 그런 커버는 없다고 했다. 그래서 '천국(天國) 대신 극락(極樂)에 태어나는 것도 좋은 것이니 그대로 진행하자.'라고 생각을 바꿨다.

결국 이대로 화장한 후 양씨 묘지에 안치했다

만약 기독교식으로 장례를 한다면 사전에 장의사에게 왕생극락(往生極樂)이 아닌 '왕생천국(往生天國)'으로 된 관 커버를 요구하길 바란다.

장례식장에서

윤관호

장례식장에서
우연히 떠오르는 쟁쟁한 선생님의 음성

"모든 동물은 죽는다.
인간은 동물이다.
고로 모든 인간은 죽는다."

그때는 막연하게 들리던 소리
장례식에 참석하는 빈도가 많아질수록
피부에 와 닿고 있다.

조의를 표하러 줄을 서서

앞으로 나아가는 사람들
자기 차례가 오면 예외 없이
맞이하게 될 죽음의 얼굴

죽을 때 죽더라도
살아 있는 동안
삶을 성실하게 대하고 싶다.

삶은 살아 있는 재(者)의 것이기에

혁명을 하자

인류는 현재까지 다섯 번 정도의 커다란 혁명을 경험했다. 대표적인 예로는 농업혁명, 산업혁명을 들 수 있다. 이 중 산업혁명은 현재도 계속 이어지고 있는 중이다. 여기서는 인류의 혁명에 대해 먼저 알아본 후 나 자신의 혁명에 대해 생각해 보자.

농업혁명이 한곳에서 일어난 후 전 세계에 퍼지는 데 걸리는 시간은 약 6,000년, 영국에서 시작된 1차 산업혁명은 200년, 정보화 혁명은 30년밖에 걸리지 않았다. 즉, 새로운 혁명이 진행됨에 따라 전 세계에 퍼지는 시간이 단축되고 있는 것이다.

구분	내용	전 세계에 퍼지는 시간(년)
1차혁명	농업혁명	6,000
2차혁명	1차 산업혁명: 영국 산업혁명	200
3차혁명	2차 산업혁명: 모터, 전화, 전구, 축음기	50
4차혁명	3차 산업혁명(정보화 혁명): 컴퓨터, 인터넷	30
5차혁명	4차 산업혁명: 인공지능, 로봇 공학, 나노 기술	진행 중

농업혁명과 산업혁명

600만 년 동안 여기저기를 떠돌며 수렵 및 채취 생활을 하던 인류는 어느 날 우연히 땅에 떨어진 씨앗이 그 자리에서 다시 자라난다는 사실을 발견하면서 그 자리에 씨앗을 뿌리는 지혜를 발휘하게 된다. 이 사실을 발견한 이후는 더 이상 어렵게 식량을 마련하기 위해 이리저리로 이동하며 살 필요가 없어졌다. 이것이 바로 농업혁명의 시초다.

기원전 7000년경 메소포타미아 지방에서는 염소나 돼지를 가축으로 기르고 농사를 짓기 시작했다. 이후 인류의 생활상은 크게 바뀌었다.

농사를 짓다 보니 한곳에 머물러 씨를 뿌리고 추수할 때를 기다리며 살아가는 정착 사회가 시작됐고, 인구도 크게 늘어나 씨족 사회에서 부족 사회로 발전하게 됐다. 또한 도시를 중심으로 국가가 형성되고, 문명이 발생하게 됐다. 그 후 1~4차 산업혁명이 일어났고, 오늘날까지도 이어지고 있다.

나를 혁명하자!

남은 생을 멋지게 맞이하기 위해 이제부터라도 나 자신을 혁명하자. 올바른 방향을 잡아 목표를 세우고, 하나하나 이뤄 나가는 것이다.

목표를 세우는 데는 크게 두 가지 방법이 있다. 하나는 물질적 목표다. 앞에서 살펴 본 바와 같은 이 세상의 혁명들, 즉 농업혁명과 산업혁명은 모두 인간이 물질적 풍요를 누리기 위해 시도했던 혁명이었다. 우리들도 우선은 물질적 풍요를 위한 목표를 세워야 한다. 그다음에는 정신적인 행복을 추구하기 위한 목표를 세워야 한다. 이 정신적인 행복을 위한 목표 설정과 실천이야말로 가장 고귀한 선택이 될 것이다.

물질적인 목표 설정

여생을 위한 물질적인 목표를 세우기에 앞서 자신의 여생을 예측해 보는 것이 중요하다.

인생의 길이는 생각보다 짧다

자신의 여생을 막연하게 생각하지 말고 냉정하게 판단해야 한다. 우선 80세까지의 생존 확률이 30%이므로 일단 80세가 마지막이라고 가정해 보자. 물론 자신이 다른 지병이 있다면 80세 이전이 마지막이 될 확률이 높을 것이므로 70세 정도로 당기는 것도 좋은 방법이다. 참고로 천하의 삼성그룹 이병철 회장, 이건희 회장, 한진그룹 조중훈 회장도 모두 70대에 영면하셨다는 것을 상기하자.

간단히 말해서 '80세 – 자신의 현재 나이'가 우리들의 여생이다. 나의 경우는 여생이 10년밖에 안 된다. 여러분들도 막연하게 생각했던 것보다 매우 짧다는 것을 느꼈을 것이다. 따라서 이 여생의 길이에 따라 적어도 남들에게 신세를 지지 않을 정도의 물질적인 목표를 세우는 것이 안전하다. 만약 이미 자신이 죽을 때까지 먹고 살 형편이 이미 마련됐다면 더 이상 바랄 것이 없겠지만, 설사 그렇더라도 물질적인 목표는 세우는 것이 좋다. 왜냐하면 남은 것을 남에게 베풀 수 있는 원천이 되기 때문이다.

육체적인 목표 설정

여생을 건강하게 유지하려면 육체적인 목표를 세워야 할 필요가 있다. 육체적으로 늘 건강하게 즐겁고 행복한 삶을 살기 위해서는 무엇을 어떻게 할 것인지를 생각해 보는 것이 매우 중요하다. 나름대로 여러 가지 방법이 있겠지만, 나는 '하루 1만 보걷기', '요가', '수영', '골프' 등을 권하고 싶다. 혹시 무릎 관절이 좋지 않다면 '요가'나 '수영'을 권한다. 아무튼 자신의 처지에 맞는 육체적인 목표를 설정하기 바란다.

정신적인 목표 설정

정신적인 목표 설정이 가장 중요하다. 왜냐하면 위에서는 평균적인 여생을 설정한 후에 목표를 세웠지만, 목표대로 살다가 죽을 확률은 매우 낮기 때문이다.

이 세상에는 '사고사(事故死)'라는 것이 있다. 얼마 전 나의 고교 동창이자 산악대장이었던 친구가 산에서 실족해 죽은 사건이 있었다. 이처럼 언제 죽을지 모르는 것이 우리들의 운명이다. 당장 내일 아침에 어떻게 될지 아무도 모른다.

따라서 정신적인 목표를 세워야 한다. 나의 정신적 지주는 무엇인지를 생각하고, 한 길로 매진하다 죽도록 하자. 그래야만 마지막 숨이 넘어갈 때 적어도 후회는 하지 않을 것이다.

여러분 모두 화이팅! 죽는 그 순간까지!

CHAPTER 3
삶의 바닷속으로

인간으로 태어난 것은 엄청난 특혜이자, 단 한 번만 주어진 기회라고 한다. 불교의 석가모니도 인간으로 태어날 확률에 대해 말한 바 있는 데, 이를 '맹구우목(盲龜遇木, 눈 먼 거북이가 바다에 떠다니는 나무판자를 만나는 것만큼 힘든 인연을 비유한 말)'이라고 한다. 생물학적이든, 석가모니의 가르침이든 인간으로 태어났다는 사실은 천재일우(千載一遇)의 기회라는 것은 틀림없다. 이 귀한 기회는 화살보다도 빠르게 지나간다. 이 기회를 놓치지 않고 최대한 행복하게 살기 위해서는 계획을 세우고 실천해야 한다. 대부분의 사람은 계획을 세우지 않고 하루하루를 허겁지겁 살다 죽을 때가 돼서야 속절없이 살아온 것을 후회한다. 이제부터라도 죽음을 직시하고 계획을 세우도록 하자.

바다거북(김생수 작)

삶이란 무엇인가?

고대의 철학자들과 종교가들은 '삶은 무엇인가?'라는 명제에 대해 많은 고민을 해 왔지만, 아직까지 뚜렷한 해답을 내 놓지 못했다.

삶은 달걀이요!

'삶은 무엇인가?'라는 명제를 해결하지 못해 고민하던 한 철학과 교수가 부산행 열차를 탔다. 주변 풍경을 바라보면서 잠이 들려고 하는 순간, 멀리서 들리는 소리를 듣고 순간적으로 깨달았다. "삶은 달걀이요!" 그렇다. '삶이란 달걀'이었던 것이다. 모든 것이 달걀에서 비롯된다. 달걀이 먼저냐, 닭이 먼저냐를 따지기 전에 그저 '삶은 달걀이구나.'라고 생각하면 된다.

여기서 '삶은 달걀'은 열차 내의 판매원이 외치는 소리에 불과했지만, 삶이라는 문제는 바로 현실 그 자체다. 먹어야 살고, 살아야만 그다음이 있는 것이다. 삶의 문제를 철학적으로 정의하기보다 삶의 과정에서 행복한 길을 찾아가는 것이 더 중요하다는 사실을 깨달은 것이다.

닭이 먼저인가 달걀이 먼저인가? 무엇이 과연 중요한가? 우리 모두 한번 생각해 보기로 하자.

우리는 오직 순간만을 산다

지금 바로 이 순간이 가장 중요하다. 과거는 이미 흘러갔고, 미래도 오지 않았다. 오직 현재, 지금, 여기 나만이 존재할 따름이다. 삶의 철학적 문제에 더 이상 매달리지 말고 오늘 하루하루를 충실히 살다가 때가 되면 담담하게 이 세상을 떠나겠다는 마음으로 살면 되는 것이다.

어떻게 살 것인가?

자신만의 삶을 살자

우리는 지나치게 남을 의식해 자신만의 삶을 살지 못하다가 결국 죽는다. 그리고 죽을 때 후회를 한다. "아! 그렇게 살면 안 되는 것이었구나." 하고 말이다. 어차피 한 번밖에 없는 인생의 찬스를 후회 없이 살다 마감하기 위해서는 평소 많은 준비를 해야 한다.

"그대 자신이 돼 그대 자신의 것을 하라. 다른 것에 대해서는 신경쓰지 말라."
　　　　　　　　　　　　　　　　　　　　　　　　　　　　　　　　　　　－ 노자

노자의 말을 이해하면 우리도 드물고 독특한 존재가 될 수 있다. 노자의 길은 평범함의 길이다. 우리는 평범해질 때 참으로 비범해진다. 노자의 길은 꼴찌의 길이다. 우리는 꼴찌가 될 때 진정으로 첫째가 될 수 있다. 노자의 길은 자신을 내세우지 않는 길이다. 우리가 그 길을 갈 때 아무도 우리를 해치지 않는다.
　　　　　　　　　　　　　　　　　　　　　　　　　　　　－ 김상대(아주대 명예교수)

인생관

　　인생 계획을 세울 때는 인생관(人生觀)부터 확립하는 것이 가장 중요하다. 바로 이것이 삶의 나침반이 되기 때문이다. 인생관에는 여러 가지 종류가 있지만, 자신이 결정하면 된다. 왜냐하면 자신의 주인공은 바로 자신이기 때문이다.

　　"모든 일에 감사하자!"

　　"앞날만을 보고 살자!"

　　"그저 열심히 살자!"

　　"바람처럼, 강물처럼 살자!"

　　"다른 사람의 고통을 풀어 주는 열쇠가 되리라!"

　　"Let it be! 있는 그대로 살자!"

　　"Let it go! 내려 놓자!"

인생관이 무엇이든 자신에 알맞은 것을 한두 개 정도 선택하면 된다. 어려운 일이 닥쳤을 때 자신의 인생관을 꺼내 보면 도움이 된다.

서둘지 말고 천천히 살자
서둘러 걸어가면 넘어지기 쉽다. 앞만 보고 걸으면 지치기 쉽다. 급하게 걸어가면 후회할 일이 생기게 된다. 욕심껏 걸어가면 힘든 일만 많아진다. 조금은 천천히, 조금은 신중하게, 조금은 비워 내면서 쉬엄쉬엄 걸어가자.

당신은 어느 길로 갈 것인가?

우리가 살아가면서 여러 가지 경우 중 선택해야 할 때 망설이는 순간이 다가온다. 둘 중 하나를 선택해야 할 때의 '망설임'이야말로 평생 우리를 옥죄는 번뇌의 원인이 된다.

간단하게는 "자장면을 먹을 것인가, 짬뽕을 먹을 것인가?"에서 "이 학교를 갈 것인가? 저 학교를 갈 것인가?"까지 우리의 삶은 온통 선택의 연장선상에 있다. 수많은 '망설임' 속에서 자신의 인생관을 돌이켜 보면 한결 쉽게 선택할 수 있다.

일상의 사소한 선택 외에 목숨을 거는 선택도 있다. 과거 이방원과 정몽주 간의 선택이 그것이다.

"이런들 어떠하리 저런들 어떠하리 만수산 드렁칡이 얽혀진들 어떠하리, 우리도 이와 같이 얽혀져 천년만년 살고 지고."(이방원)

"이 몸이 죽고 죽어 백골이라도 있고 없고, 님 향한 일편단심이야 변할 리가 있으리!"(정몽주)

고려 말에 이방원이 정몽주를 조선의 건국 세력에 포함시키려고 실득하는 과정에서 나온 시다. 즉, 이방원과 성몽주의 인생관이 부딪치는 순간에 읊었던 시다. 두 사람 모두 소신껏 자신이 좋아하는 방향으로 결정했다.

여기서 정몽주는 목숨을 걸고 자신의 인생관을 피력했고, 그 결과 목숨을 잃고 백골이 됐다. 이와 같이 내 선택의 책임은 내가 진다는 사실도 알기 바란다. 어쨌든 인생관을 정하느냐, 아니냐는 항해를 할 때 나침반이 있는지 없는지의 차이다.

나의 인생관

초조해하지 말라! 게으르지 말라! 앞을 향해 나아가라!

어려운 일이 닥치면 우선 초조해진다. 하루 빨리 이 어려움에서 벗어나고 싶기 때문이다. 하지만 초조한 가운데 어떤 선택을 하면 나중에 후회를 하게 된다. 나는 수많은 후회를 바탕으로 인생관을 정하게 됐고, 그 후에는 어려운 일이 닥치더라도 이 인생관에 입각해 행동하게 됐다.

앞만 보고 걷자!

'뒤를 돌아보지 말고 앞으로 가자.'는 뜻이다. 『금강경』에 '과거심 불가득 현재심 불가득 미래심 불가득(過去心 不可得 現在心 不可得 未來心 不可得)'이라는 말이 있다. 이는 '과거, 현재, 미래에 연연하지 말라.'는 뜻이다.

이 중에서 과거, 미래에 집착하지 않으며 오직 현재에만 집중하는 것을 내 인생관으로 삼았다. 괴로운 과거나 다가오지 않은 미래를 곱씹어 봐야 아무런 효과가 없기 때문이다. 또한 부수적으로 현재에 집중하기 위해 '당장 실천 제일주의'를 정했다.

당장 실천 제일주의

무엇이든 오늘 할 일을 내일로 미루지 않는 것이 가장 중요하다. 생각나면 바로바로 실천해야 한다. 당장 할 수 없다면 메모를 하고 난 후에 실천하는 습관을 들인다.

우리는 끊임없이 걸어야 한다. 죽는 그 날까지 앞으로 또 위를 보며 걷자!

범사에 감사하라!

내게 일어난 좋은 일 뿐 아니라 나쁜 일, 불행한 일에도 감사를 해야 한다. 나쁜 일, 불행한 일들을 모두 내 잘못으로 돌리고 반성한다. 가장 중요하고 기본적 행복인 "아직도 나에게는 숨이 붙어 있다. 이 얼마나 감사한 일이냐!"라고 생각하며 감사하는 것이다. 이렇게 살면 모든 것이 편안해진다.

순식간에 사라지는 것에 연연하지 말자!

이 세상의 모든 것은 꿈, 환상, 물거품, 그림자와 같으며, 이슬, 번개와도 같으므로 마땅히 이와 같이 보아야 한다(一體有爲法 如夢幻泡影 如露易如電 應作如是觀).   –『금강경』

살아가다 괴로운 일이 닥쳤을 때 이 구절을 참고하면 많은 도움이 된다. 이 세상 모든 일이 영원할 것 같지만, 한 순간에 사라지는 꿈, 환상, 포말, 그림자 등과 같다는 것이다. 따라서 현재의 슬픔이나 미래의 걱정에 연연하지 말고, 초연하고 담담하게 하루하루를 사는 것이 중요하다.

환상(幻). 여의도 LG빌딩이 불타오르는 이 장면은 꿈(夢)인가? 환(幻)상인가? 분명히 내 눈으로 봤기에 사진을 찍었다. 하지만 실제로 불이 난 것은 아니었다.

포말(泡). 일출 때 튀어오르는 파도의 물거품은 곧 사라진다.

반영. 그림자 영(影), 물체가 물에 비치는 반영은 바람이 불면 물결이 일어나 곧 사라진다. 태양이 물체에 비쳐 반대편에 생기는 그림자도 해가 구름에 가려지거나 물체가 움직이면 곧 사라진다.

이슬(露)은 해가 떠오르면 곧 사라진다.

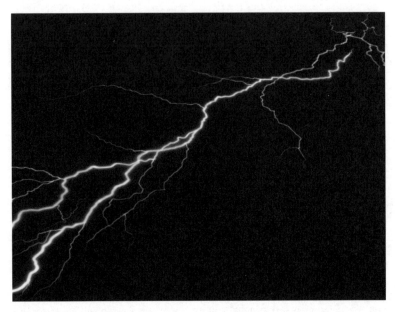

순식간에 사라지는 번개(電)

인생의 목표 설정

우리에게는 '장래에 무엇이 되고 싶다.', '무엇을 갖고 싶다.' 와 같은 인생의 꿈이 있다. 이제라도 이 꿈을 이루기 위해 뚜렷한 목표를 세우자. 이 목표에는 직업이나 재물과 관련된 꿈도 있을 것이고, 인생에 관련된 꿈도 있을 것이다. 자신만을 위한 인생 목표도 있겠지만, 가능하면 다른 사람도 참여시켜 모두 좋은 목표를 세운다면 더욱 좋을 것이다.

삶의 목표를 세우는 것은 매우 중요하다. 인생은 편도 여행(One Way Ticket Trip)이다. 인생 열차에 올라탔으니 좋든 싫든 여행을 떠나야 한다. 한 가지 다행인 점은 열차의 목적지를 내가 변경할 수 있다는 것이다. 내가 인생 열차의 운전사로서 방향을 정하고 꾸준히 그 길로 나아가 종착역에 이르면 열차에서 내리게 되는 것이다.

어렸을 때의 인생 목표는 대통령, 육군 소장, 판사처럼 대개 거창하다. 하지만 현실을 접하면서 회사원, 선생님, 점포 사장처럼 목표가 작아진다. 이러다 보니 다만 현실 생활에서만 허덕이는 가운데 진정한 자신의 삶의 목표가 무엇인지조차 생각하지 못하는 가운데 하루하루를 허겁지겁 살다 종착역에 이르게 되는 것이다.

목표 작성 요령

목표는 단기적 달성 목록과 장기적 달성 목록으로 나눠 작성하는 것이 좋다.

단기적인 목표

단기적인 목표 리스트는 '이루고 싶은 것의 목록' 정도로 가볍게 생각하고 작성하는 것이 좋다. 이는 '하고 싶은 일' 중에서 비교적 실천 가능한 것들로, 단기간에 하고 싶은 일들을 무작위로 적어 본다.

아무렇게나 생각나는 대로 적거나 타인의 목표를 참조해 '카메라 사기', '사진 배우기', '한강에서 자전거 타기', '대게 먹기', '좋아하는 사람과 별 보기', '템플스테이해 보기', '금연하기' 등 단기간에 실천할 수 있는 것들 위주로 작성한다. 일단 작성하는 게 좋다. 물론 언제든지 변경할 수 있다.

그다음에는 목표의 우선순위를 정하자. 어떤 목표가 중요한지 알아야 그것부터 시작할 수 있다. 필요하면 중도에 포기할 수 있고, 언제든지 수정할 수도 있다. 막연하게 머릿속 생각으로만 그치지 않고 일단 글자로 적어 보는 것이 중요하다.

그다음에는 언제, 누구와, 어떻게 등 목표 시간과 구체적인 실천 방법을 적는다. 단계별 계획을 수립한 후 하나씩 실천해 나가면서 실천란에 체크한다. 하나하나 체크해 나가는 과정 속에서 보람을 느끼게 되고, 삶이 풍요로워지는 것을 느낄 수 있다.

장기적인 목표

장기적인 목표 리스트는 현재로서는 불가능하게 보일지 모르지만, 꼭 하고 싶은 희망 사항을 적는다. 예를 들면 '뉴욕에서 살아보기', '30억 모으기', '책 출간하기', '소설 출간하기', '건물 사기', '이민 가기', '교회 짓기', '사찰 짓기' 등을 들 수 있다.

목표를 세웠으면 실천 계획을 세워야 한다. 계획을 세우는 것 자체가 행복한 일이기도 하다.

그다음에는 '언제, 어떻게 할 것인가?'라는 구체적인 실천 방법을 검토하고, 이 장기 목표를 실천해 나가려면 무엇이 필요한지도 적는다. 예를 들어 회사를 설립하려면 어떤 회사이고, 얼마 정도의 돈이 필요하며, 그 돈은 어떻게 마련할 것인지 등이다.

실행하며 점검하기

단·장기적인 목표 리스트를 작성한 후에는 실행을 결심하고 실천한다. 하나씩 이룰 때마다 달성 여부를 표시한다. 목표 리스트가 없었다면, 평소 막연히 하고 싶다고 느꼈던 것이 달성돼도 그냥 덤덤하게 지나갔을 것인데, 목표 리스트에 올렸기 때문에 삶의 목표를 세울 수 있었고, 목표를 달성했다는 사실에 흐뭇해하며 살게 될 것이다. 물론 이러한 목표 리스트의 주인은 자신이므로 언제든지 바꿀 수 있다.

장단기 목표 리스트 점검 예

단기 목표	달성 여부	장기 목표	달성 여부
사후 장기·시신 기증하기	달성	종교 동산, 요가 명상원, 동물 천국 만들기	진행 중
인도 요가 명상 아슈람에서 세 달 보내기	검토 중	재산 정리하기	진행 중
불교 포교사 자격증 따기	달성	자서전 쓰기	진행 중
기독교 목사 자격증 따기	진행 중	이민 가기	검토 중
명상 지도사 자격증 따기	진행 중	선산 만들기	달성
심리학, 철학 공부하기	진행 중	사진 책 쓰기	달성
사진 교육 계속하기	달성	행복 종교 책 쓰기	달성
요가 일주일에 세 번 이상하기	달성	죽을 때 웃으며 죽기	진행 중
매일 1만 보 이상 걷기	진행 중	⋮	⋮

나는 10여 년 전부터 목표 리스트를 만들어 실천해 왔고 앞으로도 죽을 때까지 실천할 것이다. 장기 리스트 중 하나였던 '선산 만들기', '사진 책 쓰기', '행복 종교 책 쓰기' 등이 이미 달성됐으며 아직 완성하지 못한 목표는 달성하기 위해 계속 노력할 것이다. 이 과정 자체가 나의 삶이며 즐거운 마음으로 여생을 살아가는 원동력이 된다. 이렇게 하면 후회 없이 웃으며 죽을 수 있을 것이다.

큰 그림 그리기

장기 목표를 세울 때 중요한 점은 가능한 한 큰 그림을 그리는 것이 좋다는 것이다. 예를 들어 강남 아파트를 사는 것이 꿈이라면 30평짜리 말고 100평짜리를 사겠다는 식의 꿈을 그려야 한다. 또 건물 사기가 꿈이라면 작은 건물이 아니라 서울역 앞의 대우빌딩처럼 큰 건물을 사는 꿈을 목표로 하는 것이 좋다. 꿈이 작으면 그 꿈 이상은 이루지 못할 것이기 때문이다.

나는 군 제대 직전에 부모가 모두 돌아가시고 현재 가치로 약 3,000만 원의 빚과 동생 3명의 부양 의무만을 물려받았다. 군대를 제대하고 서울역에 있는 LG상사에 취직했던 때도 엎친 데 덮친 격으로 중2였던 동생이 '뇌척수막염'으로 용산 철도병원에 입원했다. 이때는 돌봐 줄 사람이 없었기 때문에 용산 철도병원 병실에서 자며 회사로 출퇴근했다.

또 뇌척수막염이라 뇌가 아프면 소리를 지르며 괴로워했기 때문에 6인실을 사용할 수 없어 부득이 비싼 1인실을 사용해야만 했다. 당연히 엄청난 입원비가 필요했다. 당시에는 의료보험 제도가 탄생한 지 얼마 되지 않았던 때라 의료보험 혜택도 받지 못했다. 사장실로 불려가 "도대체 왜 이렇게 자꾸 가불을 하나?"는 질책을 받기도 했다.

이런 상황을 겪으면서 대우빌딩의 100분의 1 만한 빌딩이라도 갖고 싶다는 꿈을 갖게 됐다. 지금 생각해 보면 어처구니가 없는 일이다. 당장 동생 병원비가 없어서 다음 주 월요일이면 강제 퇴원해야 하는 처지였고, 회사에서도 더 이상 가불이 불가능한 순간에 어처구니없게도 빌딩을 가질 꿈을 꿨으니 말이다.

대우빌딩의 100분의 1 만한 빌딩이라도 갖고 싶다는 꿈을 마음속으로 그렸다.

그리고 세월이 흘러 45세 때 강남에 자그마한 빌딩 두 채를 짓게 됐다. 어려웠던 젊은 날의 꿈이 거짓말처럼 이뤄진 것이다. 그것도 두 배나 크게 말이다. 옛날과 비교하면 엄청난 기적이 일어난 것이다. 하지만 사람의 욕심은 끝이 없었다. '아! 작은 건물을 꿈꾸지 말고 좀 더 큰 건물을 꿈꿀 걸….' 하고 말이다.

거지꼴을 면치 못했던 내가 강남의 건물주가 된 데에는 평소 꿈을 그림으로 그렸던 것이 많은 도움이 됐다. Y축에는 1~10억 원, X축에는 1981~1990년을 그리고 그래프를 공급 곡선식으로 우상향으로 그려 10년 후에 10억 원을 버는 그림을 그렸다. 물론 손가락이 가는 대로 그렸을 뿐이다.

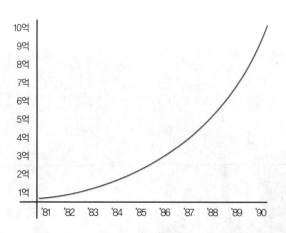

10년 후에 10억 원을 버는 그림을 그렸다.

그래프를 그리고 난 후 실천 계획을 세웠다. 우선 1억 원을 모아야 한다는 1차 목표를 세웠다. 당시 생각한 '1억 원'은 경제학 용어로 '원시적 축적'의 개념이다. 즉, 큰돈을 벌려면 최소한의 자본이 필요하다. "소도 비빌 언덕이 있어야 비빈다."는 속담과도 일맥상통한다. 물론 당시 '1억 원'은 도저히 달성할 수 없는 금액이었다. 왜냐하면 당시의 내 재산은 300만 원(11평 아파트 전세금)이었고, 월급도 25만 원에 불과했다. 아무리 계산해 봐도 '1억 원 모으기'는 불가능해 보였다.

하지만 몇 년 후 모 종합 상사의 오사카 지사장 발령을 받고 일본에 간 후 경제적으로 나아지기 시작했다. 당시 지사장 월급이 60만 엔이었는데, 1983년부터 엔고(円高) 환율 사태가 이어져 내 월급이 매달 오르는 효과가 있었다. 생활비는 매달 15만 엔 정도면 충분했다. 그리하여 어느 순간 본사의 사장 월급보다 많은 상태가 됐다.

아무튼 10년의 세월이 흘러 재산을 체크해 보니 정확히 10억 원이었다. 매년 내가 그린 그래프대로 이뤄진 사실을 보고 그림을 그린다는 것이 얼마나 중요한지 새삼 느끼게 됐다. 물론 나는 아직도 큰 그림을 그리며 살고 있다. 아마도 내가 죽기 전에는 그 그림이 완성될 것이다.

내 마지막 장기 목표(큰 그림)
• 기본 목표: 재산을 정리해 좋은 일하고 죽기
• 실천 계획
재단법인을 만들어 내가 죽은 후에 사회로 환원한다(空手來 空手去).

❶ 종교 명상 행복 동산 만들기

기독교 · 천주교 · 불교 · 힌두교 · 이슬람교 · 단군 성전 등과 같은 조형물을 산에 배치하고 목사, 스님 등이 설명하는 시스템을 만들어 사람들이 다양한 종교의 장단점을 느끼게 하고, 종교를 믿을 것인지, 말 것인지를 선택하는 장을 마련한다. 물론 주변 풍경은 천당 같이 훌륭하게 만들어 유치원생부터 노인들까지 모두 즐기게 한다.

❷ 종교 박물관 만들기

기독교, 불교 등 다양한 종교를 체험할 수 있는 박물관을 만들어 누구나 쉽게 여러 가지 종교를 체험해 보게 한다.

❸ 명상 · 요가원 만들기

명상과 요가를 일반인들이 쉽게 배우고 즐기는 인도의 아슈람과 같은 훌륭한 명상 · 요가원을 만든다.

❹ 동물 천국 만들기

강아지, 고양이 등의 동물 천국을 만든다. 특히 유기견 · 유기묘 위주로 우선 수용한다. 애견 카페와 애견 수영장도 만든다.

인생 목표 실행과 점검

당장 시작하자

'소뿔도 당장 빼라!'는 속담처럼 지금 당장 시작하자. 당신이 흥미를 갖고 있는 목표이기 때문에 의욕적으로 나아갈 수 있을 것이다.

열심히 일하자

목표를 달성하기 위해서는 다른 사람들보다 훨씬 더 많은 일을 해야 한다. 그동안 좋아했던 취미나 친구 등을 포기해야 할

종교 명상 행복 동산

수도 있다. 목표를 달성하려면 일정 부분의 희생은 불가피하다. 한 걸음 한 걸음 걷다 보면 어느새 산 정상에 도착하는 것처럼 꿈이 실현되는 순간도 다가올 것이다.

꾸준히 노력하며 중간 점검을 하자

꾸준히 실행하는 것이 가장 중요하다. 인생 목표의 종착역까지 가는 데는 긴 시간이 걸린다. 인생은 '단거리 경주가 아니라 마라톤'이다. 진행 상황을 수시로 기록하고 중간 점검을 하며 필요할 때마다 수정해야 한다.

반성하며 살자

후회 없는 삶을 살기 위해서는 반드시 자신이 한 일들을 되돌아보며 반성하는 것이 좋다. 고 김수환 추기경께서 벌인 "내 탓

이오!" 운동을 상기해 보자. 공자의 제자 증자(曾子)도 매일 세 가지 반성했다고 한다.

"나는 날마다 세 가지를 반성한다. 남을 위해 일을 함에 있어 최선을 다했는가? 벗을 사귐에 있어 믿음으로 했는가? 배운 것을 제대로 익혔는가?"

매일 세 가지를 반성한 후 다음에 실행하려고 노력하면 멋지고 성공적인 삶을 살 수 있을 것이다.

오래 살려면 사진을 하라!

사진 활동은 정신적, 육체적으로 많은 도움이 되기 때문에 장수를 하게 된다.

집중의 순간에는 모든 것을 잊고 오로지 앞에 있는 피사체에만 정신이 집중된다.

우선 정신적 면을 살펴보자. 새로운 피사체를 찾아 이리저리 걸어다니다가 마음에 드는 피사체를 향해 천천히 셔터를 누른다. 찰칵하는 순간 집중은 끝난다. 그리고 천천히 다음 순간을 위해 또 다른 여행을 떠난다. '집중'의 순간을 벗어나 '이완'의 세계로 들어가는 것이다. 사진을 하면 이와 같이 집중과 이완을 자연스럽게 반복하게 된다. 이는 명상을 통한 집중과 이완의 효과와 동일하다. 사진에는 플러스 효과가 하나 더 있는데, 그것은 바로 계속 걷고, 앉고, 일어서기를 반복하는 육체적 활동을 통해 각종 근육이 발달한다는 점이다.

집중 면에서만 본다면 그림을 그리는 것도 좋다. 하지만 그림은 대개 앉아서 그리기 때문에 대부분의 화가들은 허리뼈 근육이 망가져 디스크와 관련된 병에 걸린다. 수많은 화가가 디스크 수술을 하고 허리에 철심을 박은 경우를 많이 봤다.

하지만 사진을 하면 계속 걷게 되기 때문에 허리가 튼튼해지고 결과적으로 매우 건강해진다. 나도 수영, 스키, 골프 등과 같은 각종 스포츠를 하며 살아온 덕분에 준프로 수준까지 이르렀다. 하지만 대부분 육체적인 운동이기 때문에 '정신 근육'은 발달하지 못한다.

정신에도 근육이 있다. 명상을 오래하면 뇌의 좌측이 발달해 부교감 신경이 향상된다. 명상이 좋긴 하지만, 육체적 근육까지는 발달시키지 못한다. 하지만 사진은 정신적 근육과 육체적 근육이 발달하므로 그야말로 일석이조의 활동이 되는 것이다.

　　보통 사람은 DSLR 카메라를 살 필요가 없다. 핸드폰으로도 사진을 찍으면 된다. 하지만 이제부터는 핸드폰 카메라로 사진 찍기에 '걷기'를 추가해 보자. 동네 공원이라도 나가 꽃, 귀여운 어린이들, 강아지, 색다른 조형물 등 여러 가지 피사체를 찾아 여행하는 습관을 들이자. 자신도 모르는 사이에 1만 보 이상을 걸었다는 것을 알고 놀라게 될 것이다.

제3의 눈

　　새로운 피사체를 찾아 떠나는 여행은 새로운 세상을 만나는 것과 같다. 이전에는 전혀 관심을 기울이지 않았던 길가의 비둘기, 공원 벤치에 나란히 앉아 정답게 휴식을 취하는 노부부의 뒷모습, 열심히 살아가는 시장 상인들의 모습, 봄을 맞아 새롭게 솟아나는 예쁜 꽃 등 새로운 세상과 만나게 되면 자신의 인생이 풍요로워진다.

　　사진을 찍으면 또 하나의 새로운 눈이 생긴다. 바로 '제3의 눈'이다. 지금까지는 2개의 눈으로만 살아왔지만, 이제는 또 다른 시각을 가진 '제3의 눈'을 갖게 된 것이다.

　　'제3의 눈'을 통해 세상을 바라보면 전혀 다른 세상이 보인다. 그동안은 어리석게도 두 눈으로만 세상을 바라보며 이것이

제3의 눈. 우주를 새로운 시각으로 바라보는 제3의 눈

세상의 전부라고 생각했다. 평소에는 단풍에 물든 산을 바라보면서 '단풍이 드니 아름답네!'라고만 생각했지만, 사진을 찍게 되면 역광을 통해 찬란하게 빛나는 단풍의 뒷모습이 얼마나 아름다운지 알게 된다.

또한 서산에 지는 노을을 찍으며 신이 허락한 가장 아름다운 풍경을 사진에 담는 행복이야말로 최상의 행복이라는 것을 알게 된다. 겨울이 되어 날씨가 추워지고 눈이라도 내리면 집안에 틀어박혀 텔레비전 연속극이나 보면서 지내지만, 사진을 찍게 되면 집에 있는 시간이 아깝게 느껴진다. 경복궁에라도 가서 기와에 내린 하얀 눈과 고궁의 정취를 사진에 담고 싶어 좀이 쑤신다. 모든 세상을 하얗게 수놓은 새로운 세상을 만나는 것이다.

혹시나? 역시나!

사진가들이 흔히 하는 농담 중에 "혹시나 했더니 역시나!"라는 말이 있다. 계속 새로운 멋진 피사체를 기대하고 이 공원 저 공원 이 산 저 산 헤매지만, 만족스러운 피사체는 만나기 어렵다는 뜻이다. 그렇게 헤매다 우연히 좋은 피사체를 만날 수도 있다. 그 순간의 기쁨은 인간의 언어로는 표현할 수 없다. 그러한 경험을 해 봤기 때문에 고통을 감내하는 것이리라.

다음은 내가 사진과 인연을 맺게 된 이야기다. 독자에게도 참조가 되리라 생각한다.

성균 타임즈

대학 1학년 때 영자(英字) 신문사인 성균 타임즈(The Sung-kyun Times)의 기자가 됐다. 그때부터 영자 타이프와 사진을 배우게 됐다. 어느 날 선배가 야시가 수동 카메라를 주며 F8, 1/125초에 카메라 세팅을 해 줬다. 학내 시위 장면, 연극 장면 등을 찍고, 청와대 박종홍 수석, 동국대 총장 스님 등과 인터뷰도 하며 사진을 찍은 것이 사진 생활의 출발점이 됐다.

사진 책 저술

2,000년대에 사진이 필름 사진 시대에서 디지털 사진 시대로 바뀌는 새로운 시대의 흐름에 따라 영어와 일본어에 익숙한 내가 미국과 일본 책을 공부하고 대학원에 들어가 디지털 사진을 전공한 덕분에 우리나라에서 디지털 사진의 전문가로 인정받게 됐다. 그 결과 길벗출판사에서 4권, 성안당 출판사에서 4권의 사진 책을 저술해 오늘날 거의 모든 대학의 사진과 학생과 아마추어 사진가들이 내 책으로 공부하게 됐다.

8권의 저서 중 하나인 사진 책   2021년에 새로 나온 사진 책

사진 작가 협회의 이사장이 되다

105세의 유동호 작가님께서 충무로 현상소에서 제자들의 사진을 고르고 계신 모습이다.

세월이 흘러 대한민국 정부에서 인정하는 최대 사진 단체인 (사)한국 사진 작가 협회의 이사장이 됐다. 즉, 약 1만 여 명의 사진 작가들을 대표하는 수장이 된 것이다.

이사장이 된 후 전국 방방곡곡의 수많은 사진 작가를 접하며 느낀 점은 우선 그들이 매우 건강하다는 것이었다. 일생 동안 사진 생활을 하며 많이 걸어 다닌 덕분에 대부분이 평균적인 사람들에 비해 건강해 보였다. 매일 카메라를 메고 경복궁 근처 자택에서 충무로 사무실까지 걸어 다니시면서 사진을 찍으시던 유동호 작가님은 105세까지 건강하게 사진 생활을 하시다가 2021년 7월에 돌아가셨다.

죽을 때도 사진기를 품에 안고 죽자

일생을 살아오며 알게 모르게 신세를 진 것이 있을 것이다. 나의 경우에는 가장 많은 신세를 졌고 고마움을 느끼는 것 중 하나가 바로 '카메라'다. 카메라를 통해 수많은 인연과 만났고, 수

많은 피사체를 만나 예술이라는 이름 아래 전시회도 열어 봤으며, 돈도 벌어 봤다. 이 모든 것이 귀한 카메라 덕분이 아니겠는가! 나는 죽을 때 카메라를 껴안고 죽고 싶다. 최소한 내 무덤 속에는 내가 아끼던 카메라를 넣어 주길 바란다.

사진 교육

독자들을 위해 간단하게 사진 교육을 하고자 한다. 우선 사진을 그리스어로 표현하면 'Phos Grapos'다. Phos는 '빛', graphos는 '그림을 그린다.'는 뜻이다. 여기서 영어 'photography'가 만들어졌다. 즉, 사진(Photography)은 '빛으로 그림을 그린다.'는 뜻이 된다.

사진은 '빛으로 그림을 그리는 것'이다.

사진 촬영하기

올바른 촬영 자세

사진 촬영하는 데 가장 중요한 것은 흔들리면 안 된다는 것이다. 흔들리지 않는 사진을 찍으려면 어떻게 해야 할까? 여기서 흔들리지 않는 사진은 '초점이 피사체에 정확하게 맞아떨어진 사진'을 뜻한다. 이를 위해서는 충분한 셔터 속도를 확보해야 하는데, 셔터 속도를 공부하기에 앞서 올바른 촬영 자세부터 알아보자.

사진 촬영의 기본은 피사체에 초점을 맞추는 것이다. 이를 위해서는 자세를 올바르게 잡고, 카메라를 제대로 잡은 후에 충분한 셔터 속도로 촬영해야 한다. 손으로 들고 찍는 데 필요한 셔터 속도가 보장되지 않으면 삼각대를 이용하거나 별도의 대책을 마련해야 한다.

우선 올바른 자세에 대해 알아보자. 가로 화면으로 찍을 때는 카메라를 든 손의 팔꿈치를 옆구리에 붙인다. 왼손으로 카메라 렌즈, 오른손으로 카메라를 잡은 후 오른손 검지로 셔터를 반누름해 초점을 맞추고 나머지 반셔터를 조심스럽게 누른다. 핸드폰으로 사진을 찍더라도 두 팔을 앞으로 많이 내밀어 찍지 말고 양팔을 옆구리에 붙인 자세로 찍는 것이 좋다.

세로 화면으로 찍을 때는 왼손으로 카메라 렌즈를 받쳐 잡은 후 오른손으로 카메라를 왼쪽으로 돌려 잡고 셔터를 반누름해 초점을 맞추고 나머지 반셔터를 누른다.

카메라를 수평으로 하는   카메라를 수직으로 하는
가로 그립 촬영 자세   세로 그립 촬영 자세

이것이 바로 촬영의 기본자세다. 특히 세로 그립의 경우에는 초보자 시절의 잘못된 자세가 습관이 돼 불편을 느끼는 사람들이 의외로 많으므로 조심해야 한다. 즉, 세로 그립의 경우, 올바른 자세에서는 오른손이 위로 올라가 있지만, 잘못된 자세에서는 아래로 내려가 있다. 이러한 자세에서는 카메라를 견고하게 잡기 힘들어 흔들림의 원인이 된다. 이 자세는 서서 찍

잘못된 세로 그립 자세에서는 오른손이 아래로 내려가 있다. 이 자세는 허리 등뼈가 기울어지기 때문에 건강에 좋지 않다.

는 데는 문제가 없지만, 쪼그려 앉아 찍기나 엎드려 찍기 등 다른 변형 자세로 촬영할 때 불편함을 느끼기 때문에 하루빨리 고치는 것이 좋다.

손으로 들고 찍는 데 필요한 셔터 속도

손으로 들고 찍는 데 필요한 셔터 속도가 보장되지 않으면 삼각대를 이용하거나, 담장에 기대거나, 돌 위에 올려놓는 등의 대책을 마련해야 한다. 흔들림을 방지할 수 있는 일반적인 셔터 속도를 알려면 1초를 해당 렌즈의 초점거리(mm) 수치로 나누면 된다.

35mm 카메라를 손으로 들고 촬영하는 데 필요한 최소 셔터 속도

렌즈 길이	최소 셔터 속도
24~28(mm)	1/30(초)
35~50(mm)	1/60(초)
85~100(mm)	1/125(초)
135~200(mm)	1/250(초)
300(mm)	1/500(초)
600(mm)	1/1,000(초)

흔들림을 방지할 수 있는 셔터 속도를 알려면 대략 1초를 해당 렌즈 초점거리 수치로 나누면 된다.

기본 구도

주제와 부제를 선정하라

어떤 장면을 찍으려면 우선 그 장면에서 부각하고 싶은 '주제'와 그 주제를 더욱 돋보이게 해 줄 '부제'를 선정해 해당 부분에 초점과 노출을 맞춘다.

만약 인물사진이라면 인물이 주제가 되고, 배경이나 소품 등이 부제가 될 것이다. 풍경사진에서도 나름대로 주제와 부제를 선정하면 좋은 사진을 찍을 수 있다.

황금 분할과 삼등 분할 구도를 이용하라

가장 조화를 이루는 구도의 비율로 인정받아 온 황금 분할

단풍나무가 주제, 배경의 담장이 부제다.

전형적인 인물사진의 예. 전경의 인물을 주제, 배경의 단풍을 부제로 삼았다.

을 이용해 주제와 부제를 황금 분할 선에 위치시키면 아름다운 구도를 만들 수 있다. 이러한 분할 선은 뷰파인더에 있는 격자선을 이용하면 쉽게 활용할 수 있다. 황금 분할의 기본 비율은 직사각형의 세로와 가로 비율이 1:1.618(약 3:5)인 것을 말한다. 그림엽서나 명함, 인화지의 크기도 거의 이러한 비율로 돼 있으며 카메라나 필름의 실 화면도 대략 3:5로 돼 있다.

　　이러한 원리를 사진에 쉽게 이용하기 위해서는 화면을 대략 1/3로 나눠 사용한 3등 분할 선을 이용해야 하며, 이 분할 선들이 만난 3등 분할점(A~D)들에 주제와 부제를 배치하는 것이 좋다.

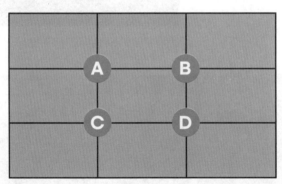

화면을 대략 1/3로 나눠 사용한 3등 분할선을 이용해야 하며, 주제와 부제는 이 분할 선들이 만난 3등 분할점(A~D)에 배치하는 것이 좋다.

역광을 이용하라(플레어 방지법)

광선의 종류

　　사진은 빛의 예술이기 때문에 빛의 이용은 절대적인 것이다.

작품 감상(황금 분할/3등 분할)
1 앞에 있는 인물을 주제, 배경의 산성 문을 부제로 삼았다.
2 부자
3 천상의 길

일몰

사랑의 강

같은 장면, 같은 피사체라 하더라도 빛의 방향에 따라 사진의 품질과 분위기가 달라진다. 카메라 뒤에서 피사체의 정면에 비치는 빛을 '순광', 피사체의 뒤쪽에서 카메라 쪽으로 비치는 빛을 '역광', 피사체 옆 45도 각도에서 비치는 빛을 '사광', 90도 가도에서 비치는 빛을 '측광', 피사체 뒤쪽 45도 각도에서 비치는 빛을 '반역광'이라고 한다.

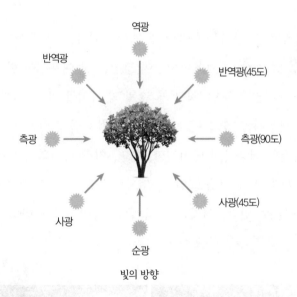

빛의 방향

이러한 다양한 빛의 방향 중 '사광'은 피사체의 3/4가 정도 밝고, 1/4 정도가 어둡게 나오는 광선으로, 질감이나 입체감을 표현하기에 좋기 때문에 풍경사진 및 인물사진에 많이 사용한다.

반역광은 3/4 정도가 어둡게, 1/4 정도가 밝게 나오는 광선으로, '렘브란트 광선'이라고도 하며, 화가들이 많이 사용하는 광선이다.

반역광은 콘트라스트가 강하고 입체감을 표현하기에 좋으므로 드라마틱한 작품 사진을 촬영하는 데 많이 이용된다.

한편 '역광'은 콘트라스트가 강해 일출, 일몰, 실루엣 사진 등 빛을 소재로 하는 사진에 많이 이용된다. 인물사진에는 얼굴이 어둡게 나타나고, 머리나 어깨에 강한 하이라이트가 생기기 때문에 보조광이나 반사판을 사용해 어두운 질감을 살리는 것이 좋다.

역광 사진 촬영은 플레어가 생기기 쉽다는 고정관념이 있지만, 개성 있는 작품을 만들려면 이 광선을 잘 이용해야 한다.

다음 사진을 보면 '역광'과 '순광'의 차이를 알 수 있다. 순광 사진의 경우에는 앞의 인물의 얼굴이 잘 표현돼 있지만, 전체적으로 사진의 역동감이 떨어진다. 반면, 역광 사진의 경우에는 인물은 실루엣이 돼 모습을 알 수 없지만, 사진에 박진감이 넘치는 것을 느낄 수 있다. 이와 같이 동일한 장면이라도 빛의 방향을 선택하는 것은 매우 중요하다.

순광 사진(왼쪽), 역광 사진(오른쪽)

플레어 방지

역광 사진을 찍을 때 가장 문제가 되는 것은 플레어(Flare) 현상이다. 태양을 정면으로 마주보고 촬영하기 때문에 강한 빛이 카메라 렌즈에 들어오지 않도록 해야 한다. 렌즈 앞에 후드를 부착하고 손, 모자, 반사판 등으로 빛을 가리면 어느 정도는 방지할 수 있다.

플레어 현상이 생긴 사진(왼쪽), 손으로 렌즈에 들어오는 빛을 가려 플레어 현상을 방지한 사진(오른쪽)

손으로 빛을 가릴 때는 손이 파인더 안에 나타나지 않도록 주의해야 한다. 하지만 방향에 따라 손이 파인더 안에 나타나지 않게 하는 것이 불가능할 때가 있다. 이때는 망설이지 말고 손을 일부 장면에 포함시켜도 된다. 디지털 사진에서는 후보정 과정에서 얼마든지 손을 제거할 수 있기 때문이다.

다음 사진에서는 플레어를 방지하기 위해 손으로 가린 자국이 장면에 포함됐고, 손으로 가렸지만 광각 렌즈(16mm)이기 때문에 플레어가 일부 남아 있다는 것을 알 수 있다. 또한 PL 필터의 테두리로 인한 비네팅 효과도 남아 있어서 필름 사진 시대에서는 사용할 수 없는 사진이다. 하지만 디지털 사진에서는 이러한 모든 악조건을 포토샵을 이용해 간단히 제거할 수 있기 때문에 촬영 당시부터 이러한 여건을 감안해 대처하면 보다 폭넓은 촬영을 할 수 있다. 오른쪽 사진은 포토샵에서 방해 요소들을 제거한 것이다.

❶ 플레어를 방지하기 위해 손으로 가린 자국이 장면에 포함됐다. ❷ 손으로 가렸지만 광각 렌즈(16mm)이기 때문에 플레어가 아직 남아 있다. ❸ PL 필터 테두리로 인한 비네팅 효과가 남아 있다. 오른쪽 사진은 포토샵을 이용해 방해 요소들을 제거한 것이다.

이와 같은 방법으로 대처할 수 있다면 얼마든지 역광 사진에 도전할 수 있다. 아름다운 풍경이 펼쳐지는 곳의 도로를 달릴 때 오른쪽 옆에서 태양이 비치고 있다고 가정해 보자. 이때 오른쪽은 역광 상태, 왼쪽은 순광 상태다. 둘 다 비슷한 풍경이지만 효과는 전혀 다르다. 이때 역광 상태인 오른쪽을 찍으면 힘차고 역동적인 사진을 얻을 수 있다.

춘천 호반을 차를 타고 달리면서 찍은 모습이다. 도로의 오른쪽에서 태양이 떠오르고 있는 역광 상태로 촬영했다.

태양을 피사체에 가리기

피사체를 역광으로 대하다 보면 태양광이 강할 때 부담을 느끼게 된다. 이때는 태양을 전방의 피사체로 가리면 된다. 그러면 피사체가 실루엣이 돼 힘찬 윤곽이 드러나고, 피사체가 태양광을 투과광으로 받아들이는 경우에는 컬러를 이용해 아름다운 자태를 표현할 수 있다.

전방의 피사체로 태양을 가리는 적극적인 역광 대처법
으로 힘찬 실루엣 사진을 만들었다.

인도의 타지마할(순광)

형제(순광, 플래시 이용)

강원도 옵바위 일출(역광)

선릉의 대장군(사광)

대관령의 상고대(역광)

CHAPTER 4

말씀

　인간에게는 두 가지의 원초적인 본능, 즉 개체 유지의 본능, 자손 증식의 본능이 있다. 그런데 이 두 가지 본능의 이해관계가 충돌할 때가 있다. 이때는 개체 유지의 본능을 포기하고 자손 증식의 본능을 따르게 된다. 이러한 원초적인 본능 외에도 여러 가지 부수적인 본능이 있는데, 그중 가장 대표적인 것이 '표현의 본능'이다. 예로부터 원시인들은 동굴 벽에 그림을 그려서 자신의 표현 본능을 나타내기도 했다.

　한편 자신의 생각을 타인에게 표현하는 대표적인 수단은 바로 '말하기'다. 말은 인간의 입에서 나와 타인의 귀로 전해진다. 입에서 나온 소리의 파동이 바로 '말'이며, 이 파동이 타인의 귀로 들어가는 것이다. 이번에는 말씀에 관련된 다양한 예를 이용해 우리의 삶을 풍요롭게 가꾸는 방법을 살펴본다.

말씀

말은 '입에서 나온 소리'다. 소리는 파동을 일으키며 다른 곳으로 전달된다. 그런데 좋지 않은 파동을 일으키면 받아들이는 사람에게도 그대로 전해지고, 곧 메아리처럼 되돌아오게 된다. 예를 들면, "너는 왜 이렇게 싸가지가 없냐?"라는 나쁜 파동을 전하면 상대방도 금방 "뭐라고? 넌 도대체 얼마나 잘나서 그런 소리를 하냐?"라는 나쁜 파동이 돌아온다. 이와 반대로 "참 훌륭하십니다. 선생님께는 배울 점이 많습니다."라는 좋은 파동을 전하면 상대방은 "뭘요, 저는 아직 멀었습니다. 선생님이야말로 훌륭하시지요."라는 좋은 파동이 돌아온다.

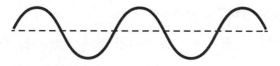

파동은 파도가 위 아래로 오르내리듯이 내려가고 오르는 반복을 계속한다. 파도뿐 아니라 빛과 소리의 움직임도 파동으로 이뤄져 있다.

이러한 '파동 전달의 원칙'은 타인과의 관계가 아니라 자신과의 관계에도 그대로 적용된다. "아이고, 힘들어 죽겠네!", "에이, 재수 없어! 도대체 왜 나는 이리 운이 없지?", "에이 더러워서 못해 먹겠네." 등과 같은 나쁜 파동을 자신에게 전달하면 자신의 잠재의식이나 무의식에 저장돼 자신도 모르는 사이에 부정적인 결과가 나타난다. 한편 "아! 참 좋다!", "힘들긴 하지만 이정도라도 됐으니 다행이야!", "아! 참 감사하다!" 등과 같은 좋은 파동을 전달하면 긍정적인 결과가 나타난다. 옛 선인들이 말의 파동을 생성하는 입속의 세치 혀를 조심하라고 했던 것은 바로 이 때문이다.

이번에는 말씀에 대한 종교적 견해를 살펴보자.

기독교의 말씀에 대한 견해

"처음, 천지가 창조되기 전부터 말씀이 계셨다. 말씀은 하나님과 함께 계셨고, 하나님과 똑같은 분이셨다."(요한복음 1:1)

"모든 것은 말씀을 통해 생겨났고, 이 말씀 없이 생겨난 것

은 아무것도 없다."(요한복음 1:3)

"말씀이 사람이 되셔서 우리와 함께 계셨는데, 우리는 그의 영광을 봤다. 그것은 외아들이 아버지에게서 받은 영광이었다."(요한복음 1:14)

기독교에서는 '말씀' 자체를 예수 그리스도라고 보며, 태초부터 말씀이 있었다고 했다. 즉, "하나님이 말씀을 통해 빛이 있으라 하매 빛이 생겼고, 인간을 비롯한 천지만물을 창조하게 됐다."라고 한다.

하나님은 말로써 세상을 창조할 뿐 아니라 인간 세상을 말로써 통제한다는 사실을 알아야 한다. 나도 하나님처럼 말로써 남을 통제하려 한다. 하지만 여기서 명심해야 할 것은 다른 사람도 말로써 나를 통제하려 한다는 것이다. 그렇기 때문에 서로 말로 싸우게 되는 것이다.

어쨌든 위대한 힘의 원천인 말씀의 창조적인 기적은 지금도 우리 주변에서 일어나고 있다. 바로 나로부터 말이다. 나는 매일 아침 일어나 누군가에게 말을 건다. "안녕!"이라 말하기도 하고, "너는 어떠냐?"라고 말하기도 한다. 또는 "이건 또 뭐야!"라며 짜증을 내기도 한다. 이렇게 우리 입에서 나가는 말은 여러 가지 결과를 초래한다. 어떤 때는 결과가 좋은 방향으로 일어나기도 하고, 어떤 때는 나쁜 방향으로 일어나기도 한다.

이렇게 말은 인간이 사회에서 공동 생활을 하며 살아가는 데 중요한 수단이 됐다. 생각해 보라! 아담과 이브가 처음 만들어졌을 때 서로 소통을 하고 자식을 낳았는데, 서로 말이 통하지 않았을까? 당연히 통했을 것이다. 똑같은 한 가지 말로 소통을 하고 자손들에게도 그 말을 전해 줬을 것이다.

하지만 어느 날 갑자기 인간들은 서로 말을 알아듣지 못하게 된다.

구약 성경 창세기 11장에 나오는 '바벨탑 사건'이 일어난 것이다. 인간들이 하나님만을 숭배하라는 명령을 어기고 이교도들의 신을 숭배하며, 하늘 높은 줄 모르고 하늘 꼭대기까지 바벨탑을 쌓기 시작하자 여호와 하나님께서 진노하사 그 탑의 공사를 중단시키고 공사 중인 인부들을 흩어 놓으려 결심한 것이다.

바벨탑

그래서 사람들 간의 말을 바꿔 버렸다. 즉, 어느 날 갑자기 서로가 외국어를 하게 만들어, 소통하지 못하게 했다. 노동자들이 서로 말로 소통하며 열심히 탑을 쌓고 있었는데, 갑자기 서로 말이 안 통하게 된 것이다. 소통이 안 되니 그 탑을 더 이상 쌓을 수 없었다. 이 바벨탑 사건으로 외국어가 생기게 돼 매우 불편한 삶을 사는 신세에 놓이게 됐다.

인도계 종교의 말씀에 대한 견해

옴(AUM, ॐ)은 인도 사람들이 우주 최초의 소리라고 생각하는 단어로, 힌두교, 불교, 자이나교, 시크교 등에서 주문으로 사용되고 있다.

옴(산스크리트어)

미얀마 부처님의 이마에 옴이 그려져 있다.

인도계 종교에서는 기독교 하나님의 창조론을 부정하며 나름대로 말에 대한 이론을 전개한다. '옴~'이 우주 최초의 말이라는 것이다. 즉, 창조자가 우주를 창조할 때 처음 낸 최초의 음성이 '옴~'이라는 것이다.

나름 일리가 있다. 우선 옴은 말의 시작이 되는 기본 단어라 할 수 있다. 여기서 말의 기초가 되는 '엄마'가 탄생한다. 그리고 "A, 아, 어, 엄마, 마마, 맘, 마미" 모두가 옴 발음인 'A'와 'M'의 조합에서 이뤄진다는 것을 알 수 있다.

언어학적으로 분석해 보면 'A'는 혀가 입천장이나 어느 다른 부분과 접촉하지 않고 소리를 내는 음이고, 'M'은 입을 열지 않고 소리를 내는 음이다. 이 두 음성 구조 사이에서 모든 단어가 만들어진다는 것을 알 수 있다. 옴(AUM)을 분석하면 A+U+M이라는 것을 알 수 있다.

인도에서는 고대로부터 옴을 신비스러운 단일 음절의 주문(Mantra) 또는 신의 대리자로 숭배하고 있다. 또한 '옴'은 우주의 마지막 음성이라는 '훔(HUM)'과 합쳐져 새로운 주문을 만든다. 즉, '옴마니 반메훔'이다. 이는 힌두교와 불교 등에서 사용하는 주문이다. 또한 기독교에서 기도한 후에 마무리하는 '아멘(Amen)' 소리도 A, U, M이 합쳐진 소리에서 파생된 것이라 짐작할 수 있다.

명상과 옴의 조합

들숨을 쉰 후 날숨에 길게 '옴~~~'을 생각하며 읊어 보라! 소리를 나지막하게 내는 것이 좋지만, 소리를 내지 않아도 괜찮다. 그저 마음속으로만 생각해도 된다.

우선 들숨보다 날숨을 길게 하면 심신이 안정되고 편안해진다. 즉, 날숨을 길게 쉬는 것이 이완하는 요령인 것이다.

이를 위한 연습으로는 들숨을 자연스럽게 쉬면서 속으로 "하나 둘 셋 넷~~~" 하면서 길이를 재고 날숨을 쉬면서 속으로

"하나 둘 셋 넷~~~" 하면서 길이를 잰다. 처음에는 같은 길이로 여러 차례 숨을 쉬고, 다음에는 날숨을 더 길게 쉰다. 그러면 편안함을 느낄 수 있을 것이다.

이것이 익숙해지면 날숨을 쉴 때 "옴~~~" 소리를 내는 것이 좋다.

만약 "옴~~~" 소리가 힌두교의 소리라고 오해하는 기독교인이 있다면 들숨에 "아~~" 날숨에 "멘~~~"을 해도 좋을 것이다. 이렇게 하면 자연스럽게 명상을 하는 효과가 있다.

하버드 의대 교수인 허버트 벤슨(Herbert Benson) 박사는 『이완 반응(The Relaxation Response)』이라는 책에서 자신의 실험 결과를 발표했다.

환자들을 두 그룹으로 나눠 한 그룹은 그냥 약 처방만 하고 다른 그룹은 약 처방과 더불어 한 가지 과제를 더 부여했다. 즉, 적어도 하루에 10분 정도는 날숨을 쉴 때 "옴~~~"을 생각하거나 말하라고 한 것이다. 실험 결과는 놀

허버트 벤슨(Herbert Benson)의 저서 『이완 반응(The Relaxation Response)』. 1975년에 출간돼 2,000년에 37판 400만 부 이상 팔렸다.

라웠다. "옴~~~"을 읊던 그룹의 치료 효과가 월등하게 좋았다. 그는 이 실험 후 거의 모든 환자에게 시간이 나는 대로 날숨에 '옴~~~'을 넣어 읊으라고 권유했다고 한다.

외국어

전 세계를 여행할 때나 학교에 진학하고자 할 때 가장 필요한 것 중 하나가 '외국어'다. 대부분의 사람들은 나이가 들면 새로운 외국어를 배우길 두려워한다. 하지만 나이가 들수록 새로운 외국어 학습에 도전할 필요가 있다. 왜냐하면 뇌세포를 활성화해 치매를 예방할 수 있기 때문이다.

손짓, 발짓을 섞어가며 외국 여행을 하는 자신을 상상해 보라. 다소 서툴더라도 상관없다. 유태인들은 평균 5개 정도의 외국어를 할 수 있다고 한다. 유태인들은 유럽을 비롯한 전 세계를 떠도는 신세였기 때문에 5개 외국어를 자연스럽게 배우게 됐고, 그 결과 오늘날 다른 민족에 비해 큰 부를 거머쥐게 됐다고 생각한다. 나의 외국어 경험을 읽고 여러분도 과감하게 외국어 탐험에 나서길 바란다.

외국어 경험

다음의 외국어 경험 사례들은 여러분의 외국어 공포를 줄여줄 수 있으리라 생각한다.

영어

나는 용산 중 1학년 때 영어 공부에 도움이 될까 해서 용산 삼각지에 있는 미군 부대를 갔다. 일요일 날 미군 부대 4번 게이

트에 가서 교회에 간다고 하면 헌병들이 부대 내로 들어가게 해
줬다. 들어가면 교회의 초등학교 채플(Chapel)로 간다. 어린 아이
들과 즐겁게 놀면서 저절로 영어 발음과 실력이 늘게 됐다. 예배
가 끝나면 식당으로 가서 햄버거와 같은 맛있는 음식을 공짜로
먹기도 했다. 그런 재미로 중학 시절 용산 미군 부대에 매주 가
게 됐다.

　　용산고 1학년 때는 YFC에 들어갔다. 매우 재미있는 클럽
이었다. 영어로 노래를 부르면서 저절로 영어가 늘게 됐다. 예를
들면, "I have a joy joy joy down in my heart! down in my
heart! down in my heart! to stay!(주예수 사랑 기쁨 내 마음 속에
내 마음 속에 내 마음 속에 있네!") 하는 식이다. 'Amazing grace' 등
약 50개 정도의 영어 노래를 배우니 저절로 영어가 늘게 됐다.

외국어에 대한 고정관념 깨기

　　한 가지 재미있는 사실은 영어를 알아듣지 못해도 능숙하고
즐겁게 영어 노래를 할 수 있다는 것이다. 한 친구를 YFC에 데리
고 간 적이 있다. 보통 몇 달 간은 영어 노래 가사를 모르기 때문에
노래를 부를 때 멍하니 있는 것이 보통이다. 하지만 그 친구는 일
주일 후의 집회 때부터 신나게 박수를 치며 노래를 부르는 것이었
다. 나는 그 장면을 보고 감탄했다. 나중에 "야! 너는 들어온 지도
얼마 안 되는데, 어떻게 그렇게 영어 노래를 잘 부르냐?"고 물으니
그 친구는 "하하" 하고 웃으며 "나는 영어로 노래를 부른 게 아니

야! 그저 입을 열고 '아 야 아 야 아 야' 하며 박수를 쳤을 뿐이야!" 하는 것이었다. 그렇다. 외국어란 별것이 아니다. 그저 적당히 자신의 의사를 표현하는 척하면 되는 것이다. 그 친구는 그 후 의사가 돼 현재 분당에서 큰 병원을 운영하고 있다.

그 후 나는 경원대 평생교육원에서 사진을 가르치는 교수가 돼 학생들과 촬영차 중국에 갔다. 중국의 재래시장에 들어가 사진을 찍는데, 대부분의 학생은 중국어를 모르기 때문에 사진을 어색하게 찍고 있었다. 그런데 한 아주머니 학생은 신나게 웃으며 사진을 찍고 있었다. 자세히 들어보니 "아줌마! 이쪽 봐! 그렇지 그래, 이렇게 저렇게, 좋아! 좋아!" 하는 식이었는데, 신기하게도 한국말을 전혀 모르는 중국 아줌마들이 그녀의 요구에 따라 행동해 주고 있었다.

그 학생은 경주 출신으로, 초등학교밖에 나오지 못했기 때문에 중국어는커녕 영어도 모르는 사람이었다. 하지만 보디랭귀지(Body Language)를 동원하자 좋은 사진을 마음껏 찍을 수 있던 것이다.

매주 수요일에는 학교에서 YFC 집회를 하는데, 미국 평화 봉사단(Peace Corps)의 대학생들이 학교에 와서 영어로 설교를 했다. 처음에는 잘 알아

중국어를 모르면 한국말이라도 적극적으로 하면 된다.

듣지 못했다.

그리고 토요일에는 경기여고 앞 구세군 강당에서 약 700명이 모여 전체 집회를 했다. 이때는 외국의 유명한 목사님들이 설교를 했다. 그런데 이 설교의 통역을 서강대에 다니는 선배가 하는 것을 보고 매우 부러웠다. 그 선배에게 어떻게 그렇게 영어를 잘하느냐 물으니 "요한복음을 영어로 무조건 외워라!"라고 알려 줬다. 그래서 나는 한 달에 걸쳐 요한복음을 영어로 외웠다. 그랬더니 외국인의 설교가 귀에 들어오기 시작했다. 고 2학년 때는 YFC 용산고 회장을 맡게 됐다. 당시에는 정말 바쁜 시간을 지냈다. 신문 배달도 해야 하고, 클럽 활동도 해야 했으니 말이다.

그 후 나는 미국 평화 봉사단 대학생의 요청에 따라 오토바이 꽁무니에 매달려 통역을 하러 다니게 됐다. 내가 다녔던 학교는 주로 경기, 이화, 숙명, 진명 등 약 26개 여학교였다. 당시에는 여학교 안에 남학생이 못 들어가는 시스템이었지만, 나는 미국인의 오토바이를 타고 들어가 영어 설교를 통역했다.

물론 모든 설교를 알아듣는 것은 아니었다. 요한복음을 외웠더니 못 알아듣는 것은 내가 대충 말을 할 수 있게 됐다. 이때 가장 많이 인용했던 구절은 요한복음 3장 16절이었다. "이와 같이 하나님이 우리를 사랑하사 외아들을 보내 주셨으니 그를 믿는 사람은 누구든지 멸망하지 않고 영생을 얻는다."라는 내용이다. 아무튼 못 알아듣는 부분은 나름대로 꾸며가면서 고교 2학년 시절을 보냈다.

총회장

매주 목요일 저녁에는 서울역 근처 세브란스 빌딩에서 회장단 회의 및 기도회가 있었다. 고등학교 2학년 1학기 말의 어느 날 그곳에서 서울 총회장 선거가 있었다. 용산고 회장인 나와 경신고 회장이 출마해 투표를 했는데, 투표 결과 27(거의 여학생 회장단) 대 26(거의 남학생 회장단)으로 당선됐다. 여학교에 다니며 통역을 한 덕분에 YFC 서울 총회장이 된 것이다. 그때부터 구세군 강당에서 매주 토요일 사회를 보고 영어로 통역을 하기도 했다. 또한 당시 신문을 돌렸던 나에게 필요한 돈의 일부는 그곳에서 충족할 수 있었다. 성경 퀴즈 대회에서 장학금을 받기도 했기 때문이다.

신문기자

서울대에 두 번 낙방한 후 2차 대학인 성균관대 경제학과에 들어갔다. 어느 날 영자 신문사인 성균 타임즈에서 불러 가 보니 2명의 기자를 뽑는데, 내가 입학 성적 중 영어가 1등이니 우선권을 주겠다고 했다. 학생 기자가 되면 매월 1만 원의 월급도 준다고 했다. 당시 납부금이 한 학기당 6만 원 정도였으므로 월급만 받더라도 납부금을 해결할 수 있었다. 그 후 영자 신문사 기자가 돼 영어 타이프라이터도 배우게 됐다. 한글로 기사를 쓴 후 영어로 번역해 제출하면 미국인이 교정을 봐 줬다. 이 과정에서 영어 실력이 저절로 늘게 됐다.

통역 장교

ROTC 4학년 때 통역 장교(Interpreter Officer) 시험을 봤는데, 성균관대에서는 유일하게 나 혼자만이 합격했다. 통역 장교가 돼 부산 병기 학교 번역실에서 근무하며 부산 초읍에 있던 하야리아 부대와의 연락장교(Liasion Officer) 직을 수행했다. 그리고 대한상공회의소에서 실시하는 전국 무역 영어 시험에도 1등으로 합격했다. 아무튼 영어 시험이라면 항상 좋은 성적을 거뒀는데, 이 모든 것이 중학교 1학년 때부터 미군 부대 교회에 다닌 덕분이라 생각한다.

여러분의 자녀나 동생이 중학생 정도의 나이라면 삼각지 미군 부대 게이트 4에 가서 헌병에게 "I am going to the chapel. (교회에 갈 거예요.)"라고 말해 보게 하라. 들어가게 해 줄지는 모르지만, 밑져야 본전이니 한번 시도해 보길 바란다. 아마도 강남의 영어 학원에 비싼 돈을 주고 다니는 것보다 훨씬 효과가 있을 것이다.

일본어, 고생 끝 행복 시작!

ROTC 통역 장교 시절의 일과는 병기 학교 번역실에 출근해 미군 야전 교범(Field Manual)이나 기술 교범(Technical Manual) 등을 번역하는 일이었는데, 하루에 3페이지를 번역하는 것이 전부였고, 2시간이면 끝이 났다. 근무 시간은 8시간이기 때문에 남는 6시간 동안 여러 가지 공부를 했다. 그중 하나가 일본어 공부였다. 그리고 외국어대 일본어과를 나온 친구들과 일어 회화 클럽을 만들어 일본어로만 대화하기로 했다. 그중에서는 내가 가장 못하는 편이었지만, 이럭저럭 일본어를 공부했다.

일본어는 한국어와 어순, 조사 등이 비슷하기 때문에 기본적인 단어와 발음만 익히면 비교적 배우기가 쉬웠다. 2년 정도 공부하니 회화는 서툴렀지만, 번역하는 것은 비교적 쉽게 할 수 있는 정도가 됐다.

그런데 문제가 생겼다. 제대를 앞두고 LG 상사에 응시했는데, 면접을 한국어가 아닌 영어로 본다고 했다. 그 당시 나는 별걱정을 하지 않았다. 왜냐하면 영어 회화는 다른 사람들보다 잘할 자신이 있었기 때문이다.

그런데 막상 내 차례가 돼 들어가니 나에게는 영어가 아니라 일본어로 질문하는 것이었다. 나는 순간 당황했다. 서툰 일본어로 대답한 후 다시 일본어로 질문했다. "다른 사람들에게는 영어로 질문을 하셨는데, 왜 하필 나에게만 일본어로 질문을 하십니까?"라고 물으니 면접관이 "자네는 통역 장교 출신이니 영어로 물어볼 필요가 없고, 또 영어 필기 시험 때 일단 시험 문제를 영어로 번역하고 기타 다른 제2외국어를 알면 추가로 번역하라고 했는데, 자네가 일본어로 번역하지 않았는가? 그래서 일본어로 질문했던 것이네."라고 대답했다. 아무튼 합격됐고, 5년 후에는 최초로 LG상사 오사카 지사장으로 발령받게 됨으로써 '고생

끝 행복 시작!'의 서막이 열리게 됐다. 이 모든 것이 외국어 공부 덕분이었다.

독일어, '파리로의 대탈출'

용산고 시절에는 서울대반과 기타대반이 있었다. 서울대에 입학하려면 다섯 가지 시험과목 준비를 해야 하고, 기타대에 입학하기 위해서는 네 가지 과목만 준비해야 했다. 내가 속한 문과에서 서울대에 가려면 '국어, 수학 I, 사회, 영어, 제2외국어'의 다섯 가지 과목을 공부해야 했고, 연·고대를 비롯한 기타 대학에 가려면 제2외국어를 제외한 네 가지 과목만 공부하면 됐다. 그래서 나는 제2외국어로 독일어를 선택해 2년간 공부를 했다. 하지만 대학 생활과 사회 생활을 하면서 독일어를 잊어버리고 있었다.

그러던 어느 날 취직을 하고 1979년 유럽으로 출장을 갔다. 목적지는 런던, 스톡홀름, 암스테르담, 밀라노, 파리였다. 당시의 항공편은 오픈티켓(Open Ticket)을 이용했다. 유럽 내 비행기편이 워낙 많았기 때문에 현지에서 이틀 전에 여행사에 부킹을 하면 되는 시스템이었다.

그럭저럭 유럽 전역을 다니며 일을 보다가 이태리 밀라노에 갔다. 그런데 이태리는 영어가 거의 통하지 않는 나라였다. 호텔 건너편에 있는 이태리 스파게티 식당에 들어가 영어로 주문하려고 메뉴판을 살펴봤다. 한국에서는 스파게티라고 해 봐야 토마토 케첩을 두른 것과 크림 스파게티(빨간색과 흰색) 두 가지밖에 없던 시절이었다. 그런데 그 메뉴판에는 무려 30가지 스파게티가 이태리 말로 쓰여 있었다. 그런데 한국에서 먹던 토마토 소스 스파게티를 시키려고 종업원에게 영어로 질문하니 전혀 알아듣질 못했다.

그래서 스파게티를 먹는 것을 포기하고 옆 좌석을 봤더니 빵을 맛있게 먹고 있었다. 그래서 또 영어로 "Give me a bread!(빵 좀 주세요!)"라고 말했지만, 역시 알아듣질 못했다. 그래서 옆에서 먹는 사람 곁으로 가서 한국어로 "야! 이것 줘!" 라고 말했더니 약 30cm 정도 되는 큰 빵을 갖다 줬다. 그리고는 더 이상 주질 않았다. 한국에서는 빵을 주면 보통 버터나 잼 등을 함께 주는 데 오로지 빵만 주는 것이 이해가 되질 않았다. 그래서 또 영어로 "Give me a butter!(버터 좀 주세요!)"라고 했지만, 전혀 알아듣질 못했다. 그래서 "butter", "das butter", "버터", "빠다" 등을 외쳐 봤지만, 소용없었다. 옆 좌석 사람들을 보니 그들은 빵에 버터를 바르지 않고 그대로 조금씩 손으로 뜯어 먹고 있었다. 분명히 이 식당 안에서 버터 냄새가 솔솔 나는데 버터라는 단어를 못 알아듣는 것이다.

그래서 나는 보디랭귀지가 최선이라 생각했다. 일어나서 주방에 가보니 식당 선반 위에 커다란 버터 덩어리가 놓여 있었다. 손으로 가르키니 그제서야 알아듣고 버터를 갖다 줬는데, 그 크기가 무려 10cm 정도였다.

이제 빵도 구했고 버터도 구했으니 계란 후라이 정도만 있으면 한 끼는 충분하다고 생각해 또 다시 영어로 도전했다. "Give me an egg fry!(계란 후라이 하나 주세요!)" 결과는 역시 마찬가지였다. 손짓, 발짓을하며 말했지만, 도저히 소통 불능 상태였고, 옆 좌석을 아무리 둘러봐도 계란 후라이를 먹는 사람은 없었다. 마지막 수

닭이 알을 낳는 모습을 그려서 보여 줬더니 비로소 알아들었다. 말이 안 통하면 그림이라도 그리자!

단으로 종이를 꺼내 그림을 그렸다. 그랬더니 비로소 알아듣고 계란 후란이를 가져다 줬다.

이태리어를 모르니 밀라노에 있는 것이 무척 괴로웠다. 하루빨리 이 도시를 탈출해야 한다고 생각했다. 파리로 가기 위해 여행사에 전화를 해 내일 모레 파리행 비행기를 부탁한다고 말했다. 그랬더니 파리행 비행기 부킹은 약 두 달 후에나 가능하다고 말했다. 나는 내 귀를 의심했다. 'Two days(이틀)가 아니고 Two month(두 달) 후라고?' 호텔에 돌아와 프런트에 있는 사람에게 사정을 이야기하니 "바로 어제부터 유럽의 바캉스 시즌이 시작됐기 때문이다."라고 대답했다. 즉, 유럽의 휴가철(바캉스)이 시작됐기 때문에 두 달 전에 외국으로 가는 비행기 잡기란 불가능하다고 했다.

비행장으로 가서 'Waiting List(탑승자 대기 목록)' 제도를 이

용하는 수밖에 없다고 생각했다. 'Waiting List'는 어느 비행기든 여러 가지 사정상 갑자기 못 오는 사람들이 있기 때문에 공항으로 일찍 가서 줄을 서면 우선순위에 따라 비행기를 탈 수 있는 제도다. 다음날 아침 짐을 싸서 택시를 탄 후 "Let's go to the airport!(비행장으로 갑시다!)"라고 말했다. 택시는 20분 정도 걸려 밀라노 공항에 도착했다. 나는 남겨 뒀던 20불 정도의 이태리 지폐로 택시비를 지불한 후 커다란 트렁크를 들고 내렸다.

공항 체크인 카운터에는 많은 사람이 줄지어 있었는데, 약 30분 정도 기다리니 내 차례가 돌아왔다. "I want to be on the waiting list!(대기자 목록에 넣어 주세요!)" 그런데 청천벽력 같은 대답이 돌아왔다. 이 밀라노 공항에는 'Waiting List' 제도가 없다는 것이다. 만약 Waiting List 제도를 이용하길 원하면 '말빵세' 공항으로 가라고 했다.

당시 서울에는 오로지 김포공항 하나밖에 없었기 때문에 한 도시에 2개의 공항이 있을 것이라고는 생각하지 못한 것이다. 아무튼 허겁지겁 나와 택시를 잡았는데, 하필 커다란 벤츠 택시였다. 당시 벤츠 자동차는 우리나라에서는 큰 재벌 회장들만이 탈 수 있는 차였다. 할 수 없이 이태리 돈은 한 푼도 없는 주제에 공항에 도착하면 택시 운전사에게 기다리라고 한 후 여행자 수표를 바꿔 주리라 생각하며 일단 택시를 탔다. '말빵세' 공항으로 가자고 하니 운전사는 "오케이, 말빵세" 하며 운전을 하기 시작했다. 그러더니 시내를 빠져 나가 고속도로를 탔다. 고속도로를 탔기 때문에 금방 도착할 것이라 생각했지만, 그건 오산이었다. 100km/h 속도로 약 한 시간가량을 달렸다. 도중에 옆으로 스쳐 지나가는 푯말에는 로마, 토리노와 같은 이름이 쓰여 있었다.

갑갑해서 영어로 말을 하니 전혀 알아듣질 못했다. "왜 이리 멀리 가는 거냐?", "말빵세 공항에는 언제 도착하느냐?"라고 계속 물었지만, 전혀 알아듣질 못했다. 그래서 할 수 없이 보디랭귀지를 쓰기 시작했다. 손가락으로 내 시계를 가리키며 왜 이리 오래 가느냐고 수차례 물었다. 그랬더니 갑자기 바깥쪽을 가르키며 "뽈리짜이, 뽈리짜이"라고 대답했다. 무슨 소린지 도대체 몰랐다. "뽈리짜이, 뽈리짜이? 아! 혹시 폴리스맨(Policeman)?"

그렇다. 내가 시계를 가리키며 계속 다구치니 100km 속도 이상으로 달리면 경찰에 걸린다는 것이었다. 이제는 더 이상 보디랭귀지를 쓰지도 못하고 답답한 시간만 흘려보내던 중 갑자기 택시 운전사가 "Sprachen Sie Deutsch?(독일어 할 줄 아세요?)"라고 물었다. 나는 조건반사적으로 대답했다. "Ya Ich kann!(네, 할 줄 알아요!)". 고교 시절 2년간 배웠고 이제는 까맣게 잊어버렸던 말이 나도 모르게 튀어나온 것이다. 그렇다! 급하면 통한다고 그때부터 서툰 독일어로 물어보니 이태리와 독일은 제2차 세계대전 때 동맹국이었는데, 자신이 참전해 독일인들과 같이 싸웠기 때문에 독일어를 알게 됐다고 했다. 그다음부터는 "언제 도착하느냐?", "도착하면 여행자 수표를 바꿔 현금으로 주겠다."는 말을 독일어로 구사했다. 독일어로 외국인과 회화를 하기는 난생처음이었다. 드디어 말빵세 공항에 도착했고, 대기자 목록에 올린후 간신히 비행기에 탑승할 수 있었다. 마치 지옥에서 탈출하는 기분이었다. 나는 이때를 '파리로의 대탈출'이라 명명했다.

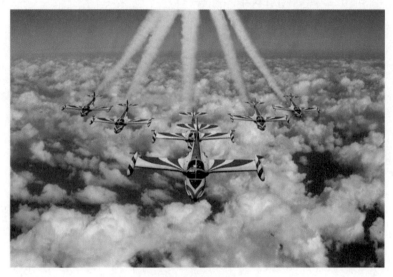

시원하게 비행기를 타고 일상에서 탈출하는 기분은 언제나 유쾌하다.

아랍어

1981년 LG상사 입사 3년차
때의 일이다. 섬유부에서 중동
담당으로 청바지, 아라비안 로브
(아랍인 남자 의상), 야시마(두건), 자
수 나이트가운(아랍인 여자 의상) 등
을 수출하고 있었다. 수출 주문

야시마(두건)와 아라비안 로브(남성 겉옷)

량이 어마어마했는데, 한 스타일당 약 10만 다즌(120만 장)이 보통
이었다. 당시 사우디의 바이어로는 거상(巨商) '알 아켈'이 있었다.
그는 이슬람 성지 메카의 상인으로, 이슬람교도들의 성지 순례기
인 하지(Haji) 시즌을 겨냥해 엄청난 양의 거래를 수년 동안 해 왔
기 때문에 우리 회사로서는 최상의 귀빈(VVIP)이었다. 그랬기 때
문에 은행 신용장(L/C)을 받지 않은 상태에서도 주문만 받으면
무조건 생산했다. 그러다가 어느 날부터 갑자기 연락이 끊기게
돼 3달에 걸쳐 생산한 아라비안 로브와 자수 나이트가운 등의 재
고가 300만 불 정도 쌓이게 됐다.

당시 300만 불은 엄청나게 큰 금액이기 때문에 본사의 재정
형편으로는 감당하기 힘들었다. 그래서 금융을 하기 원활한 홍콩
지점과 D/A(Document Against Acceptance, 외상 거래) 조건으로 계약
을 맺고 홍콩 지점에서 홍콩은행 신용장(L/C)을 받아 본사는 그
금액을 네고(Negotiation, 은행에서 서류를 주고 돈을 찾는 것)했다. 그리
고 사우디 제다 지점장에게 '알 아켈'에게 연락하거나 다른 사람

에게 판매하라고 했지만, 판매가 되질 않았다. 특히 '알 아켈'은 전화도 안 받았기 때문에 그를 찾아가 만날 수도 없는 상태였다. 왜냐하면 그가 있는 '메카'라는 도시에는 이교도 외국인들이 들어갈 수 없기 때문이다.

어느덧 시간이 흘러 6개월이 지났다. 본사에서 홍콩 지점 앞으로 선적해서 사우디의 '제다' 항구로 보냈던 300만 불 상당의 물건이 '제다' 부두의 보세 창고에서 제다 세관을 통해 홍콩은행이 공매에 넘긴 것이다.

본사에서는 비상이 걸렸다. 우리에게 마지막으로 주어진 시간은 2주일이었고, 그 안에 은행에 돈을 갚지 못하면 공매를 하게 돼 완전히 땡처리값(완전 헐값)으로 사라지게 된다. 본부장님이 나를 불러 사우디로 출장을 가자고 했다. 사우디에 도착했을 때는 6월 초로, 라마단(Ramadan) 시즌이 시작되고 있었다. 라마단은 이슬람교도들이 한 달 동안 낮에는 금식을 하고 밤에만 식사를 하는 기간이다. 그래서 외국인들은 모두 휴가를 떠난다.

당시 섬유 거래는 주로 인도인 에이전트(중개상)들과 이뤄졌는데, 인도인들도 모두 외국으로 나가기 때문에 정상적인 무역 거래가 불가능했다. 더욱 난감한 것은 우리 회사의 제다 지점원들도 모두 가족들과 함께 외국으로 휴가를 가야 한다는 점이었다. 이미 비행기 표를 끊어 놓은 상태에서 우리가 갑자기 제다 지사로 들이닥치니 제다 지점원들도 당황했다. 당시 지점원은 2명이었는데, 한 명은 섬유부 출신으로 영어밖에 할 줄 모르고, 또 한 명은 외국어대 아랍어과 출신이라 아랍어가 가능한 상태였지만, 섬유부 출신이 아니라서 그의 휴가를 막을 수 없었다. 그리고 이번 사우디 출장은 사장에게 자세한 내용을 보고도 하지 않은 상태였고, 철저히 섬유부의 힘만으로 해결해야 했기 때문에 타 부서 출신인 그를 통제할 수 있는 형편이 아니었다.

그래서 할 수 없이 내일 모레 유럽으로 휴가를 떠나는 아랍어과 출신 지사원에게 '사장님, 언제?, 어디에?, 있냐?, 없냐?, 오른쪽, 왼쪽, 천천히, 빨리빨리, 좋아, 나빠' 등과 같은 생활 단어, 숫자, 색상에 대한 단어들을 물어 한글로 적었다.

아랍어는 발음 자체가 생소했지만, 재미는 있었다. 예를 들면 '빨리, 빨리'는 '얄라, 얄라', '천천히, 천천히'는 '쇼와이, 쇼와이', '좋아?, 나빠?'는 '꾸웨이스?, 무시 꾸웨이스?' 등이었다.

이틀만의 아랍어 속성 과외를 마치고, 바로 실전에 투입됐다. 큰 가방 속에 재고 상품의 견본을 넣고 제다 시장으로 가 보니 우리나라 동대문 시장과 비슷했다. 땀이 흥건한 상태로 가게 문을 열고 들어가며 말했다. "무디르 피 마피?(사장님 계시냐, 안 계시냐?)" "피." 하면 있는 것이고 "마피." 하면 없는 것이다. 없다고 하면 언제 오냐고 묻고 나오고, 있다면 바로 샘플 가방을 열었다. 그다음에는 말이 별로 필요 없다. 견본을 보여 주고 수량을 적으며 가격을 숫자로 적으면 되는 것이다. 그러면 사장님은 숫자를 적어 가격을 깎는다. 이렇게 하루 판매가 끝나면 지사 사무실로 달려와 에어컨을 껴안고 약 10분가량은 꼼짝도 하지 않았다. 그때 느꼈던 시원

함은 바로 천국 바로 그 자체였다. 이래저래 일주일이 흘러갔고, 우리 재고량 가운데 약 1/4 정도를 팔았다.

그리고 시장 전체가 쉬는 일요일이면 3시간 정도를 운전해 '따이프'라는 도시로 향했다. '따이프'는 사우디 북부 지방의 고원 지대로, 매우 시원한 지방이었기 때문에 사우디인들이 휴가차 오는 곳이기도 하다. 이곳에는 쉐라톤, 메르디안 등과 같은 좋은 호텔이 많았다. 우리가 '따이프'로 간 이유는 '알 아켈'이 이곳의 호텔에 머물고 있을 수 있기 때문이다. 아침, 점심, 저녁을 이곳 호텔을 돌며 먹었지만, '알 아켈'은 끝내 만나지 못했다.

아라비안 로브의 재고를 팔기 위해 한 상점에 들어갔다. 일단 판매하기로는 했지만, 가격을 계속 깎아달라고 했다. 5일 안에는 반드시 팔아야 했기 때문에 절박한 심정으로 "당신이 원하는 가격에 줄 테니 이 모든 재고 수량을 사라!"라고 말했다. 결국 100만 불 정도의 큰 거래가 성립됐다. 물론 지불 대금은 현찰로 줘야 한다는 조건이었다. 그리고 그가 말하길 내일 큰 가방을 갖고 오라고 했다. 다음날 큰 가방을 갖고 가니 책상 위에 있는 조그만 캘린더의 한 귀퉁이(2×3cm 정도)를 찢어 아랍어로 사인하고 앞 골목 안에 있는 조그만 환전상 가게로 가라고 했다. 그 가게에 가서 종이를 내미니 가방에 돈을 넣어 줬다. 이로써 사우디에서의 모든 고민은 해결됐고, 그 후 아랍어에 대한 공포가 사라졌다. 외국어는 어렵다고 겁먹을 것이 아니라 약 50~100여 개 정도의 기본 단어만 알면 장사까지도 가능하다는 것을 깨달았다.

중국어

LG 상사에서 15년을 근무한 후 1990년에 사표를 내고 중국과 일본을 대상으로 섬유 제품을 수출하는 무역 회사를 설립했다. 오사카에서 4년 정도 생활을 했기 때문에 일본어는 능숙했지만, 중국어는 하질 못했기 때문에 강남에 있는 학원에서 3년 정도 공부를 했다.

한자는 어느 정도 익숙했기 때문에 중국어를 잘하기 위해서는 발음에 치중해야 했다. 그런데 중국어 한자 발음이 그다지 어렵지 않았다. 왜냐하면 한국 사람들은 이미 30% 정도는 중국어 발음을 부지불식간에 알고 있기 때문이다. 우리나라 말에 한자어가 매우 많고, 또 발음도 중국 그대로인 것이 꽤 많다. 예를 들면 화장실(huàzhuāngshì), 운동장(yùndòngchǎng) 등이다. 이처럼 한국어에 중국어 발음이 많기 때문에 설사 한국어로 이야기를 한다고 해도 중국 사람들이 옆에서 들으면 눈치챌 수 있다.

홍콩 공급선에 손해배상을 청구하기 위해 서울에서 춘천 공장까지 자

동차를 타고 간 적이 있다. 앞좌석에는 나와 우리 회사 직원이 탔고, 뒷좌석에는 홍콩 공급선이 탔다. 우리들은 한국말로 이야기하면 홍콩인이 전혀 알아듣지 못한다고 생각하고 손해배상을 청구히는 방법에 대해 이야기를 했다. 이 대화 중에는 육지(lùdì), 해상(hǎishàng)라는 무역 용어가 포함돼 있었는데, 나중에 보니 대부분 알아들었다는 것을 알게 됐다. 당시에는 그 사람이 한국말을 알아들었다는 것을 알고 매우 신기했는데, 막상 내가 중국어를 배우고 보니 중국어 발음을 우리가 그대로 사용하고 있는 경우가 많다는

중국 서안 병마총

것을 깨달았다.

따라서 독자 여러분도 두려워하지 말고 중국어에 도전해 보길 권한다. 우리는 이미 약 30% 정도의 중국어는 발음뿐 아니라 그 뜻까지도 알고 있는 것이다. 한국인이 제일 배우기 쉬운 언어는 일본어이고, 그다음은 중국어다.

어쨌든 3년 정도 배웠더니 매우 익숙하게 됐고, 한국어, 일본어, 중국어 3개국의 비교 언어학에 관심을 갖게 됐다. 이 3개 국어를 비교해 보면서 공부하는 것도 재미있다.

한중일 숫자 발음 살펴보기

중국과 한국 일본의 숫자 발음을 살펴보면 재미있는 점이 있다. 한국인은 중국에 유학을 가서 중국 한자를 배웠고, 이를 일본에 전했다. 그런데 숫자를 배우고 전해 줄 때 발음 면에서 커다란 오류를 범하게 되고, 이 잘못이 그대로 일본에도 전해진다. 다음을 살펴보자.

숫자	1	2	3	4	5	6	7	8	9	10
중국 발음	이	얼	산	쓰	우	류	치	파	지우	스
한국 발음	일	이	삼	사	오	륙	칠	팔	구	십
일본 발음	이찌	니	산	시	고	로꾸	시찌	하찌	큐	쥬

우선 중국과 한국을 비교해 보면 '3∼10'까지는 나름대로 발음이 동일하다. 하지만 결정적인 잘못은 '1과 2'에 있다. 중국 발음은 '이, 얼'인데, 한국 발음은 거꾸로 '일(얼), 이'이다. 아마도 한국 유학생이 술에 취해 '1, 2' 발음을 거꾸로 한 것은 아닌지 의심될 정도다. 재미있는 점은 이것이 그대로 일본에 전해졌다는 것이다.

일본어에는 받침이 ㅅ('ㄴ, ㅁ, ㅇ'에 해당하는 받침)밖에 없기 때문에 한국 발음에 받침이 들어가면 그것을 표현하기 위해 한 글자를 두 글자로 분절해 표현하게 돼 있다. 예를 들어 '일'은 '이찌', '륙'은 '로꾸', '칠'은 '시찌', '팔'은 '하찌'와 같이 두 마디로 분절해 발음하는 것이다.

만약 한국인에게 숫자를 가르쳐 준 중국어 선생님이 오늘날 한국과 일본을 여행한다면 정말 한심하게 생각할 일이다. 어쨌든 한국과 일본은 이렇게 잘못하는 면에서도 비슷하다는 것을 알 수 있다.

스페인어

무역회사 직물원사 과장 시절, 한 달 동안 KOTRA에서 주관하는 남미 시장 개척단의 일원으로 15개 무역회사 실무진 약 20여 명과 함께 남미 출장을 가게 됐다. 과거에 이태리어를 몰라 고생했던 경험이 있었기 때문에 부랴부랴 서점에 가서 조그만 스페인어 회화 책을 사서 15일 정도 공부하고 출장을 갔다.

역시 예상했던 대로 호텔 프런트에서는 그런대로 영어가 통했지만, 호텔 식당 등에서는 영어가 전혀 통하질 않았다. 호텔 식당에서 닭요리가 먹고 싶어서 "Give me a chicken food!(닭요리 부탁해요!)"라고 말하면 눈만 껌뻑거릴 뿐 전혀 알아듣질 못했다. "치킨" 대신 "뽀요(Pollo)"라고 하면 알아듣는다. "오렌지 주스"라고 말해도 알아듣지 못한다. '오렌지 주스' 대신 "휴고데 나란하(Hugo de Naranha)"라고 해야 알아들으니 보통 외국에 나가서 영어로만 먹고 살던 사람들은 밥도 못 먹는다. 다행히 나는 보름 동안 공부한 기초 스페인어 덕분에 맥도날드 햄버거 집에 당당하게 들어가 "햄버거" 대신 "함부르게샤", "리틀" 대신 "움뽀꼬"를 외치며 살아갈 수 있었고, 어느새 우리 팀의 통역사가 됐다.

하루는 대구 직물 공장 사장이 웬 젊은 여자를 데리고 내 호텔 방으로 와서 묻길 "사랑해요."를 뭐라고 하면 좋으냐고 물었다. "떼 끼에레 무초!"라고 알려 줬더니 그 여자를 자신의 방으로 데리고 들어갔다. 그러더니 약 30분 후에 내 방으로 전화가 걸려와 받아보니 또 물었다.

"양 과장님! '사랑해'가 뭐라고?"

난 기가 막혀서 대답했다.

"사장님, 그냥 한국말로 '사랑해!'라고 하세요." 하고 전화를 끊어 버렸다.

간단하게 여행을 하거나 또 연애를 하더라도 현지어 공부를 조금이라도 하고 나가길 바란다. 이것으로 간단하게 나의 외국어 경험 소개를 마치고자 한다. 아무튼 여러분들께서도 일본어, 영어, 중국어 등 각종 외국어에 도전해 보시길 바란다.

페루 마추피추

CHAPTER 5

일본 이야기

현재 전 세계에는 약 200여 개의 나라가 모두 자국의 이익을 위해 외국과 교류하고 있다. 그중에서도 특히 우리나라는 중국, 일본, 소련, 미국 등 초강대국들의 틈바구니에 끼어 있는 와중에 북한과 남한으로 두 동강이 난 채로 서로 간에 으르렁거리며 살아가고 있다.

또한 최근에는 주변국 중에서 일본과 매우 나쁜 국민 감정을 갖고 대립하는 관계이기 때문에 한국전쟁 후 전통적 우방 관계인 한·미·일 삼국 동맹 체제도 삐걱거리게 됐다. 일본과의 관계가 나빠지게 된 이유는 역사적인 앙금뿐 아니라 일부 정치인들이 정파적 이익을 위해 국민들의 반일 감정을 부추겼기 때문이다.

나는 4년간 무역 회사의 일본 지사장을 지내면서 일본의 역사, 문화, 언어 등을 공부했으며 많은 일본인과 교류했다. 내가 이 글을 쓰는 이유는 한국과 일본이 지금과 같이 계속 서로를 미워하며 지내는 것은 서로에게 전혀 이익이 되지 않는다는 사실을 알기 때문이다.

이번에는 일본이 유전적·문화적·언어적 형제라는 점을 간단하게 살펴보고, 두 나라가 행복하게 사는 길을 찾아본다.

일본 이야기

한국과 일본은 유전적 형제다

고대에 한반도에서 일본으로 넘어간 한국인들을 일본에서는 '도래인(到來人)'이라 부른다. 특히 삼국시대의 전쟁으로 고구려, 백제가 망하면서 많은 도래인이 생겼는데, 한반도에서 건너간 도래인을 '야요이(彌生)인', 토착 일본인은 '조몬(繩文)인'이라 부른다. '야요이인'은 기원전 3세기~기원후 3세기경에 일본에 벼농사와 청동기 문화를 전해 줬다.

현대 일본인의 유전자 분포를 보면 '야요이인'이 70%, '조몬인'이 30% 정도다. 즉, 대부분의 현대 일본인들은 한반도에서 건너간 핏줄이라는 것을 알 수 있다.

도쿄대 '도쿠나가 가쓰시' 교수가 '게놈' 정보를 비교한 결과, 현대 일본인과 가장 가까운 집단이 한국인이라는 결론을 냈다.

이외에도 한국과 일본인의 유전자가 거의 일치한다는 분석 결과
가 여러 학자의 연구로 밝혀지고 있다.

한국과 일본은 언어적 형제다

『일본서기』를 보면, 4세기 후반 백제 사람들이 야마도 땅에
건너왔을 때, 통역이 필요했다는 기록은 그 어느 곳에도 없는 것
으로 미뤄 볼 때, 학자들은 야마도 왕국 지배 계급의 공식 언어
는 고구려-백제계의 한국어였을 것으로 추정한다.

고대 일본어는 경상도 방언의 억양과 내용으로 이뤄진 면이
많다. 예를 들어 경상도 방언에 "~케도(~이지만)"라는 말은 일본
어 "~케도(けど, ~이지만)" 또는 "~케레도모(けれども, ~이지만)"와
비슷하다. 또한 경상도 사투리와 일본어의 발음과 억양도 매우
비슷하다.

그런데 오늘날에는 완전히 외국어가 돼서 별도로 공부하지
않으면 안 되는 처지가 됐다. 하지만 아직도 근본적인 점은 그대
로 남아 있기 때문에 일본어는 한국인이 가장 배우기 쉬운 외국
어라고 할 수 있다.

우선 주어-동사-목적어-형용사-부사 등의 어순(語順) 배열
이 똑같으며 많은 조사(助詞)가 뜻이나 발음까지 동일하다. 대표
적인 예로 주격 조사 '~이/가'는 'が(가)', '~다.'는 'だ(다), '~까?'는
'か(까)' 등을 들 수 있다.

한국어, 일본어, 중국어, 영어 비교

한국어, 일본어, 영어와 중국어의 비슷한 점과 차이점을 문장 성분과 구조 면에서 살펴보자. 어순(語順) 면에서 한국어와 일본어는 완벽하게 동일한 체제를 갖고 있다. 반면 중국어의 구조는 영어와 동일하다.

일본어의 어순은 한국어와 동일하다. '나는 학생이다.'라는 문장에서 한국어는 주어, 명사 뒤에 서술격 조사 '~이다.'가 붙어 '명사+이다.'가 하나의 서술어가 된다.

한편 일본어는 '와타시와 각세이 데스(私は 学生です).'처럼 주어, 명사 뒤에 서술격 조사 '~데스'가 붙어 '명사+데스'가 하나의 서술어가 된다. 한편 중국어는 "워 쓰 슈에성(我 是 學生)", 영어는 "I am a student."와 같이 주어-서술격 조사-명사 순이다.

이와 같이 한국어와 일본어는 주어와 서술어 배열 관계가 같지만, 중국어와 영어는 한국이나 일본과 다르고, 그들 나름대로는 주어와 서술어 배열 관계가 각각 일정하게 같은 것이다.

목적어에서도 이와 같은 현상을 볼 수 있다. "나는 너를 사랑한다."라는 한국어는 주어-목적어-동사 순이다. "와타시와 아나타오 아이시마스(私は あなたお あいします)."라는 일본어도 주어-목적어-동사 순이다.

하지만 중국어는 "워 아이 니(我 愛 你)."로 주어-동사-목적어 순이다. 영어도 중국어와 같이 "I love you."로 주어-동사-목적어 순이다.

조사를 보면, 한국어와 일본어는 위치 면에서 완전히 일치하며 대부분의 조사는 '~다, ~だ', '까?, ~か?', '~네, ~ね' 등 발음까지도 동일한 것이 많다. 결론적으로 한국어와 일본어는 어원 및 문장 구조 면에서 같은 나라말이라고 할 수 있다.

이러한 관계로 중국인들은 한국인이나 일본인보다 영어를 쉽게 배운다. 발음 면에서도 중국어에는 네 가지 성조가 있기 때문에 영어의 악센트를 발음하기 좋은 반면, 한국어나 일본어에는 성조가 발달하지 않았기 때문에 영어나 중국어를 배우기 힘들다.

한편 한국 내에서도 특히 경상도 사람들은 언어 발음을 잘하지 못한다. 예를 들어 '쌀' 발음도 '살'이라고밖에 발음하지 못하고, '의' 발음도 '으'라고 밖에 발음하지 못하는 구조를 갖고 있다. 또한 경상도 사람들은 영어 발음을 잘 못하는 경향이 있다. 김영삼 대통령이 "관광으로 경제를 살리자!"는 발음을 "강간으로 갱제를 살리자!"고 했다는 우스갯소리도 있을 정도다. 하지만 경상도 사람들이 일본어를 하는 데는 별 애로 사항이 없다.

일본 사람은 한·중·일 3국 중에서 발음 면에서 가장 불리하다. 왜냐하면 우선 모음이 아, 이, 우, 에, 오(あ, い, う, え, お)밖에 없고 받침도 하나(ん(응))밖에 없어서 외국어를 발음하는 데 매우 불리하다.

영어의 'Olympic'을 한국인들은 'ㄱ' 받침을 사용해 '올림픽'이라고 정확하게 표현할 수 있는데, 일본인들은 받침이 ん(응)밖에 없어서 '올림 삐꾸'라고 하는 것이다. 즉, 마지막의 '픽'을 '삐꾸'라고 분절해 발음할 수밖에 없다.

한국어와 일본어의 기본 구조 차이

일본어는 한국어에 비해 자·모음의 수가 적다. 한국의 자음은 'ㄱ, ㄴ, ㄷ, ㄹ, ㅁ, ㅂ, ㅅ, ㅇ, ㅈ, ㅊ, ㅋ, ㅌ, ㅍ, ㅎ' 14개다. 한국의 모음은 'ㅏ, ㅑ, ㅓ, ㅕ, ㅗ, ㅛ, ㅜ, ㅠ, ㅡ, ㅣ, ㅐ, ㅒ, ㅔ, ㅖ, ㅢ, ㅙ, ㅟ, ㅞ' 등으로 매우 많다. 한편 일본의 자음은 '아, 카, 사, 타, 나, 하, 마, 야, 라, 와'의 10개인데, 자음과 모음을 'ㅏ'와 합쳐 발음한다. 일본어의 기본 모음은 'ㅏ, ㅣ, ㅜ, ㅔ, ㅗ(あ、い、う、え、お)' 5개밖에 없다.

한국어의 받침 소리는 모두 7개(ㄱ, ㄴ, ㄷ, ㄹ, ㅁ, ㅂ, ㅇ)이지만, 일본어의 받침 소리는 'ん(응)' 하나뿐이다. 이 받침은 한국어의 'ㄴ, ㅁ, ㅇ'에 해당한다. 이와 같이 일본어는 한국어에 비해 발음을 표현하는 데 있어 매우 불리하다.

한국과 일본은 문화적 형제다

나는 33세 때 LG상사 오사카 지사장 발령을 받고 일본에서 근무하게 됐다. 어느 날 본사 사장님의 전화를 받았는데, 한 달 후에 오사카를 방문할 테니 일상 업무 보고 외에 특별한 공부를 해 두라는 것이었다. 그것은 바로 오사카, 교토, 나라 등 관서 지방에 남아 있는 역사적인 한국 관련 유적을 살펴보고, 자신을 안

내해 달라는 의미였다. 당시 사장님은 서울대 철학과를 졸업하시고 한학 공부도 많이 하신 유학자이셨고, 그룹에서 최고 석학으로 유명하신 분이었다.

학문적으로 뛰어나신 분이었기 때문에 나는 긴장을 하고 준비를 했다. 우선 재일교포 중에서 서울대 역사학과를 졸업한 사람을 소개받은 후 그에게서 교육을 받고 유적지를 돌아보게 됐는데, 그때 나는 정말 깜짝 놀랐다. 왜냐하면 오사카, 교토, 나라 지방의 거의 모든 사찰, 신사 등과 같은 유명한 유적지가 대부분 우리나라의 고대사와 관련이 있다는 사실을 알았기 때문이다.

나라

백제 후손들은 '나라'에서 새로운 '나라'를 세웠다. 여기에서 우리말의 '나라'를 뜻하는 '나라(奈良)'라는 단어가 생기게 된 것이다. 현재 '나라'는 일본 나라(奈良)현의 지명이고, 나라현에는 '나라'라는 성을 가진 사람들이 살고 있기도 하다.

동대사

동대사(東大寺)는 나라시 일본 불교 화엄종의 본산 사찰로, 성부천황이 738년에 완성했다. 대불전(大佛殿)은 세계에서 가장 큰 목조 건물로, 세계에서 가장 큰 비로자나불(毘盧遮那佛)의 청동 대불이 있다. 이 절은 유네스코 세계유산으로 등재돼 있다.

동대사 건축에는 신라 출신 목수가 총감독을 했고, 청동불

동대사와 대불전

청동대불

상은 백제 출신이 디자인했다고 한다. 또 백제 왕인박사의 후손인 고승 행기 스님이 청동불상을 조성하기 위해 기금을 모았다.

행기 스님

행기 스님(行基, 668~742)은 왕인박사의 후손이다. 그는 동대사를 조성한 3명의 성인 중 한 분으로, 일본 왕실 최초의 대승정이다. 행기 스님은 일본 내 여러 곳에서도 신사의 형태로 모셔져 있다.

행기 스님은 15살에 출가해 30대부터 사회 구제 사업에 뛰어들어 저수지를 만들고, 다리를 놓는 등 빈민 구제 활동에 앞장섰으며, 49곳의 사원을 짓고 민중을 구제했다. 우리나라에서 원효 스님이 유명하듯이 일본에서는 행기 스님이 유명하다.

법륭사

나라의 법륭사(法隆寺)는 한국의 삼국시대 중 백제의 영향을 가장 많이 받았다. 쇼토쿠 태자가 세운 사원으로, 유네스코 세계문화유산이다.

금당

법륭사의 금당(金堂)은 세계에서 가장 오래된 목조 건물 중 하나로, 내부가 매우 아름답다. 특히 고구려의 승려 담징이 그렸다고 전해지는 벽화가 유명하다.

법륭사

고구려 승려 담징이 그렸다고 전해지는 벽화

오사카

오사카(大阪, 대판)의 백제계 유물과 유적은 사찰과 신사, 고분에 이르기까지 다양하다. 백제천, 백제대교, 고려촌, 고려교, 백제역, 남백제 소학교, 백제사, 백제왕 신사, 왕인바사묘 등 수없이 많다.

일본에선 백제를 '구다라(くだら)'라고 부른다. '구다라'라는 말은 '큰 나라'라는 뜻이다. 그들의 조상이자 위대한 문화를 옮겨 줬던 나라라서 큰 나라라고 불렀을 것이다.

'구다라'에서 '구다라나이(くだらない)'라는 말이 나왔는데, 직역하면 '백제 것이 아니다.'라는 뜻으로, '백제 물건이 아니면 가치가 없다.'는 뜻이다. 이것이 현대 일본어에서 '가치가 없는', '시시한' 등의 의미를 지니게 됐다.

현재의 오사카시 이쿠노구에는 백제 사적과 구다라 신사가 있다. 한편 백제 의자왕의 왕자는 백제가 망하기 전에 일본에 와 있다가 백제가 망하고 의자왕이 한국에서 죽자 일본 천황에게 '선광왕(善光王)'이라는 칭호를 받았는데, 그의 신주를 모신 사당인 백제왕 신사도 있다.

고려교, 신라교, 백제교

오사카 중심 시가지 중의 가장 큰 도로인 미도스지 도로에는 3개의 지하철역이 있다. 이 역의 이름은 바로 고려교역, 신라교역, 백제교역이다. 서울로 말하면 광화문역, 서울역, 영등포역

정도인 셈이다. 우리나
라의 조상들이 일본에
서 활약한 흔적이 오늘
날 지하철역 이름으로
남아 있는 것이다.

고려교

한국과 일본은 왜 싸우는가?

조센징

    일본인들은 한국인을 공식적으로 '한국인(韓國人, 캉꼬꾸진)'
이라고 부른다. 하지만 자기들끼리 한국인을 이야기하거나 비하
할 때는 '조선인(朝鮮人, 조센징)'이라 부른다. 한국말로 말하면 '한
국인'은 해방 이후의 조선 반도 사람, '조선인'은 자기들 지배하에
있던 시절 사람의 칭호이기 때문에 한국인을 비하하는 말이다.

    나는 일본에서 생활할 때 백화점에 가면 일본말을 쓰지 않
고 영어를 썼다. 서툰 일본어로 멸시의 눈초리를 받을 필요가 없
기 때문이다. 그러면 자기들은 나보다 영어를 못하므로 어쩔 줄
모르면서 굽신굽신해야 하는 신세가 되는 것이다.

    내가 운전을 하다 교통 위반을 하거나 주차 위반을 해서 일
본 경찰과 만나더라도 결코 일본어를 쓰지 않고 영어를 썼다. 대
부분의 경찰은 영어를 잘 알아듣지 못한다. 웬만하면 보내 주는
것이다.

하지만 종합상사 지사장으로서 장사를 할 때는 이야기가 달라진다. 서툰 일본어라도 사용하는 것이 좋다. 왜냐하면 영어를 사용하면 상대방 거래선이 잘 모르기 때문에 주문을 받기 힘들다. 서툰 일본어가 장사 면에서는 유리하다. 왜냐하면 약간 어수룩하게 보이기 때문에 그들은 경계를 풀고 나를 믿게 된다. 그리고 내가 제시하는 물건 값이 싸게 느껴지기 때문에 주문을 하게 되는 것이다.

이것이 바로 한국과 일본의 관계다. 나는 일본에서 위와 같이 수많은 차별을 받으며 살아왔다. 하지만 나는 결코 일본 사람들을 원망하지 않는다. 그들이 우리를 우습게 보는 것은 오롯이 우리들의 잘못이라 생각하기 때문이다. 이러한 불편한 관계는 한국과 일본 두 나라에 잘못된 위정자들이 있는 한 당분간 지속될 것이다.

김대중 정부 시절에는 한일 관계가 비교적 좋았다. 왜냐하면 일본은 김대중(金大中)을 영웅으로 대접하며 그를 보호했고 박정희가 그를 비밀리에 체포해 해상으로 데려오려고 했을 때 일본이 미국에 연락을 하고 미국이 계속 감시함으로써 그를 살려 줬던 역사가 있다. 즉, 일본과 미국이 김대중을 살려 준 것이다.

김대중 납치 사건

일본에 망명 중이던 김대중이 1973년 8월 8일 동경의 한 호텔에서 한국 중앙정보부 요원들에게 납치됐던 사건이다.

하지만 김대중 정권 이후에는 양국 정부의 관계를 정치에 이용했다. 자신들의 정치적 목적으로 한일 관계를 나쁘게 이용하면 양국의 역사에 좋지 않은 결과를 초래할 것이 분명하다.

일부 한국 정부에서도 수시로 반일 감정을 이용했다. 얼마 전에도 반일 감정을 부추기는 정치가들이 있었고, 여기에 부화뇌동하는 사람들이 있었다. 이러한 행동은 오로지 정파만의 이익을 위해 한국인 전체에 손해를 끼치는 일이다. 앞으로 이러한 행태는 반드시 지양돼야 한다는 것을 깨닫게 되길 바란다.

일본의 교육을 배우자!

내가 오사카에 근무하던 시절에는 아내와 2명의 아이와 함께 갔다. 첫째는 6살이라 소학교 1학년, 둘째는 4살이라 유치원에 보냈다. 1984년 당시 한국에서는 집에서 도시락을 싸서 학교나 유치원에서 먹는 체제였지만, 당시 일본은 훨씬 선진국이라서 학교 식당에서의 무료 급식 형태였다.

하루는 4살짜리 아들이 집에 와서 유치원에 가기 싫다고 말했다. 이유를 물으니 밥을 먹는 자기를 보고 "이누노 요우니 다베루(犬の ように たべる.. 개처럼 먹네.)"라고 말했다는 것이다. 일본인들의 입장에서는 한국인들이 식사하는 모습을 보면 개가 밥통에 고개를 처박고 먹는 모습으로 비쳐지기 때문이다.

그들의 입장에서 보면 틀린 말이 아니다. 한국은 국그릇이

널찍하고 크다. 그래서 국을 먹을 때는 고개를 숙이고 숟가락으로 떠먹는 형상이 나온다. 하지만 일본인들은 숟가락을 쓰지 않고 젓가락만을 사용하기 때문에 국그릇이 매우 작다. 그 작은 국그릇을 손으로 든 후 건더기는 젓가락으로 집어 먹고, 국물은 그릇 채 들고 조금씩 마시므로 고개를 숙일 필요가 없는 것이다.

그로부터 아들이 약 4년 후에 한국에 돌아와 또 불평을 한 적이 있다. 일본에 갔을 때는 일본 애들이 '조센징'이라고 놀렸는데, 한국에 돌아오니 '쪽바리'라고 놀린다는 것이었다.

일본 교육 살펴보기

신발 벗기

한국인들은 집안으로 들어갈 때 신발을 함부로 벗고 들어간다. 그 결과 신발 벗은 모습은 다음과 같다.

신발을 대충 벗고 허겁지겁   비교적 얌전히 벗더라도
안으로 들어간 모습이다.   이와 같은 정도다.

위와 같이 신발을 아무렇게나 벗고 집으로 들어간 한국인들은 바깥으로 나갈 때는 골치가 아파진다. 그 신발을 뒤로 돌리거나 신발을 발가락으로 돌려 신어야 하기 때문이다.

하지만 일본에서는 어릴 때부터 집안으로 들어갈 때는 뒤로 돌아 신발을 가지런히 벗고 뒤로 들어가라고 교육한다.

일본인들의 신발을 벗은 모습

이처럼 들어갈 때 약간의 시간을 들여 뒤로 돌아 신발을 벗으면 나갈 때는 즉시 신발을 신게 돼 편리한 것이다. 이러한 교육 방법이 오늘날 일본을 발전시킨 원동력이라고 생각한다.

콜라 잔과 치아

유치원에서 아이들에게 이가 빠지면 유치원으로 갖고 오라는 숙제를 내 줬다. 이를 모아 전시하기 위해서다. 여러 개의 유리잔 속에

콜라, 환타, 물에 이를 담그고 일주일 정도 후에 확인시킨다.

각각 콜라, 환타, 물을 넣은 후 이를 하나씩 담근다. 그리고 일주일 후에 각 유리잔 속에 있는 이가 변하는 모습을 유치원 학생들이 볼 수 있게 한다. 이 중 콜라 잔에 담근 이가 가장 먼저 녹고,

그다음에는 환타 속의 이가 녹으며, 물속에 있던 이는 전혀 녹지 않는다는 것을 알게 된다. 이러한 교육을 통해 건강에 좋지 않은 탄산음료를 덜 마시도록 교육하고 있다.

교실이나 강당에 들어가 순서대로 앉기

한국에서는 강당이나 교회 등 실내 집회 장소에 들어갈 때 되도록 앞쪽이 아니라 중간이나 뒤쪽부터 앉는다. 그 결과 나중에 오는 사람들은 여러 사람 곁을 지나 앞으로 가야만 한다. 다음은 내가 직접 경험한 이야기다.

1980년대 일본에서는 주차 위반이나 교통 위반을 네 번하면 교육을 받으라는 연락이 온다. 나도 위반 횟수가 네 번이 돼 경찰청 강당으로 교육을 받으러 간 적이 있다. 나는 한국에서의 습관대로 대충 뒤쪽에 자리를 잡으려고 했는데, 다른 사람들은 들어온 순서대로 맨 왼쪽부터 채워 앉는 광경을 목격하게 됐다. 나도 그들을 따라 내 자리에 자리를 잡고 교육을 받았다.

그런데 더욱 놀라운 일이 벌어졌다. 시험이 끝나고 답안지를 제출할 시간이 되면 한국에서는 모두가 동시에 일어나 우르르 앞으로 급하게 나가지만, 일본에서는 시간이 끝나는 종이 울리자 모두가 동시에 일어나지 않고 맨 왼쪽 앞줄의 1번, 2번, 3번 순으로 앞으로 나가 답안지를 차례대로 제출한다.

더더욱 놀라운 것은 답안지 제출 탁상 위에 조그만 통이 하나 있는데, 그 통 속으로 답안지와 시험지 두 장을 연결했던 조그만 클립을 넣는 광경을 보고 쇼크를 받았다. 일본인들의 알뜰한 절약 정신을 봤기 때문이다.

당시에 일본은 우리나라보다 경제력이 5배 정도 앞선 부국이었다. 그런데도 절약하는 마음은 우리나라보다 훨씬 더 앞서 있었다. 이렇게 일본인들이 철저하게 같은 행동을 하는 것은 유치원 교육과 가정교육을 통해 몸에 배었기 때문이라고 생각한다.

일본인 최고의 스트레스

일본인들의 입장에서 한일 간의 역사를 돌아보면 일본인들이 한국인들에게 느끼는 스트레스의 강도를 쉽게 알 수 있다. 약 2,000여 년 전에 살던 일본 원주민들은 문화가 매우 낮은 상태였고, 신체도 한국인에 비해 작았다고 한다.

최근에는 일본 젊은이들의 영양 상태가 좋아져 키가 커졌지만, 1930년대 일제 식민지 시대까지만 해도 한국인들의 키가 더 컸다. 당시 일본 유학을 했던 부친 이야기에 따르면, 동경에서 전차를 타면 일본인들의 키가 머리 하나 정도 작았다고 한다. 당신 부친의 키가 한국인 평균 정도인 166cm 정도였으므로 일본인들의 평균 키는 153cm 정도였을 것으로 추정해 볼 수 있다.

이와 같이 기본적으로 한국인에 비해 키가 작았기 때문에 우리들은 그들을 예로부터 왜인(倭人)이라 불렀으며, 나라의 이름도 왜(倭)라 불렀던 것 같다.

일본인의 입장에서는 이런 신체적인 영향이 근본적인 스트레스였을 것이며, 조총으로 무장해 한국을 침략한 임진왜란 때까지는 계속 스트레스를 받았을 것이다.

백제인의 신라인에 대한 복수

고대 일본 역사를 보면 고구려, 백제, 신라 삼국이 일본 관서 지방을 중심으로 다양한 영향을 미쳤다는 것을 알 수 있다. 오늘날 일본인들이 '도래인'(到來人)이라고 부르는 한국인의 조상들은 대부분이 오사카를 거쳐 일본에 상륙했다. 그들은 오사카의 난바항을 거쳐 나라 및 교토 지방으로 갔다. 특히 백제계 도래인은 '나라'로 가서 일본 최초의 나라를 '나라(奈良)'에 세웠다.

일본 혼슈 기이 반도 중앙부에 있는 나라현은 과거에 '야마토(大和)'라고 불렸으며, 794년 수도가 현재의 교토(京都)시로 옮겨질 때까지 고대 일본의 중심이었다. 즉, 일본의 첫 번째 수도는 '나라(奈良)', 두 번째 수도는 '쿄토(京都)', 세 번째 수도는 '토쿄(東京)'다.

'나라'에 나라를 세운 백제인 (전라도 사람)들은 백제와 교류하면서 일본을 만들어 나갔다. 물론 이

관서 지방의 오사카, 교토, 나라

것은 백제인들 만의 몫이 아니었다. 고구려와 신라의 후손들도 귀족 계열이 많았기 때문에 그들도 나름대로 다투면서 일본을 이뤄 나갔다. 이러한 과정은 『일본서기』에 모두 나온다. 즉, 한국의 삼국(고구려, 백제, 신라)이 일본에서 경쟁을 했던 것이다.

현대에 들어서는 과거 고구려가 북한과 만주 지방이 됐고, 남한에서는 전라도와 경상도가 여전히 다투고 있다. 관서 지방의 오사카도 이와 마찬가지다. 그런데 오사카에서는 한 지방이 더 추가된다. 바로 '제주도'다. 오사카에는 전라도, 경상도뿐 아니라 제주도 사람들이 많다. 제주도에서 배를 띄우면 저절로 오사카에 도착한다는 말이 있다. 그래서 오래전부터 제주도 사람들이 오사카에 정착한 것이다.

지금 일본에는 재일교포를 대표하는 2개의 집단이 있다. 하나는 북한을 대변하는 '조총련(朝總聯)', 하나는 남한을 대표하는 '민단(民團)'이다. 민단의 내부에는 전라도, 경상도, 제주도 세력이 마주하고 있다.

이와 같이 일본의 '나라'에서 '일본 나라'를 세운 백제인은 신라인들에게 '백제 한국 나라'를 빼앗기고 도망쳐 다시 일본에 머물면서 호시탐탐 신라인에 대해 복수를 하고 싶어하는 것이다. 그들의 입장에서 보면 당연한 것이라고 생각한다.

나는 바로 이것이 한국과 일본 역사 갈등의 시작점이라고 본다. 일본인들의 입장에서 보면 이것이 최대의 스트레스인 것이다. 그래서 그들은 복수를 하기 위해 임진왜란, 조선합방 등을 거쳐 고구려 영토인 만주 정벌까지 한 것이라고 생각한다.

일본의 최고 비밀 1호

일본인들과 거래를 하다 보면 식사도 자주하게 되고, 술도 함께 먹게 된다. 한국에서는 거의 술을 먹지 못했던 내가 일본에서 거의 매일 밤 술을 3차씩 마시다 보니 일본인 친구가 많이 생겼다. 일본인들은 술을 보통 3차에 걸쳐 마신다. 첫 번째는 저녁을 먹으며 "우선 맥주!"하면서 맥주를 마시고, 다음에는 식사를 하며 '정종'을 마시고, 2차에는 '위스키'를 물에 타 미주와리(水割り) 방식으로 마신다. 그리고 3차에는 입가심을 한다면서 또다시 맥주를 마시거나 위스키를 마신다.

일본인들의 맥주 사랑은 정말 대단하다. 한 번은 일본인 친구 세 가족과 우리 가족이 일본 서해안(우리나라의 동해안 쪽)으로 3박 4일 여행을 갔다. 커다란 여관의 아주 큰 다다미방에서 네 가족이 함께 잤다. 그런데 아침 6시경에 두런두런하는 소리가 나서 잠을 깼는데, 깜짝 놀랄 광경을 봤다. 두런두런하는 소리는 세 명의 일본인 남편들이 냉장고에서 차가운 맥주를 꺼내 마시며 좋아하는 소리였던 것이다. 내가 술을 잘 못 마시는 것을 알기 때문에 나를 잠에서 깨우지 않고 자기들끼리 마시는 모양이었다. 이렇게 일본인들은 맥주를 좋아한다.

그러던 어느 날 아주 커다란 계약이 성립돼 내가 한턱을 내게 됐다. 큰 거래선 중 하나인 동광상사(東光商社)의 사카이 상무와 술을 먹게 됐는데, 그가 나에게 물었다. 그는 평소에 내가 어린 나이에 타지에서 열심히 뛰는 것을 보며 기특해하곤 했다.

"양상, 일본의 최고 비밀이 무엇인지 아는가?"

"모르겠습니다."

"그것은 우리 천황 폐하께서 금속 숟가락과 젓가락을 쓴다는 것이네!"

일본인들은 전통적으로 나무젓가락을 쓴다. 간단한 나무젓가락을 일본어로 '와리바시'라고 하는데, '와리바시(割り箸, わりばし)'는 '쪼개 쓰는 나무젓가락'이라는 뜻이다.

과거 일본인들은 매우 가난했기 때문에 금속 젓가락을 쓸 여유가 없어서 나무를 젓가락으로 썼다. 하지만 천황 폐하는 백제 출신이기 때문에 옛날부터 금속 숟가락, 젓가락을 썼다. 즉, 천황 폐하께서 금속 숟가락, 젓가락을 쓴다.'는 말은 천황이 한국 사람이라는 것이다. 바로 이것이 일본의 최고 비밀이라는 뜻이다.

사카이 상무가 나에게 이 이야기를 하는 이유는 일본인 엘리트들은 모두가 알고 있는 사실이지만, 평소에는 이야기하지 않기 때문이다.

일본의 현재 나루히토(德仁)

일본 아키히토왕은 "내 소원은 백제 무령왕릉에 가서 참배하는 것"이라고 말했다.

왕의 아버지인 아키히토(明仁)왕의 소원은 우리나라 백제 무령왕릉에 와서 참배하는 것이라고 한다. 즉, 자신의 조상에게 참배하고 싶은 것이다.

일본의 국보인 스다히치만 신사(隅田八幡神社)의 글씨를 보면, 백제의 무령왕이 동생인 게이타이왕에게 백동을 보내 이 거울을 만들었다는 문구가 새겨져 있다. 이와 같이 백제의 동생 나라가 바로 일본인 것이다.

언젠가 한일 관계가 개선돼 우리 형제를 맞이하는 심정으로 일본 왕을 맞아 함께 하는 날이 오고, 한일 양국 사람이 박수를 치는 날이 오길 기대해 본다.

백제 무령왕

공주 무령왕릉

목재관

무령왕과 왕비의 복제관은 일본에서 자생하는 금송(金松)으로 만든 것으로 보아 일본과 빈번한 교류가 있었다는 것을 알 수 있다.

무령왕릉 내부 1   무령왕릉 내부 2

무령왕릉 내부 3

무령왕릉 청동거울. 뒷면에는 상투를 튼 신선이 동물을 사냥하는 모습이 조각돼 있다.

난바의 한국상사맨,
왕인박사 참배와 일본인의 배신

'난바(難波)'는 '거친 파도'라는 뜻으로, 오사카 항구에 문물이 들어왔을 때 맨 처음 거치는 부두를 말한다. 난바는 오사카, 교토, 나라 등 관서 지방으로 물자가 공급되는 전초 기지를 말하기 때문에 난바(難波)라는 말은 오사카 자체를 뜻하기도 한다. 지금도 오사카 시

오사카 시내의 중심지인 난바역 지하상가

의 남쪽에서 가장 큰 철도역은 난바역이다.

내가 LG상사 오사카 지사장으로 부임한 지 1년쯤 지났을 때, 일본 국영 방송사인 오사카 NHK 사에서 손님이 방문했다.

방문 이유는 88올림픽 기념 특별 방송으로 약 20분짜리 다큐멘터리를 찍고 싶다는 것이었다. 방송의 제목은 '난바의 한국상사맨'이라고 했다. 즉, '오사카의 한국상사맨'이라는 뜻이다.

또 동경 NHK에서는 현대그룹 정주영 회장이 대상이 돼 진행하고 있다고 했다. 한편 오사카 NHK에서는 재벌 대표를 찍는 대신 현장에서 직접 뛰는 실무진을 찍기로 결정하고, 약 30개의 오사카 한국상사맨들을 수소문한 끝에 나에게 온 것이었다. 촬영 기간은 약 1주일로, 가정생활뿐 아니라 주간 활동 상황, 야간의 거래선 접대 상황 등을 찍는다고 했다.

나는 제안을 받고 거절했다. 첫째, 나는 매우 바쁘기 때문에 1주일이나 시간을 낼 수 없고, 또 일본에 온 지 1년밖에 안 돼 일본어 실력이 부족했기 때문이다. 내 대신 오사카에 와서 산 지 오래된 삼성이나 대우 지사장을 접촉하라고 권유하며 돌려보냈다.

하지만 내가 거절한 데는 다른 이유가 있었다. NHK에서 하고자 하는 그 방송은 일요일 오후 7시 황금 시간대에 20분 정도 방영하는 프로그램으로, 나름 인기가 있었다.

나도 그 방송을 거의 빠짐없이 애청하고 있었다. 그런데도 내가 거절한 이유는 열심히 외국인의 활동을 보여 주고 마지막 결론 부분에서는 "이와 같이 외국인들이 열심히 활동하고 있으니 우리 일본인들은 긴장을 늦추지 말고 경계해야 한다."는 식으로 결론을 맺는 것을 봐 왔기 때문이다. 즉, 일본인들에게 이용 당하기 싫었기 때문이다.

하지만 오사카 NHK 사람들은 일주일 후 다시 찾아왔다. 아무래도 한국 지사장 중에서 가장 젊은(나는 당시 33세로, 다른 회사 지사장보다 평균 약 10살 정도 어렸다.) 내가 적격이라며 간절히 요청했다.

일단 그들을 돌려보낸 후에 본사와 상의를 했는데, 본사의 반응은 무조건 출연하라는 것이었다. 그 이유는 NHK는 일체의 광고가 없는 국영 방송으로, 우리나라의 국영 방송과는 비교도 되지 않을 정도의 권위를 갖고 있고, NHK에 출연해 주인공으로, 20분간 방송된다는 사실 자체가 본사의 이미지 제고에 더할 나위 없이 좋다는 것이었다. 또한 첫 번째 출연자는 현대그룹의 정주영 회장인데, 두 번째 출연자는 LG그룹이 되므로 광고 효과가 무척 크다고 했다.

그래서 나는 출연하기로 결심하고 오사카 NHK의 담당 PD를 불러 출연 조건을 내걸었다. 내 조건은 나의 주말 생활을 촬영하는 것이었다. "왕인박사 묘에서 절을 하는 모습을 찍어 반드시 방송해야 한다."는 조건도 내걸었다. 그들은 그대로 해 줄 테니 걱정하지 말라고 해서 촬영을 시작하게 됐다.

주간에 일본인 거래선과 상담하는 모습, 교토 염색 공장에 가서 불량 제품에 대한 클레임을 청구하는 모습, 저녁에 가라오케에서 거래선과 노래를 부르며 술을 마시는 모습, 거래선과 골프를 치거나 바둑을 두는 모습 등을 1주일에 걸쳐 촬영했다. 드디어 일요일이 됐다. 주말 촬영으로 당초 약속했던 왕인박사 묘에 가서 절하는 모습까지 촬영했다.

촬영을 모두 끝나고 시내로 돌아와 오사카 NHK 스탭들과 맥주를 마셨다. 그들은 "NHK 동경 본사에서 진행한 현대그룹 정주영 회장의 촬영은 주로 회장실에서 면담하는 모습을 중심으로 촬영했는데, 오사카 NHK의 현지 촬영은 현실감 있게 표현됐기 때문에 너무 좋았다."라며 연신 "간빠이(건배)!"를 외쳤다.

그리고 2주일이 지난 일요일 오후 7시에 드디어 방송이 시작됐다. 우리 지점의 직원들과 함께 방송을 봤다. 20분에 걸친 방송이 끝났다. 그런데 경천동지할 일이 발생했다. 왕인박사 묘에서 절하는 모습이 삭제된 채 방송이 끝난 것이었다. 나는 그날 밤 거의 잠을 이루지 못했다. 다음날 출근하자마자 오사카 NHK 담당 PD를 불러 항의하니 미안하다고 싹싹 빌었다. 자기들은 그 모습을 넣어 동경 본사로 보냈는데, 동경 본사에서 그 모습을 빼고 방송했다는 것이다.

본사에서는 방송의 도입부에 LG그룹 로고가 크게 클로즈업 돼 나갔고, 방송 내내 'LG 오사카 지사장 양상'이라는 말이 반복적으로 나가서 매우 좋아했다. 하지만 나는 개인적으로 왕인박사 묘의 참배 장면을 뺀 것이 매우 섭섭했다. 이것이 유일하게 일본 생활 당시 일본인에게 배신당한 이야기다.

이 일을 제외하고는 일반 거래 관계에 있어서 일본인들에게 배신당한 적은 없다. 오히려 거래 문제에 있어서나 개인 문제에 있어서 일본인들의 배려를 많이 받았다.

좀 더 넓은 시각으로 일본을 바라보자!

내가 장사를 하기 위해 일본인들과 술도 먹고, 골프도 치고, 바둑도 두고, 가라오케에서 거의 매일 노래를 부르며 일본인들과 매우 친해지면서 일본인들이 나에게 물어보는 말이 있었다.

"왜 한국과 일본은 사이좋게 지내지 못하고 항상 싸우려 드는가?"라고 물어보는 것이다. 이러한 질문을 받으면 나는 간단하게 정리했다. "일본이나 한국은 아프리카의 콩고 사람들과는 싸우지 않는다. 똑같은 일본인이라도 오사카 사람들은 북해도 사람들과 싸우지 않는다. 한국 사람들의 경우도 서울 사람들은 제주도 사람들과 싸우지 않는다. 그 이유는 간단하다. 서로 가까운 곳에 있기 때문이다. 이웃집끼리 싸우는 것보다는 내 집안사람들끼리 싸우는 확률이 훨씬 더 높은 것이 세상 이치다."

내가 다니던 학교에서는 일본인들은 나쁜 사람들이라고 가르쳤고, 심지어 만화책에도 나쁜 이미지로 그려져 있었다. 어느 날 만화책을 보다가 아버지에게 "아버지, 일본인들은 정말 나쁜 사람들인가요?"라고 물으니 의외의 답이 돌아왔다. "일본인들이 모두 나쁜 것은 아니야. 대부분의 일본인들은 매우 착하고, 예의 바르며, 남을 기꺼이 돕는단다. 일부 엘리트층이 나쁜 심성으로 일본을 이끌기 때문에 이미지가 나빠진 것이지."

나의 아버지도 동경에서 유학 생활을 했고, 나도 오사카에서 생활하며 많은 일본인과 사귀었기 때문에 아버지의 의견에 동의한다.

일본을 어떻게 대할 것인가?

앞에서 살펴본 바와 같이 한일 관계는 유전적, 언어적, 문화적으로 동일한 민족이라는 것을 알 수 있다. 그리고 일본인들의 스트레스가 과거 고대사에서 백제가 망한 후에 전라도 사람들이 '나라' 지방으로 도망가 일본 고대 국가를 세우는 데서 시작됐다는 것도 알 수 있다.

그때부터 통일 신라를 세운 경상도 사람들을 미워하는 관계가 시작됐다고 생각한다. 마치 오늘날 한국에서도 이러한 경향은 그대로 남아 경상도와 전라도가 계속 갈등을 일으키는 것과 마찬가지라고 본다. 이에 더해 일제 식민지 시대 후에는 한반도가 갈라지게 돼 이북 지방에 고구려가 생긴 것과 같은 형국이 됐다. 다시 말하면 현실적으로 현재의 한반도는 과거의 삼국시대가 그대로 남아 있다고 볼 수 있는 것이다.

고대 한일 관계를 다시 살펴보면 일본의 야마토 정권, 한반도 3국, 중국의 당나라가 정치적, 문화적으로 교류했다는 것을 알 수 있다. 특히 야마토 정권은 한반도에서 많은 선진 문물을 흡수했다. 특히 형님 나라인 백제에는 용병을 파견해 도와주기도 했고 때로는 신라·백제·고구려 등 한반도 3국 모두와 관계를 맺는 '다면 외교'를 펴기도 했다.

한편 우리나라는 3국으로 분열돼 있었기 때문에 서로 야마토 정권을 자기편으로 끌어들이기 위해 선진 문물을 제공하는 외교를 폈다. 이러한 관계는 고려와 조선시대에도 이어져 통신사를 계속 파견하며 정치적·문화적 교류를 계속해 왔던 것이다.

이렇게 대체로 우호적인 교류의 역사가 흘러왔던 가운데 임진왜란과 식민지 합방 등의 비극적인 역사가 새롭게 생기게 돼 오늘날 우리 머릿속에 나쁜 감정만이 자리잡게 됐다.

고대사에서는 우리가 선진국의 우월한 입장에서 교류했지만, 근대 이래로는 오히려 일본이 선진국으로, 강국의 면모를 갖고 있다는 점도 생각해야 할 것이다.

결론적으로 말하면, 새로운 일본관을 정립해야 한다. 긴 역사를 보면 우호적인 관계의 세월이 많았고, 유전적, 언어적, 문화적으로도 동일한 뿌리를 가진 민족이므로 과거의 잘못을 용서하고 새로운 우정을 쌓아나가야 한다고 생각한다.

일본 왕도 자신의 소원대로 선조인 한국의 무령왕릉을 찾아와서 할아버지에게 참배하고 우리는 그 광경을 쳐다보며 진심으로 환영하며 박수를 치는 날이 하루 빨리 오길 빌며 일본에 대한 글을 마친다.

응시. 우리도 일본을 응시하고 일본도 우리를 응시하고 있다. 서로 좋은 감정으로 응시하고 서로를 포용하며 살길 바란다.

CHAPTER 6

명상

"오만 가지 생각이 떠오른다."라는 말이 있다. 과학적으로 측정한 결과, 놀랍게도 하루에 인간이 생각하는 숫자는 5~6만 개 정도라고 한다. 그런데 문제는 이 오만 가지 생각 중에서 실제로는 98% 정도가 쓸모없는 잡생각이라는 것이다.

우리는 수많은 잡생각 중에서도 대부분은 부정적인 생각을 많이 함으로써 스스로를 스트레스의 세계로 몰아넣고, 그 결과 우리의 정신적·육체적 건강까지 해친다. 이와 같이 불필요한 생각의 노예가 돼 살아가는 현대인들이 어떻게 하면 생각을 덜하고, 진정으로 필요한 정신 세계를 구축하며, 육체적으로도 도움을 받을 수 있을까?

이러한 목표를 달성하는 데 가장 좋은 방법은 바로 '명상'을 하는 것이다. 명상을 하면 잡생각의 노예 상태에서 벗어날 수 있다. 명상은 '마음을 고요하게 가라앉히는 것'으로, 생각의 횟수를 줄이는 가장 좋은 방법이다.

명상을 하면 마음이 안정되고, 신체적인 스트레스가 완화되며, 긴장감이 해소된다. 또한 건강이 증진되고, 치료에 도움이 되며, 종교적으로는 깊은 영성을 체험할 수도 있다. 이외에도 명상은 혈압, 맥박 등의 심혈 관계 기능을 개선하고, 혈당, 혈중지질을 안정시키며, 스트레스 호르몬인 코르티졸의 혈중 농도를 감소시켜 스트레스를 줄여 주는 효과가 있다.

이번에는 현대인들에게 필요한 명상 방법을 살펴보고, 명상의 실천과 이용 방법 등을 살펴본다.

명상

명상의 필요성

생각

우리들은 끊임없이 생각한다. 생각은 시간과 장소뿐 아니라 과거, 현재, 미래까지 시·공간을 초월하는 속성을 지니고 있다. 그래서 생각의 특징을 말할 때 '찰나의 순간에도 생각은 무진겁(無盡劫)을 왕래한다고 하는 것'이다.

그렇다면 인간의 마음은 왜 그렇게 바삐 움직이는 속성을 지니게 됐을지 생각해 보자. 인간은 육체와 마음으로 이뤄져 있는 데 육체는 시간적·공간적으로 제한이 있지만, 마음은 그러한 제한이 없고 자유롭기 때문이다.

인도 바라나시 강변에서 한 수행자가 명상을 하고 있다. 명상은 머릿속에서 수없이 떠오르는 잡념을 떨쳐내는 행위다.

일겁

일겁(一劫)이란 시간은 추상적인 개념으로, 상상할 수 없을 만큼 긴 시간을 의미하는 말이다. 불교에서는 일겁을 천 년에 한 번씩 선녀가 지상에 내려와 집채 만한 바위를 옷깃으로 한 번 쓸고 천상으로 올라갔다 내려오는 행위를 반복해서 그 바위가 모래알 만해지는 시간을 말한다. 이렇게 긴 시간인 일겁이 무한히 계속되는 시간을 '무진겁(無盡劫)'이라고 한다

생각은 잠시도 멈추는 법이 없어서 전체 우주를 넘어 공간도 초월하고, 시간도 초월한다. '생각이라는 원숭이'가 나뭇가지의 끝에서 우듬지로 이리저리 뛰듯이 날뛰면서 흩어진다. 하지만 어느 순간 깨달으면 그 마음은 온데도 없고, 간데도 없다. 마치 인드라망을 지나는 바람처럼!

인드라망

'인드라(Indra)'는 인도의 신으로, '제석천(帝釋天)'이라고 한다. 제석천의 궁전에는 한없이 넓은 그물이 있는데, 그물의 이음새마다 투명한 구슬들이 달려 있어 서로를 비추게 돼 있다. 이것이 바로 '인드라망'이다.

서로 그물로 연결돼 있어서 서로를 비추는 관계가 바로 인간 세상의 모습이라는 것이다. 우리는 마치 스스로 살아가는 것 같지만, 실제로는 서로가 연결돼 있으며 서로 비추는 밀접한 관계 속에 있다. 내가 하는 생각과 행동도 상대방에게 비추고 상대방의 생각은 또 다른 상대방에게 비추며 또 나에게도 반사돼 비추는 관계다.

인드라망. 이 세상의 인연은 서로 촘촘히 얽혀져 있다.

인간의 경계 본능과 유전자의 진화

인류의 첫 조상인 오스트랄로피테쿠스는 약 600만 년 전에 유인원들과의 공통 조상에서 갈라져 나왔다. 이 조상들은 당시 매우 불리한 여건에 있었다. 우선 다른 동물에 비해 육체가 매우 연약했다. 맹수처럼 날카로운 이빨이나 발톱이 있는 것도 아니고, 힘이 센 것도 아니었다. 일대일로 전투를 하면 항상 잡아먹히는 신세였던 것이다. 그래서 항상 주변을 경계하고 여차하면 도망을 가야했다. 따라서 항상 긴장을 하며 사는 스트레스를 느끼게 된 것이다. 즉, 이러한 정신적 스트레스의 역사는 무려 600만 년 이상이나 된 오래된 것으로, 인간 유전자에 새겨져 내려왔다.

강력한 이빨이나 손발톱이 없는 인간의 입장에서는 항상 긴장을 하면서 사는 스트레스를 느끼게 됐다.

한 가지 다행인 점은 인간은 다른 동물과 달리, 대뇌의 크기가 커서 생각을 잘하는 속성을 가졌기 때문에 여러 가지 방편을 마련할 수 있었다는 것이다. 예를 들면 단체 협동 수렵, 불의 이용, 도구의 이용 등이다.

이와 같이 인류는 수렵, 어획 등과 같은 자연 채취를 통해 생활해 오다가 약 6,000년 전 비로소 식량을 인간의 손으로 직접 생산할 수 있게 됐다. 즉, 농업 시대가 열린 것이다. 농업은 인류사에 획기적인 전환을 가져왔으며, 한곳에 머물러 사는 정착 생활을 하게 됐다.

하지만 600만 년 동안이나 계속 느껴오던 스트레스가 아직도 우리의 뇌 속에 그대로 남아 있는 것이 가장 큰 문제다. 우리는 더 이상 맹수를 겁낼 필요가 없고, 맹수에게서 도망치지 않아도 된다. 그럼에도 불구하고 '공포와 불안'이라는 유전자는 아직 충분히 진화를 하지 못했다. 즉, 아직도 수렵 채집 시대 유전자의 영향을 받고 있는 것이다.

그 결과, 인간의 유전자는 부정적인 경험이 긍정적인 경험보다 무려 5배(뇌 과학자 추산) 내지 43배(긍정적 심리학자 추산) 더 높게 생존에 유리하게 작용했다는 것이 밝혀졌다. 즉, 우리의 뇌는 '부정'에 익숙하고, '긍정'에 서툴다. 여기서 부정적인 생각은 바로 분노, 불안, 우울, 근심, 두려움 등이다.

맹수들이 어슬렁거리는 곳에 두 사람이 살고 있었다. 한 사람은 태평하게 초원을 거닐며 생활했고, 또 한 사람은 어두운 동굴 속에 숨어 지냈다. 그 결과 태평하게 초원을 거닐던 사람은 사라졌고, 동굴 속에 숨어 지냈던 사람은 살아남게 됐다. 이 사람이 바로 우리의 조상이다.

우리가 아직도 지나치게 불안하고 초조해하며 살고 있는 것은 바로 이 때문이다. 이상한 일이 생기면 우리는 즉각적으로 스트레스를 느끼고, 싸우거나 숨거나 도망친다. 즉, 어떤 상황이 발생하면 '즉각적으로 대응'한다. 이러한 현상을 심리학에서는 '자동 처리 과정'이라고 한다. 이는 지뢰에 연결된 인계철선을 밟았을 때 자동으로 지뢰가 터지는 것과 같은 이치다.

이러한 '자동 처리 과정' 때문에 우리는 어떤 일이 생겼을 때 차분히 생각할 수 있는 여유가 없다. 과거 몇백 만 년 전부터 발달한 유전자의 지시에 따라 즉각적으로 반응하기 때문에 실수를 일으키는 생각이나 행동을 하게 된다. 당연히 현대에서는 잘못된 결과가 나올 확률이 높기 때문에 또 다시 정서적 스트레스를 느끼게 된다.

지금 바로 이 순간부터라도 '이제는 시대가 바뀌었다.'는 것을 확실히 인지하고 '자동 처리 과정'에서 탈출해야만 한다. 이를 위한 가장 좋은 처방이 바로 '명상'이다.

명상은 무엇인가?

용어의 유래

명상(瞑想)은 영어로 '메디테이션(Meditation)'인데, 이 단어는 '깊숙이 마음에 잠겨 있는 상태'를 가리키는 라틴어 '메디타리

(Meditary)'에서 유래했다.

메디테이션에 해당하는 고대 인도의 산스크리트 용어로는 '디야나(Dhyāna)'가 있다. '요가수트라'에서는 이를 '의식의 작용이 한결같이 집중된 상태'라고 풀이한다(YS, 3-2 게송). 또한 초기 불교 경전어인 팔리(Pali)어에서는 '디야나'를 '쟈나(Jhana)'라고 부르는데, 이 말은 중국의 '선(禪)', '선정(禪定)', '참선(參禪)'에 해당한다. 명상이라는 용어가 서구적 전통에 따른 것이라면 선정, 참선 등과 같은 용어는 동양적인 전통에 뿌리를 두고 있다는 사실을 알 수 있다.

이상을 정리해 보면 명상은 '특정한 마음을 일으켜 그곳에 몰입하고, 마침내 마음 자체가 멎는 상태에 이르게 하는 것'으로 요약할 수 있다. '요가수트라'에서는 마음이 멈춘 상태를 '삼매(三昧, Samādhi)'라고 표현한다. 즉, "집중의 대상만이 홀로 빛나고 집중하는 마음 자체는 없어진 것 같이 된 상태가 바로 삼매다." 라고 설명한다(YS, 3-3 게송).

이러한 가르침을 통해 이 분야와 관련된 전통들이 존재해 왔다는 것을 알 수 있다. 즉, 그 이름이 명상이든, 선정이든, 삼매든 내면의 평안과 지혜를 얻기 위한 실천적 방법들이 이질적인 여러 문화권 속에서 계승돼 왔다고 할 수 있다(출처: 임승택 저, 『붓다와 명상』)

명상의 역사

명상은 약 5,000년 이전부터 행해진 것으로 보인다. 인도의 힌두교 베다 경전에 명상에 관련된 기록이 나오며, 약 2,500년 전 인도의 힌두교, 사이나교, 초기 불교뿐 아니라 중국의 유교와 도교를 통해 여러 가지 형태의 명상이 이뤄졌다. 유대교에도 명상이 있었으며, 기독교에도 명상법이 존재한다.

19세기 이래 명상은 아시아에서 서구 유럽으로 퍼졌다. 1979년 이후에는 인도에서 시작된 명상이 미국에서 종교 색을 탈피하고 일반인들을 위해 새롭게 탄생한다. 현재 명상은 심리학, 신경학 및 심혈관 분야에서 계속 연구, 발전되고 있다.

명상의 유용성

생각을 어떤 한 가지에 집중하는 습관을 들이면 마음이 차분하게 안정되고, 지혜가 생긴다. 이러한 과정을 연습하는 것이 바로 '명상'이다. 즉, 나를 한걸음 떨어져 바라보는 연습을 하는 것이다. 이것이 습관이 되면 어떠한 환경에서도 다가오는 대상에 즉각적으로 반응하는 '자동 처리 과정'을 거치지 않고 그 대상을 한 번 더 객관적으로 볼 수 있게 되는 것이다.

예를 들면, 어떤 사람이 나에게 험한 말을 해서 화가 나는 순간이 다가왔다고 가정해 보자. 평소대로라면 즉각적으로 '자동 처리 과정 시스템'으로 들어가 화를 낼 것이다. 하지만 평소 명상

연습을 했다면 화를 내고 있는 나를 바라볼 수 있는 시간적인 여유가 생긴다.

또 다른 예를 들어 보자. 내 몸에 통증이 발생해 아픔이 느끼고 있다고 가정해 보자. 평소대로라면 즉각적으로 '자동 처리 반응 시스템'으로 들어가 '아야, 아야' 하며 고통스러워 할 것이다. 하지만 평소 명상 연습을 했다면, "통증이 올라오는구나! 이 놈은 도대체 무엇인가?" 하고 한걸음 떨어져 그 고통을 관조할 수 있을 것이다. 이렇게 하면 통증이 사라지거나 고통의 강도가 경감될 것이다.

명상을 꾸준히 하면 몸과 마음을 개선시키는 효과가 있다는 사실이 과학적으로도 증명됐다. 원래 인도에서 유래한 위빠사나 명상법을 1979년 존 카밧진이 MBSR(Mindfulness-Based Stress Reduction, 마음챙김 기반 스트레스 감소)이라는 프로그램으로 만들어 정신 의학에서 획기적인 성과를 가져온 것이다. 오늘날에는 미국, 유럽 등의 많은 종합 병원에서 환자들에게 명상법을 적용하고 있다.

명상, 뇌파, 의식의 상관 관계

뇌파에는 베타파(β파, 15~18Hz), 알파파(α파, 12~15Hz), 세타파(θ파, 4~7Hz), 델타파(δ파, 0.5~3Hz), 감마파(γ파, 31~120Hz)의 다섯 가지 종류가 있다.

베타파는 일상생활을 할 때의 뇌파다. 이 베타파는 우리가 긴장하거나 불안을 느낄 때 수치가 올라가 감마파 상태까지 도달한다. 하지만 명상을 하면 진동이 느려져 알파파나 세타파로 바뀐다.

알파파, 세타파가 증가하면 심신이 이완되고 안정된다. 또한 면역력도 높아지고 창의성, 통찰력, 기억력이 증가된다. 특히 세타파는 통증에 민감한 베타파보다 통증을 잘 조절하게 해 준다.

이제 명상, 뇌파, 의식의 상관 관계를 살펴보자. 우선 일상의 의식을 보면 외부 의식에 해당하는 대상 의식이 있는데, 이는 명상의 의식 단계에서 일반 의식에 해당하며 뇌파는 베타파의 상태다. 즉, 아직 명상을 하지 않고 있을 때의 모습이다.

다음으로는 일상의 의식에서 내부 의식에 해당하는 수면 의식(꿈)과 각성 의식이 있는데, 이는 명상의 의식 단계에서 명상이나 깊은 명상 상태에 해당하며, 뇌파는 알파파와 세타파의 상태다. 즉, 명상을 하고 있을 때의 모습이다.

마지막으로 일상의 의식에서 무의식이 있는데, 이는 명상의 의식 단계에서 삼매에 해당하며, 뇌파는 델타파의 상태다. 즉, 가장 깊은 명상을 하고 있을 때의 모습이다.

뇌파와 의식의 상관 관계

구분	0.5〜3파	4〜7파	8〜13파	14〜20파
일상의 의식	무의식	수면 의식(꿈) 각성 의식(내부 의식)		대상 의식 (외부 의식)
명상의 의식	삼매	깊은 명상	명상	일반 의식

(출처: 한자경 저, 『명상의 철학적 기초』, 이화여대출판부)

명상의 종류와 방법

명상은 일상생활 중에서 언제, 어디서나 할 수 있기 때문에 종류와 방법이 매우 다양하다. 여기서는 가장 기본이 되는 명상의 종류와 방법만 살펴본다.

명상에는 크게 집중 명상(사마타), 통찰 명상(위빠사나)이 있고, 구체적인 명상 방법으로는 호흡 명상, 걷기 명상, 자애 명상, 보디스캔, 요가 명상, 음악 명상, 차 명상 등이 있다. 여기에서는 명상의 종류를 '빼기 명상', '보기 명상', '더하기 명상'으로 분류해 설명한다.

빼기 명상

쉴 새 없이 일어나는 생각을 내 마음 속에서 빼는 것을 목표로 하는 명상법이다. 이 명상은 인도의 브라만교, 요가 불교, 힌두교 등에서 행하는 명상법으로, '집중 명상(사마타, Samatha, 止)'이라고도 한다.

• 집중 명상

어느 한 대상에 끊임없이 집중해 마음이 고요하고 평온한 상태가 되는 삼매(오로지 하나의 대상에만 정신을 집중하는 경지)에 들어간 후 우주의 궁극적 근원이라 생각하는 브라흐마(梵, Brahma)와 내(我, Ātman)가 일체(梵我一如)가 되도록 노력하는 명상법이다.

집중하는 대상으로는 호흡을 비롯해 땅, 불, 물, 점 등이 있다.

이 집중 명상의 특징은 한 가지에 집중하고 그 외 다른 것은 완전 무시하는 것이다. 즉, 한 가지에만 집중하고 다른 잡생각이 떠오르면 빼버리는 것이다.

예를 들어 '호흡'에 집중하는 때는 오로지 '호흡'에만 집중한다. 내 몸 한 구석에서 가려움이나 통증이 느껴지더라도 '완전히 무시하고' 오로지 '호흡'에만 집중해야 하는 것이다.

이러한 오직 한 가지에 집중하는 집중 명상은 모든 명상의 기본이 된다. 이 수행은 마음이 고요해지고 삼매경에 들어갈 수 있게 해 준다. 하지만 삼매경에서 나오면 또다시 잡생각의 세계로 돌아오게 된다.

• 호흡 집중 명상

호흡은 가장 근본적인 생명의 리듬이다. 살아 있는 한 항상 휴대할 수 있는 비밀 병기인 것이다. 우리는 의식을 호흡에 집중함으로써 명상을 쉽게 시작할 수 있다. 호흡에 집중한다는 것은 호흡에 수반돼 일어나는 감각을 느끼고, 변화되는 감각의 내용에 주의를 기울이는 것을 말한다. 전통적인 인도 명상법에서는 호흡이 쉽게 느껴지는 코 주변에 의식을 두는 방법으로 집중을 유도했다. 한편 미얀마의 '사야도 명상원'에서는 복부의 호흡 감각에 주의를 기울이는 방법을 개발했다. 명상의 초기 단계에서 이렇게 하면 초보자들에게도 이완감과 평안감이 잘 나타나기 때문이다.

초보자에게는 숨을 살펴보는 방법이 가장 쉽고 편하다. 이 방법 하나만으로도 삼매의 경지에 이를 수 있다. 숨을 살펴보는 방법은 다양하므로 자신에게 잘 맞는 방법으로 행하면 된다. 이 명상의 기본적인 목적은 숨에 집중함으로써 잡념이 생기는 것을 줄이는 것이다.

호흡 집중 명상도 크게 두 가지로 나눠 볼 수 있다. 하나는 의식을 코끝의 한 지점에 집중하며 호흡하는 것이고, 또 하나는 의식을 배에 집중하며 호흡하는 것이다.

자세

앉아서 하는 정좌 명상 때는 양반다리, 가부좌, 반가부좌 자세 중 편안한 방법을 선택한다. 무릎이 좋지 않은 사람은 의자에 편안하게 앉아서 해도 되고 누워서 해도 된다. 어쨌든 본인이 편안한 방법으로 하면 된다.

숨의 길이와 명상 시간

숨의 길이는 의도적으로 조정하지 말고 자연스럽게 숨을 쉬도록 한다. 시간은 우선 5~10분 정도로 매일 하도록 하고, 점차 30분, 60분 등으로 늘려 가면 된다.

호흡 집중 명상 I : 코끝 의식 병행

가장 기본적인 호흡 명상은 숨이 들고 나는 것을 느끼는 것이다. 우선 숨이 들어오면 숨이 들어오는 줄을 알고, 나가면 나가는 것을 안다. 즉, 숨의 감각을 느끼는 것이다. 이 방법은 오로지 '느낌'에 의존하는 방법이다. 그런데 이렇게 숨의 감각만을 느끼는 방법만으로는 잡념이 일어나는 빈도수가 많기 때문에 '느낌'에 의존하는 방법에 '의식'을 개입시켜 병용하는 방법 중 하나가 바로 '호흡 집중 명상 I: 코끝 의식 병행'이다.

우선 눈을 감고 의식을 코끝의 한 지점에 집중한다. 그리고 자연스럽게 숨을 쉬며 숨을 관찰한다.

집중 대상

호흡 명상에서 집중해야 할 것은 오로지 '호흡'이다. 숨이 코를 통해 들어오는 느낌과 나가는 느낌을 천천히 느껴 본다. 자연스럽게 호흡하면서 '내가 숨을 이렇게 쉬는구나!'라고 생각하며 호흡한다.

숫자 세어 보기와 잡생각 대처법

숫자를 세는 것도 좋은 방법이다. 숫자를 세는 이유는 잡생각이 일어나는 횟수를 줄이기 위해서다. 숨을 들이쉬고 내쉰 후 다시 들이쉬기 직전에 숫자를 센다.

숫자를 세기 전에는 목표를 설정하는 것이 좋다. "이번에는 하나에서 여덟까지 세고, 여덟이 되면 거꾸로 하나까지 센다."

또는 "이번에는 하나에서 열까지 세고, 열이 되면 거꾸로 하나까지 센다."와 같이 목표를 설정하는 것이다. 이렇게 하면 더욱 집중이 잘된다. 만약 중간에 숫자를 세는 것을 잊어버리면 다시 처음부터 시작하면 된다.

호흡 명상 시에는 호흡 이외에 아무런 생각도 하지 않는 것이 중요한데, 대부분은 잡생각이 떠오른다. 잡생각이 떠오르더라도 스트레스를 받지 말자. 잡생각이 떠오르는 것은 자연스러운 것이다.

• 호흡 집중 명상 II : 배 의식 병행(복식 호흡)

의식을 복부에 집중하고 계속 호흡을 하면 자연스럽게 깊은 호흡이 된다. 앞에서는 의식을 코끝의 어느 한 지점에 집중했지만, 이번에는 배 전체에 집중한다. 호흡을 하면서 배가 들숨에 일어나면 일어나는지를 알고, 날숨에 배가 사라지면 사라지는지를 아는 것이다. 즉, 배에 의식을 둔 후 숫자를 세는 대신 '일어남, 사라짐'이라는 이름을 붙이면서 호흡에 집중하는 것이다.

나는 코끝의 한곳에 의식을 두고 호흡하는 방법보다 배에 의식을 두면서 호흡하는 방법이 더 쉽다고 생각한다. 아마도 코끝의 면적보다 배의 면적이 훨씬 넓어 그런지도 모르겠다. 또한 숫자를 세는 방법보다 '일어남, 사라짐'이라는 이름을 붙이는 방법이 더 편하다. 이는 미얀마의 사야도 명상원에서 개발한 방법으로, 일반인들에게 인기가 많다.

　　독자들은 '호흡 집중 명상 I', '호흡 집중 명상 II'를 모두 해
보고 자신에게 맞는 방법으로 꾸준히 실천해 볼 것을 권한다. 이
러한 호흡 명상법 외에 땅, 불, 물, 점과 같은 다양한 표상에 집
중하는 명상법도 있다.

보기 명상

　　생각이 일어나면 일어나는 대로 쳐다보고, 사라지면 사라지
는 대로 쳐다보는 방법으로, 이를 '통찰 명상(위빠사나, Vipassanā,
觀)'이라고 한다.

통찰 명상

　　위빠사나는 세간(世間)의 진실한 모습에 자신의 편견을 개입
시키지 않고, 현상 자체로 보는 것을 말한다. 즉, 어느 한 대상에
마음을 집중해 고요한 상태를 얻은 후 끊임없이 변화하는 대상을
있는 그대로 관찰하는 것을 말한다. 이는 붓다가 깨달음을 얻은
수행법으로, 초기 불교부터 매우 중요시했다. 현재는 주로 스리
랑카, 미얀마 등의 남방 불교에서 행해지고 있다.

　　불교 경전에서 말하는 위빠사나의 대상은 몸, 감각, 마음,
마음의 대상(신수심법, 身受心法)이다. 이 세상에는 좋은 것이든, 나
쁜 것이든 영속하는 것이 없고, 끊임없이 변화하는 것뿐이다. 과
거, 현재, 미래가 없는 것을 알고(過去心 現在心 未來心 不可得), 관찰
하며 알아채는 것이다.

알아차림

인간의 신체적 감각, 느낌, 감정 등을 알아차리며 주의를 기울이는 것이다. 즉 '현재, 여기서, 이대로' 일어나는 것을 한 발 멀리 떨어져 살피는 것이다.

힌두교에서 전통적으로 행하던 명상인 집중 명상 외에 통찰 명상의 개념을 강조한 것은 '석가모니'였다. 석가모니는 브라만들에게서 집중 명상을 지도받고 최상의 삼매 경지보다 높은 차원의 명상까지 경험했지만, 자신이 원하던 우주 최고의 진리인 '깨달음'의 지혜 상태에는 이르지 못한다는 것을 알았다. 그래서 집중 명상법에 통찰 명상을 가미해 6년 동안 수행한 결과, 지혜를 얻어 깨달음을 선포하게 된다.

통찰 명상은 한마디로 현재 일어나는 일을 완전히 무시하지 않고 일어나는 그대로 바라보는 것을 말한다.

예를 들어 '호흡'에 집중하는 때는 오로지 '호흡'에만 집중한다. 그러다가 내 몸 한 구석에서 가려움이나 통증이 느껴졌더라도 완전히 무시하지 않고 그대로 바라보는 것이다. 즉 '아! 가려움증이 올라오는구나!' 하고 바라보는 것이다. 만약 긁고 싶은 마음이 일어난다면 '아! 나는 긁고 싶어 하는구나!' 하고 생각한다. 그러다가 긁었으면 '아! 나는 가려움을 참지 못하고 또 긁었구나!' 하고 알아차린다. 그 후 재빨리 다시 호흡으로 돌아가 호흡에 집중한다.

석가모니는 이 방법을 동원해 12연기의 진리를 깨달았다고 한다. 그 결과 열반의 세계로 들어가 다시는 이 세상에 태어나지 않는다고 한다. 또한 제자들은 윤회의 세계를 벗어나려고 노력해 성자의 지위인 아라한의 경지에 이르렀다고 한다. 이 세상에 다시 태어나지 않기 때문에 좋을지는 몰라도 우리 같은 범부들에게는 도달하기 힘든 경지인 것 같다.

어쨌든 이렇게 오직 한 가지에 집중하는 집중 명상을 기본으로 하고, 추가로 일어나는 일에 대해 있는 그대로 알아차리는 통찰 명상은 현대에 들어와서 여러 가지로 이용되기도 했다.

즉, 현대에 와서는 우리나라의 숭산 스님에게서 참선을 지도받았던 미국의 존 카밧진이 1979년도에 MBSR 기법을 발표해 전 세계에서 센세이션을 일으키고 있으며, 현대 의학에서 광범위하게 이용되고 있다.

사마타와 위빠사나의 차이

생각은 항상 이리저리로 움직이며 잡생각을 만든다. 이 요동치는 잡생각을 억제해 고요하게 하려는 명상법이 '사마타'이고, 잡생각을 요동치도록 놔두고 관찰해 평온한 경지에 이르러 지혜를 얻는 명상법이 '위빠사나'이다. 즉, 사마타로 삼매경에 이르러 마음을 고요하게 한 후 관찰을 통해 지혜를 얻는 위빠사나의 경지에 이르는 것이 최상이라 할 수 있다.

결국 최종 목표인 지혜를 얻기 위해서는 집중 명상(止)과 관찰명상(觀)을 겸비하는 것이 필요한데, 불교에서는 이를 '지관쌍수(止觀雙手)'라고 한다.

더하기 명상

쉴 새 없이 일어나는 생각을 내 마음 속에서 빼는 것을 목표로 하는 빼기 명상법 대신 생각을 더하는 명상법이다. 어차피 인간의 속성상 생각은 계속 일어나게 돼 있다. 그럴 바에는 이 생각을 적극적으로 이용하는 것이다. 다만 생각의 종류 중에서 우울, 불안, 원망, 후회 등과 같은 부정적인 생각 대신 긍정, 희망, 자애, 사랑, 용서 등과 같은 긍정적인 생각을 적극적으로 활용해 더하는 것이다. 이러한 더하기 명상 방법에는 자애 명상, 감사 명상, 기원 명상, 탐구 명상 등이 있다. 즉, 계속 긍정적인 생각을 더하는 것이다.

자애 명상

생각을 우선 나를 사랑하는 데 사용하고, 그 후에는 남을 사랑하는 데 사용하는 명상법이다. 이 명상법에서는 자기 자신과 다른 사람에 대한 자애, 공감, 연민 등의 감정들을 살펴보는 것이 중요하다.

자애 명상은 호흡에 집중하는 대신, 마음에 자애로운 생각을 일으키는 명상법으로, 마음을 고요하게 하는 집중 명상도 이에 해당한다. 천천히 숨을 쉬며 자기가 정한 문구를 주문 외듯이 반복한다. 자애 명상을 하면 마음이 편안해진다.

우선 자신이 행복하길 바라는 것이 중요하다. 우리는 의외로 자신의 행복보다 가족 구성원의 행복만을 빌며 사는 경우가 많다.

즉, 자신을 희생하더라도 자식이 잘되길 바라는 부모의 경우와 같다. 하지만 모든 수행의 출발은 나에게서 시작돼야 한다. 내가 정화되고 강해진 후에 남을 위한 일을 할 수 있는 것이다.

자애 명상의 구체적인 방법은 대표적인 문구를 정한 후 그 문구를 염불하듯이 외는 것이다. 이때는 자신에게 알맞은 문구를 직접 정하거나 다른 사람이 정한 문구 중에서 선택해도 된다.

자애 명상 문구의 예

우선 자신을 위한 자애 명상을 한 달 정도 해 보는 것이 좋다.

"부디 내가 행복하기를….."

"부디 내가 건강하기를….."

"부디 내가 편안하기를….."

"부디 내가 지혜롭기를….."

나만을 위한 명상에 익숙해지면 차차 남을 위한 문구를 만들어 넣을 수 있다. 주변 사람들의 행복도 빌고 전 세계 사람들의 평화도 빌 수 있다.

"부디 내가 건강하기를…. 부디 내 동생이 건강하기를….."

"부디 내가 행복하기를…. 부디 내 동생이 행복하기를….."

"부디 내가 편안하기를…. 부디 내 동생이 편안하기를….."

"부디 내가 평화롭기를…. 부디 우리나라가 평화롭기를….."

자신이 원하는 문구를 정해 10~30분 동안 행하면 된다.

> **누구를 향해 자애 명상을 할까?**
>
> 자애 명상은 어떤 사람이 살아있든, 사망했든 행할 수 있다. 당신이 사랑하거나, 용서를 구하거나, 용서하면 오랜 세월 동안 지녀 왔던 부정적인 감정이 일시에 소멸되면서 마음이 편안해진다.

걷기 명상

걷기를 이용해 명상하는 것을 말한다. 이 방법이 유용한 이유는 우리가 일상생활을 하면서 항상 '깨어 있는 상태'로 살 수 있기 때문이다.

걷기 명상에는 두 가지가 있다. 한 가지는 집중 명상 방법으로, 보통 걸음으로 걷는 방법, 천천히 걷는 방법, 매우 천천히 걷는 방법 등이 있다. 보통 걸음으로 걷는 방법은 보통 걸음으로 '왼발, 오른발' 하며 걷는 것이고, 천천히 걷는 방법은 조용한 곳에서 산책하며 '왼발, 오른발' 하며 걷는 것이다. 매우 천천히 걷는 방법은 실내에서 한걸음을 삼박자로 나눠 걷는 것이다. 예를 들면 '들어서, 앞으로, 놓음' 하며 한 발 한 발 조심스럽게 걷는 것이다.

또 다른 한 가지는 출근이나 산책을 하면서 행하는 방법이다. 예를 들면 산책을 하면서 강아지를 보면 "아이고, 예쁘네!"라고 하거나 바람이 불면 "아, 시원하구나!"라고 하는 등 자신에게 다가오는 모든 현상을 담담하게 바라보며 걷는 것이다. 이렇게 하면 걷는 행위와 함께 순간순간 다가오는 현상에 집중할 수 있기 때문에 명상 효과가 저절로 생긴다.

보디스캔

보디스캔(Body Scan, 몸 명상)은 명상법 중 가장 편하고 부담 없는 명상 방법으로, 내 몸의 구석구석을 의도적으로 살펴보는 것을 말한다. 몸의 근육을 이완할 수 있으며, 마음도 매우 편안해진다.

또 인터넷의 '보디스캔 유튜브'를 틀어 놓고 따라 하면 더욱 쉽게 행할 수 있다. 보디스캔은 주의 집중과 유연성을 동시에 개발하는 데 효과적이다.

보디스캔을 하면 불면증에 걸린 사람들도 쉽게 잠이 들 수 있다. 미 해군에서는 불면증 치료 방법으로, 보디스캔법을 사용한다고 한다. 실제로 단체로 보디스캔을 해 보면 참가자의 20% 정도는 5분 내에 잠이 들기도 한다.

보디스캔 자세

보디스캔은 누워서도 할 수 있고, 앉아서도 할 수 있다. 제일 편한 방법은 잠자기 전이나 잠에서 깬 후에 침대에 누워 보디스캔을 하는 것이다.

보디스캔 방법

머리끝의 정수리부터 발끝의 발가락까지 생각한다. 또는 이와 반대로 발가락에서 정수리까지 생각한다. 예를 들면 의식을 머리끝의 정수리에 집중한다. 그다음 머리에 있는 이마, 눈썹, 눈, 코, 귀, 입술, 목, 어깨, 오른쪽 팔, 팔꿈치, 손목, 손가락에 집중하고, 다음은 왼쪽 어깨, 왼쪽 손가락에 집중한다.

그다음은 가슴, 명치, 배, 등, 엉덩이, 오른쪽 다리 허벅지, 무릎, 발목, 발, 발가락 등에 집중한다. 발가락도 왼쪽 새끼발가락, 둘째 발가락, …, 엄지발가락 순으로 집중한다. 왼쪽 다리도 이와 동일하게 집중한다. 한 가지 놀라운 점은 생각하는 대로 내 의식이 내 몸 구석구석까지 이동한다는 것이다.

요가 명상

요가 명상도 더하기 명상에 해당한다. 일반 명상이 주로 정신적 세계를 이용하는 방법이라면 요가 명상은 육체적 스트레칭을 하면서 명상도 겸비할 수 있기 때문이다.

요가(Yoga)는 산스크리트어로 '결합한다(Yoke)'는 뜻이다. 요가 수련은 몸과 마음을 하나로 결합하는 것이다. 즉, 몸과 마음을 통일한다는 뜻이기도 하다.

이 요가 명상법은 브라만교에서 집중 명상법으로 사용하기도 했지만, 현대에서는 육체적·정신적 체육으로의 가치를 갖기도 하기 때문에 매우 유용하다.

요가에도 많은 종류가 있지만, 신체를 변화시키는 측면에 가장 멋진 방법 중 하나가 '하타 요가'일 것이다.

요가를 하면 여러 가지 스트레칭 동작을 하게 된다. 그 동작을 빨리빨리 하는 것이 아니고 매우 천천히 호흡에 맞춰 한다. 들숨에 오므리고 날숨에 내 뻗는 방식이다. 항상 호흡과 연결돼 있기 때문에 자연스럽게 명상을 하는 효과가 있다. 근육도 함께 늘릴 수 있으니 그야말로 일석이조인 셈이다.

남미 우유니소금사막 호수에서 국선도 사범인 이희관 님께서 물구나무 자세를 취하고 있다.

　　나는 요가가 힘, 균형, 유연성의 개발을 하는 데 있어 가장 좋은 방법이라는 것을 지난 20여 년간의 경험을 통해 절실히 느꼈다. 여러분도 가까운 요가원을 찾아 요가를 해 볼 것을 권한다.

　　나는 20여 년 전부터 '하타 요가'를 시작한 이래 매주 4~5회 정도 요가를 했다. 1시간 정도의 요가 시간 중 처음에는 5분간 명상을 한다. 그 후 각종 아사나(자세)를 하면서 근육의 긴장감이나 이완감을 느낀다. 30분 정도 지나면 어느새 땀이 나기 시작하고, 몸과 정신이 상쾌해진다. 마지막에는 송장 자세로 편히 쉬는데, 조용한 가운데 편안함을 느끼게 된다.

　　최근 3년 전부터는 '하타 요가' 외에 '인요가'를 일주일에 2번 정도 행하고 있다. '인요가'는 기존의 다른 요가가 근육의 스트레칭을 통해 힘을 늘리는데 반해, 근육에 힘을 주지 않고 편안하게 이완하는 요가 방법이다. 그리고 인요가에서는 한 가지 자세를 약 5~7분 동안 유지하기 때문에 매우 편안하다.

　　나는 명상법을 인요가 시간에 활용했다. 예를 들면, 아사나를 하면서 명상 기법인 배에 의식을 두고 일어남, 사라짐, 앉음, 닿음 또는 일어남, 사라짐, 누움, 닿음 등과 같은 기법을 병행하는 것이다.

　　그러다 보면 삼매경 직전 상태라 생각되는 고요함, 희열, 평안 등의 상태를 느끼게 된다. 이와 같은 요가 활동은 '생활 속에서 몰입을 통한 행복 상태'를 느끼게 해 주는 가장 좋은 방법이다.

주의 사항

명상의 종류는 매우 다양하다. 명상을 지도하는 수행 단체나 종교 단체의 이념에 따라 오히려 좋지 않은 결과를 맞이할 수도 있다. 따라서 여러 가지 종류의 명상을 잘 검토해 선택해야 한다.

명상 앱

명상센터 등에서 지도를 받지 못할 때는 인터넷의 '명상 앱'을 이용하는 것도 좋은 방법이다. 명상 앱에도 유료/무료가 있다. 우선은 무료를 이용해 접근해 볼 것을 권한다.

명상 수행록

명상을 한 후에 명상한 사항을 적고 수행 결과를 기록하는 것도 좋은 방법이다. 다음은 나의 명상 수행 기록이다.

호흡 명상

• 호흡 집중 명상 I: 들숨 날숨 감각 위주(10분)

숨이 들어오면 숨이 들어오는 것을 느끼고, 나가면 나가는 것을 느꼈다. 이는 주로 감각에만 집중하는 가장 기본적인 방법이다.

[감각-감각~~] = ^^^^^^ ….

– 수행 결과: 집중이 어느 정도는 잘됐다. 하지만 가끔 잡념도 생겼다. 잡념이 떠오르면 들숨, 날숨에 집중했다.

· 호흡 집중 명상 II: 숨 감각 외 별도 의식 병행(10분)

우선 의식을 항상 코끝에 둔 상태에서 숫자를 세기 시작했다.

들숨을 쉴 때 1~8 등의 숫자를 세고, 날숨에 1~8 등의 숫자를 셌다.

[감각-의식(=숫자)-감각-...] = ^, ^, ^, ^, ^, ^, ...

– 수행 결과: 처음에는 들숨에 '1~5', 날숨에 '1~8' 정도였는데, 시간이 지나자 들숨에 '1~10', 날숨에 '1~15' 정도가 됐다. 즉, 들숨보다 날숨이 약간 더 길다는 것을 느꼈고, 그 결과 이완이 잘 되는 것을 느꼈다. 의식적으로 숨을 길게 조정하지는 않았다.

· 호흡 집중 명상 III: 숨 감각 외 별도 의식 병행(20분)

들숨, 날숨 때는 숫자를 세지 않고, 숨을 안 쉬는 순간에 숫자(1~8)를 세었다. 이는 들숨의 감각만을 느낀 다음 날숨의 감각만을 느끼고, 날숨이 끝나고 다시 들숨이 시작되기 전 잠깐의 공간 시간에 숫자를 세는 방식이다.

[감각-감각-의식(=숫자)...] = ^-^, ^-^, ^-^, ...

이 방법은 감각과 감각에 집중한 후 중간에 의식 집중(숫자)을 혼합하는 것이다. 즉, 한 가지 변수를 더 넣음으로써 잡념이 끼어드는 것을 더욱 줄이는 방법이다.

– 수행 결과: 집중이 더 잘됐다. 하지만 잡념은 여전히 생겼다.

- 호흡 집중 명상 IV: 숨 감각 외 별도 의식 병행(20분)

들숨, 날숨 때는 숫자를 세지 않고, 숨을 안 쉬는 순간에 숫자를 세는 대신 '앉음, 닿음'을 생각했다. 이 방법은 감각에 집중한 후 중간에 의식 집중 방법을 '숫자 세기 방법'에서 '이름 붙이기 방법'으로 변경하는 것이다. 즉, 두 가지 변수를 더 넣음으로써 잡념이 끼어드는 것을 더욱 줄이려는 방법이다.

[감각-감각-이름 부치기(=의식: 앉음 닿음)…] = ^-^, ^-^, ^-^, ….
  - 수행 결과: 집중이 더 잘됐다. 잡념도 많이 줄어들었다.

이외에도 다양한 호흡 방법이 있지만, 위 방법만으로도 충분히 집중 명상을 할 수 있다. 자신에게 맞는 방법으로 매일 행하는 것이 좋다.

• 배 집중 명상 I: '일어남, 사라짐' 숨 감각과 의식 병행(20분)

배에 의식을 두고 배 움직임(일어남~사라짐)에 집중하며 호흡했다. 이 방법은 감각에 이름을 붙이면서 집중하는 것이다.

[감각+이름 붙이기 의식-감각+이름 붙이기 의식, ~~] = ^^^^^^ ….

- 수행 결과: 배 면적이 넓어서 그런지 의식을 배에 집중하는 것이 코끝에 집중하는 것보다 쉬웠다. 또 숫자를 세는 것 대신 '일어남, 사라짐'이라는 이름을 붙이는 방법이 더 쉽게 느껴졌다.

• 배 집중 명상 II: '일어남, 사라짐' 숨 감각과 의식 병행(30분)

들숨, 날숨 때는 '일어남, 사라짐', 숨을 안 쉴 때는 '앉음, 닿음'을 추가했다. 이 방법은 감각에 이름을 붙이며 집중한 후 숨의 중간에 '이름 붙이기 방법'을 사용하는 것이다. 즉, 두 가지 변수를 더 넣음으로써 잡념이 끼어드는 것을 더욱 줄일 수 있다.

[감각+이름 붙이기 의식-감각+이름 붙이기 의식-의식 추가 앉음, 닿음...] = ^-^, ^-^, ^-^, ….

- 수행 결과: 수식 대신 '일어남, 사라짐, 앉음, 닿음' 또는 '누움, 닿음'이라는 이름을 붙이는 방법을 사용했더니 잡념이 많이 줄어들었다.

걷기 명상

걷기 명상 I: 보통 걸음으로 걷는 방법(30분)

'왼발, 오른발' 하며 시내를 30분 정도 보통 걸음으로 걸었다. 주변에 스치는 사람들을 바라보면서도 내 발걸음에 집중했다. 지하철 계단을 오르내릴 때도 '왼발, 오른발'을 했다.

- 수행 결과: 보통 때 무심코 내딛던 발바닥이 더욱 잘 느껴졌다. 집중도 비교적 잘됐다. 하지만 내 곁을 스쳐지나가는 사람들 때문에 잡념이 생겼다.

- **걷기 명상 II: 매우 천천히 걷는 방법(10분)**

'들어서 앞으로 놓음' 걷기 명상을 실내에서 천천히 행했다.

- 수행 결과: 처음에는 어색했지만, 천천히 해 보니 집중이 매우 잘 됐다. 잡념이 끼어들 틈이 없었다. 발바닥의 감각도 잘 느껴졌다.

- **걷기 명상 III: 한강 산책(30분)**

한강 변에 많은 사람과 자전거가 오가는 모습을 보면서도 '왼발, 오른발'에 집중했다. 계단을 올라갈 때도 '왼발, 오른발'에 집중했더니 힘이 덜 들었다.

- **걷기 명상 IV: 강아지와 산책(30분)**

'왼발, 오른발' 하며 강아지와 걷는다. 동시에 강아지를 쳐다보며 집중한다. 강아지가 오줌이나 똥을 싼다. 필요한 조치를 하면서 집중하는 나를 바라본다.

- 수행 결과: '강아지가 오줌이나 똥을 싸는 것이 바로 내가 싸는 것이다. 아주 시원하다!'라고 느꼈다. '왼발, 오른발'에 집중하는 것과 더불어 다른 행위에도 집중하는 나를 생각하니 한층 수행이 심화되는 것을 느낀다.

- 걷기 명상 V: 등산(120분)

등산 중에 '오른발, 왼발' 하며 산을 오르내렸다. 계단을 오르내릴 때도 '오른발, 왼발' 하니 집중도 잘되고 힘도 덜 들었다. 주변 지형 지물 등을 살피면서도 '오른발, 왼발'을 유지했다.

  - 수행 결과: 걷는 행위가 있는 한 명상을 자연스럽게 할 수 있다는 사실에 감사하게 됐다.

- 걷기 명상 VI: 경치 보며 사진 찍기(120분)

사진 촬영 시 걸을 때 '왼발, 오른발' 하며 걸었다. 좋은 피사체를 발견하고 셔터를 누르면서도 내 호흡에 집중했다. 즉, 들숨을 다 들이쉰 후 날숨을 1/3 정도 내뱉고 셔터를 천천히 누르는 것이다. 이렇게 하면 카메라의 흔들림이 최소화된다.

  - 수행 결과: 걷기 명상과 호흡 바라보기를 동시에 행하면서 사진 촬영을 한 경험은 일상생활에서도 명상이 가능하다는 확신을 심어 줬다.

자애 명상

자애 명상 I(10분)

천천히 숨소리에 맞춰 눈을 감고 주문을 외듯이 진심으로 행했다.

"부디 내가 건강하기를…."

"부디 내가 행복하기를….."

"부디 내가 편안하기를….

– 수행 결과: 마음이 편안해졌다. 하지만 잡념도 생겼다.

자애 명상 II(30분)

"부디 내가 건강하기를…. 부디 내 동생이 건강하기를….."

"부디 내가 행복하기를…. 부디 내 동생이 행복하기를….."

"부디 내가 편안하기를…. 부디 내 동생이 편안하기를….."

– 수행 결과: 시간을 30분으로 늘렸다. 수행이 점점 익숙해져 30분이 지루하지 않았다. 암 전이로 괴로워하는 동생을 생각하며 명상을 했다. 몸과 마음이 이완되는 것을 느꼈다. 하지만 잡념은 생겼다.

• 자애 명상 후 배 집중 명상(30분): 혼합 명상

자애 명상을 한 후에는 호흡 또는 배 집중 명상을 하는 것이 좋다. 이렇게 하면 몸이 이완된 후 더욱 쉽게 집중하게 되는 효과가 있다. 예를 들면 자애 명상 10분, 배 집중 명상 20분 등의 방법이다.

– 수행 결과: 자애 명상을 한 후 배 집중 명상을 하니 시간의 흐름이 잘 느껴지지 않을 정도로 집중이 잘됐다.

• 듣기 명상

청각을 이용해 집중하는 방법으로, 클래식 음악이나 요가 명상 음악을 집중해 듣거나 요가명상 음악에 집중해 듣는 것이다. 음악을 들을 때 바깥에서 잡소리가 들리면 '잡소리가 들리는구나!'라고 생각하며 느끼며 계속 음악에 집중한다.

• 강아지 배 소리 듣기 명상과 자애 명상(10분)

침대에서 강아지 배 위에 귀를 대고 소리를 듣는다. 뱃속에서 물이 흐름이 느껴지고 소리가 들린다. 배의 따뜻함이 몸으로 느껴지고 그 속의 소리가 들린다는 것을 알아챈다.

"꼬르륵, 꾸르륵. 꼬르륵. 꾸르륵~"

듣기 명상을 마친 후 강아지에 대한 자애 명상을 한다. 자애 명상 방법은 불교의 주문을 외는 것이다.

"나무아미타불 관세음보살~"

나는 강아지도 내 자식이라 생각하는데, 기독교에서는 개의 영혼을 하찮게 생각한다. 하지만 나는 그들의 영혼도 인간과 마찬가지로 귀하다고 생각한다.

석가모니의 전생담(前生談)을 보면 석가모니도 한때는 '사슴', '원숭이'와 같은 동물이기도 했으며, 또 한 때는 '나무'이기도 했다는 전설같은 이야기가 있듯이 불교에서는 동물들을 귀하게 여긴다. 그래서 강아지를 위해 기도할 때는 불교 방식을 이용한다.

– 수행 결과: 강아지와 내가 하나가 된다는 것을 느끼면서 소리를 들으며 집중하고, 자애 명상까지 병행했더니 희열감이 느껴졌다.

보디스캔

보디스캔 I(20분)

잠자기 전 발가락부터 정수리까지 하나하나 살펴보는 과정을 거쳤다. 발비닥 아래에서 정수리까지 산핀 후 발바닥과 정수리가 서로 호흡을 하듯이 숨을 불어 넣고 내쉬었다.

보디스캔 II(40분)

인터넷의 보디스캔 앱을 이용했다. 발가락부터 정수리까지 하나하나 살폈다. 왼쪽 어깨에 결림이 느껴져 그곳으로 숨을 불어 넣고 내쉬었다. 왼쪽 어깨에 숨을 불어 넣을 때는 부분적으로 집중도 잘됐다.

스트레스

동물은 정신적·육체적 위협이 느껴지면 본능적으로 3F 방식으로 대처한다. 즉, 투쟁(Fight), 날아감(Flight), 도피(Free) 중 하나를 선택한다. 한편 인간은 내·외부에서 물리적, 개인적, 사회적 스트레스가 느껴지면 상대방에 대해 투쟁이나 도피 중 하나를 선택하는데, 대개 다음 세 가지 방법으로 대처한다.

첫째, 자동적, 습관적으로 스트레스에 즉각적으로 반응 (React)해 투쟁하거나 도피한다. 이렇게 즉각적으로 반응하게 되면 뇌, 자율신경계, 면역계에 영향을 미친다. 이 결과 혈압 상승, 맥박 상승을 일으키게 돼 고혈압, 부정맥, 두통, 요통 등과 같은 부작용이 생긴다.

둘째, 스트레스를 해소하기 위해 물질에 의존한다. 즉, 약물, 알코올, 담배, 카페인, 음식 등에 의존하는데, 이는 자기 파괴적인 행동이다. 이러한 습관이 쌓이면 면역 체계가 붕괴돼 암, 심장병, 우울증 등의 비극적인 결과를 초래한다.

셋째, 즉각적인 반응하는 것이 아니라 마음 챙김 명상을 이용한다. 명상을 하면 뇌의 시상하부, 뇌하수체, 자율신경계에 좋은 영향을 미쳐 면역 체계가 강화된다.

명상과 스트레스

자율신경계는 교감신경계와 부교감신경계로 이뤄져 있다. 교감신경계와 부교감신경계는 몸속에서 동일한 기관에 관여하며, 서로 반대 방향으로 작용한다. 즉, 한쪽이 활성화되면 다른 한쪽은 비활성화된다.

스트레스 등으로 몸이 긴장하게 되면 교감신경계가 활성화돼 심장에 부담을 주고, 위·장의 활동이 감소한다. 이러한 상태가 오래 지속되면 건강이 나빠진다. 명상을 하면 부교감신경계가 활성화되고 자율신경계가 안정된다. 그 결과 심신이 이완되고, 편안해지고, 심장파동과 뇌파가 안정되고, 근육이 이완되고, 신진대사가 원활해진다.

유형별 스트레스 대처법

스트레스에 피해를 입느냐 입지 않느냐는 매우 중요하다. 각종 스트레스의 예를 살펴보고, 스트레스에서 벗어나는 방법을 살펴보자.

사람 스트레스

인간은 사회적 동물이기 때문에 혼자서는 살아갈 수 없다. 수많은 사람과 만나며 여러 가지 스트레스를 느낀다. '사람 스트레스'는 나와 가장 가까운 관계의 사람들에게서 생긴다.

예수는 "네가 대접받고자 하는 대로 대접하라!"고 했다. 정말 좋은 충고다. 이대로만 산다면 사람 사이의 갈등은 일어나지 않을 것이다.

나는 위의 충고 외에 한 가지를 더 추가하고 싶다. "마음에 걸림이 없게 살자."이다. 나에게 섭섭한 일이 일어나면 원망을 하는 대신 내 마음의 거울에 비춰 본다. 즉, 양심의 거울에 비춰 보는 것이다.

"이 친구야, 네가 좀 더 양보하지 그랬어? 너도 잘못이 있잖아. 네 입에서 나온 말과 행동 때문에 이 일이 벌어진 것이지. 지금이라도 늦지 않았으니 네가 먼저 사과하거나 용서를 구해라!"라고 충고한다. 그 충고에 따라 내가 먼저 사과(이성적으로는 하고 싶지도 않고 또 맞지도 않는 일이지만….)하면 모든 일이 해결된다. 즉, 사람 스트레스는 서로의 의사소통을 통해서만 해결할 수 있다.

시간 스트레스

우리는 항상 시간에 쫓기며 살고 있다. 시간 약속에 늦지 않으려고 알람 벨을 설정하는 등 시간에 종속돼 살아간다. 출근 시간에 맞춰 가기 위해 뛰기도 하고, 심지어 횡단보도의 신호등이 빨간색인데도 건너가기도 한다. 이러한 시간 공포에서 벗어나려면 무엇을 하려고 하지 말고 아무것도 하지 않는 것이 좋다.

도교에서 말하는 '무위(Non-Doing, 無爲)'이다. 아무것도 하지 않는다고 생각하며 명상을 하는 것이 습관이 된다면 시간의 공포에서 벗어날 수 있는 지혜가 생길 것이다.

나도 과거에는 건널목에 다가갈 때 파란색 신호등이 깜빡이면 냅다 뛰어 기어코 그 신호에 건너곤 했다. 하지만 명상을 하면서부터는 신호등이 깜빡이더라도 '아! 신호등이 깜빡이네! 곧 끊어지겠다. 뛰지 말자. 다음 신호에 건너면 되지.' 하고 더 천천히 걷게 됐다.

시간의 흐름. 충남 신두리 모래사장에서 외로운 풀잎이 바람에 이리저리 날려 360도로 모래위에 궤적을 남겨 놓았다. 밤새도록 몸부림치며 자신의 궤적을 남긴 것이다. 이 외로운 풀잎은 마치 세월의 흐름을 안타까워하며 시계처럼 동그라미를 그린 것은 아닐까?

음식 스트레스

우리는 매일 뭔가를 먹어야 한다. 하지만 매일 3끼를 먹는 것에 스트레스를 느끼기도 한다. 짬뽕을 먹을 것인지, 자장면을 먹을 것인지를 선택하는 과정에서 스트레스를 느끼기도 하고, 반찬이나 국이 맛이 없어서 스트레스를 느끼기도 한다. 불평을 하는 사람은 물론, 불평을 듣는 사람도 스트레스를 느낀다.

음식 스트레스를 느낀다면 하루 정도는 아무런 음식을 먹지 않는 것도 좋은 해결 방법이다. 하루만 먹지 않아도 그동안 느꼈던 음식 스트레스가 줄어든다는 것을 느낄 수 있을 것이다.

굶을 자신이 없다면 음식에 대해 감사하는 방법도 있다. '이

음식에는 농부를 비롯한 여러 사람의 노고가 배어 있다. 정말 감사한다.'라는 마음으로 음식을 대하면 자연스럽게 해결될 것이다.

일 스트레스

살기 위해서는 많은 일을 해야 한다. 살기 위해 하는 일 때문에 스트레스를 느낀다면 아이러니한 일일 것이다. 이러한 스트레스에서 벗어나려면 일을 하지 않는 자신의 모습과 마주하는 것이 좋다. "앞으로 나는 일을 하지 않을 것이다."라며 일을 그만둔다. 만약 여러 사정으로 그만 둘 수 없다면 자신의 일에 감사하며 살아야 할 것이다.

외로움 스트레스

인생을 살다 보면 주변 사람들이 원망스러워지는 순간이 있을 수 있다. 성격에 따라서 이러한 순간을 견디지 못하고 우울증에 이르러 심지어는 자살을 하기도 한다. 가장 좋은 방법은 처한 현실을 이해하고, 상대방을 용서하는 것이다. 또 다른 좋은 방법은 고독을 철저하게 즐기는 것이다.

이러한 때라도 처한 상황을 담담하게 받아들이고 혼자 외롭게 살아가는 방법을 터득하면 자신만의 새로운 세계를 개척할 수 있다. 예를 들어 혼자 독서 삼매경에 빠지거나, 글을 쓰거나, 등산을 하는 등의 새로운 경험을 할 수 있다.

"저 광야를 가고 있는 코뿔소의 외뿔처럼 혼자 가라. 현명

하고 올바른 벗들을 만난다면 이 모든 위험에서 벗어날 수 있을
것이다. 그러므로 편안하고 넉넉한 마음으로 그들과 무리지어 함
께 가라. 하지만 현명하고 올바른 벗들을 만나지 못하면 왕이 정
복했던 나라를 버리고 돌아가듯 저 광야를 가고 있는 코뿔소의
외뿔처럼 혼자 가라."

불경 숫다니파타(經集)에 나오는 부처님의 말씀이다.

코뿔소는 뚜벅 뚜벅 혼자서 자신의 길을 간다.

사회적 동물인 인간은 혼자서는 살 수 없다. 그래서 좋은 벗
이나 스승을 만나길 원한다. 하지만 현실은 언제나 우리의 희망
대로 전개되지 않는다.

많은 경우, 인간들과의 관계에서 실망하게 되고, 좌절하며,
상대방을 원망하게 된다. 이럴 때 우리는 상대방에 대한 원망과

집착을 모두 털어 버리고 코뿔소의 외뿔처럼 혼자 갈 수 있어야 한다.

혼자서라도 결코 자기 길을 포기하지 않고 뚜벅뚜벅 한 걸음씩 앞으로 나아가자. 혼자이기 때문에 외롭기는 하겠지만, 외로움을 담담하게 바라보며 걸어가자. 오히려 혼자이기 때문에 더 깊은 진리의 세계로 다가갈 수 있을지도 모른다.

홀로 있음 속에서 진리와 만날 기회를 갖게 된다

홀로 걷는 이가 홀로 진리를 만나게 된다. 진리는 언제나 개인적으로 성취하는 것이다. 집단은 결코 진리를 성취할 수 없다. 붓다든, 소크라테스든 진리를 성취할 때는 홀로일 때였다.

홀로 있는 것은 참으로 어려운 일이다. 집단 속으로 들어가면 편안하지만, 집단의 일원이 되면 수없이 많은 어리석은 일을 하게 된다. 진리를 알게 되는 사람은 누구나가 혼자 스스로의 힘으로 진리를 알 뿐이다. 이 위대한 홀로 있음 속에서 마침내 우리는 진리와 만날 기회를 갖게 된다.

– 김상대(아주대 명예교수)

잠 스트레스

일정한 시간에 잠을 자고 싶은데 잠이 안 오는 순간이 많고, 이 일로 스트레스를 받는다. 이때에는 보디스캔 명상을 하는 것이 좋다. 침대에 누워 보디스캔 영상을 틀어 놓으면 마음이 편안해지고 몸이 이완되며 잠이 올 확률이 높아질 것이다.

자신의 의지가 약하다고 생각하면 전문의에게 진료를 받아

보는 것도 좋은 방법이다. 하지만 반드시 명심해야 할 것은 가능하면 약에 의존하지 말고, 의도적으로 잠을 자지 않는 것도 시도해 볼 만하다.

그래도 잠이 안 온다면 이틀만 잠을 자지 말아 보라. 이는 최후의 방법이다. 이틀만 잠을 안 자면 어느새 코를 골며 자게 될 것이다.

잠을 잘 수 있는 방법

❶ 불을 꺼라!

❷ 누워라!

❸ 눈을 감아라!

이대로 적어도 30분 정도 가만히 있으면 잠을 잘 수 있을 것이다. 만약 잠이 안 오더라도 안심하기 바란다. 왜냐하면 위의 방법만 실천하면, 적어도 실천한 시간의 50% 정도는 잠을 잘 수 있기 때문이다. 이외에 다음과 같은 방법도 있다.

❹ 명상을 하라.

여러 가지 명상 방법 중에서 보디스캔을 하는 것이 매우 좋다. 발가락 끝에서 시작해 머리 끝가지 의식을 움직인다. 이렇게 하면 몸이 이완되고 편안해진다. 자신이 직접 보디스캔을 하기 힘들다면, 유튜브의 보디스캔 방송(20~60분)을 틀어 놓고 따라 하면 몸이 이완되고 어느새 잠이 들 것이다.

❺ 포기하라!

마지막으로 이것저것 모두 안 되더라도 걱정할 필요는 없다. 정 안 되면 잠을 포기하라. 인류 역사상 잠을 못 자서 죽은 사람은 한 명도 없다는 사실을 알기 바란다. 다음날 아침, 당신은 멀쩡하게 살아 있는 모습을 발견할 것이다.

CHAPTER 7

종교와 행복

인간의 정신 세계를 강력하게 지배하는 종교는 매우 다양하다. 태양, 달, 별, 나무, 산, 소, 호랑이 등과 같은 자연신도 많고 여호와, 알라, 부처와 같은 인격화된 신도 많다. 종교를 믿는 사람들은 다른 종교와의 비교, 검토도 없이 습관적으로 자신의 종교를 믿으며 살아간다. 또 한편에서는 신이라는 것은 없다고 생각하며 무종교주의자로 살아가는 사람도 있다.

과연 종교를 믿을 것인가 말 것인가? 종교를 믿는다면 그 종교를 왜 믿는가? 또 안 믿는다면 그 이유는 무엇인가?

이제 막연하게 어떤 한 종교를 믿어 왔거나 그저 별 생각 없이 종교를 믿지 않았던 습관을 버리고 종교 문제에 대해 한번 냉정하게 생각해 보자. 이를 위해 종교의 종류별 특징도 살펴보고, 무종교주의자의 주장도 살펴보자.

'종교'를 믿더라도, '난 왜 하필 이 종교를 믿고 있는가?', '다른 종교는 안 되는가?', '다른 사람들은 왜 그 종교를 믿을까?', '혹시 그 종교에도 믿을 만한 가치가 있는 것은 아닐까?' 등 다른 종교도 들여다볼 가치는 충분히 있을 것이다. 또한 '종교를 믿지 않는 사람들은 왜 믿지 않으며 그들의 생각은 무엇일까?'에 대해 알아보는 것도 좋을 것이다.

종교에 대해 앞으로 어떤 자세를 취하든 평소에 깊이 생각하지 않았던 명제들을 살펴보고, 여생을 설계해 보자.

종교는 무엇인가?

인류 탄생 이래 초기에는 수렵 및 채취를 하며 이동 생활을 했다. 남자는 동물을 사냥하고, 여자는 채취를 한 후 밤에는 굴과 같은 은신처에 돌아와서 쉬었다. 이렇게 지내다 산불이 일어난 것을 보고 처음에는 놀랐지만, 따뜻한 불의 장점을 발견하고 궁리 끝에 불을 발명하게 됐다.

산불이 일어나 나무가 불타는 것을 보고 나무와 나무를 서로 비비며 불을 만드는 방법을 알게 됐다.

작은 불씨가 생기고　　　　　　　　드디어 불이 완성됐다.

인간은 불의 발명 덕분에 밤을 따뜻하게 지낼 수 있게 됐고, 사냥한 고기도 익혀 먹을 수 있게 됐다. 하지만 정신적으로는 항상 불안에 떨어야만 했다. 밤낮으로 맹수나 뱀의 습격을 두려워해야 했고, 번개, 화산 폭발, 지진 등도 두려워해야 했다.

이와 같이 인간의 의지나 능력에서 벗어난 수많은 두려움 때문에 뭔가에 의지하고 싶은 생각을 하게 됐다. 처음에는 큰 나무, 큰 바위, 호랑이, 사자, 코끼리, 곰과 같은 자연신, 신들린 무당 등에게 의존하게 됐는데, 여기서 최초의 종교 형태라 여겨지는 토테미즘, 샤머니즘, 애니미즘이 생겼다.

그 후 인류의 숫자가 더욱 많아지고 부족 형태의 집단이 발달하면서 크게 두 가지로 나눠 생각해 볼 수 있는 종교의 개념이 나타난다. 하나는 기독교, 힌두교와 같이 절대적인 신을 믿는 체계이고, 또 다른 하나는 불교, 유교와 같이 해당 이론을 창시한 자의 가르침을 따르는 체계이다.

아무튼 인류 역사가 진행됨에 따라 매우 다양한 종교가 발달하게 된다.

하지만 모든 종교는 근본적으로 한 가지 공통점을 갖는다. 즉, 종교는 인간의 궁극적인 바람인 '행복'을 추구하기 위해, 죽음 이후에도 계속 '행복'을 추구하기 위해 창조된 도구라는 점이다.

종교의 종류

아브라함 계통의 종교

중동에서 발생한 종교이자, 유일신 여호와를 믿는 종교로, 유대교, 그리스도교, 이슬람교 등이 있으며, 전 세계에서 가장 큰 종교 계통이다. 유대인들은 자신들만이 하나님에게서 선택받은 민족이라고 생각하며, 이방인들은 하나님이 구원하지 않는다고 생각했다.

하지만 예수가 출현해 유대교의 좁은 교리를 깨고, 전 세계의 이방인들까지 구원하러 왔다고 선포했다. 결국 예수교는 예수 사후 300여 년 만에 로마 제국의 국교가 되고, 전 유럽을 지배하게 된다. 이와 같이 아브라함계 종교는 예수 출현 이후 전 세계로 퍼져나가게 된다.

또한 예수 이후 7세기에 무함마드의 이슬람교가 출현해 세력을 넓힘으로써 아브라함 계통의 종교가 전 세계 종교 인구의 절반을 차지하게 됐다.

인도 계통의 종교

인도에서 발생한 종교로, 브라만교, 힌두교, 불교, 자이나교, 시크교 등이 있다.

도 계통의 종교

중국에서 발생한 종교로, 도교, 유교, 선불교가 있다. 한국에서 발생한 천도교, 원불교, 증산도도 있다.

이란 계통의 종교

이란을 중심으로 발생한 조로아스터교, 미트라교, 야지디교, 마니교 등이 있다.

전통 종교 및 민간 신앙

일본의 신도(神道), 인도, 중국, 한국 등의 민간 신앙, 아메리카 아프리카 원주민의 전통 종교, 호주 토착민 종교 등이 있다.

원숭이와 고양이 새끼의 모습으로 살펴보는 종교의 종류

원숭이 새끼는 한곳에서 다른 곳으로 이동할 때 엄마에게 달라붙는다. 하지만 고양이는 새끼를 입으로 물고 옮긴다. 종교도 마찬가지다. 고양이와 같이 새끼를 입으로 물어 주길 원하는 사람들이 믿는 종교가 있고, 원숭이와 같이 어미에게 달라붙는 종교가 있다.

고양이와 같은 사람들은 절대 신에 의존하며, 원숭이와 같은 사람들은 자신만을 믿고 절대 신은 믿지 않는 종교에 의존한다.

원숭이 새끼는 계속 어미를 따라간다. 어미가 자신을 물어서 옮겨 주지 않을 것을 알기 때문이다.

고양이 엄마는 급하면 직접 새끼를 자신의 입으로 물어 나른다.

종교(宗敎) 용어해설

오늘 날 종교라고 하면 일반적으로 흔히 기독교나 불교 등을 떠올린다. 그러나 종교란 단어는 원래 불교 용어이다. 불교가 중국에 전파되었을 때 중국에서는 불교를 가장 으뜸가는 가르침이라 생각하였다. 그래서 종교(宗敎)라고 한자어를 적용하였다. 즉 마루 종(宗)과 가르침 교(敎)로서 불교를 정의 한 것이다.

서양에서 종교에 해당되는 말은 영어의 'Religion'이 있다. 'Religion'이란 우리말로 하자면 '다시 결합한다.'는 뜻으로서 재결합(再結合)을 말한다. 기독교 성경을 보면 아담과 이브가 선악과를 따먹어서 신의 분노를 사게 되고 천국에서 쫓겨나게 된다. 이 때부터 인간은 태어날 때부터 신에게 잘못을 저지른 원죄(原罪)를 안고 살아가는 신세가 되었고 신에게 원죄를 저지른 죄인으로서 참회를 하고 신에게서 사랑을 받는 상태로의 재결합을 원하게 되는 데 이것이 바로 'Religion'사상인 것이다.

그런데 이러한 'Religion'이란 단어를 일본 사람들이 번역을 할 때 중국에서 불교를 뜻하는 '종교(宗敎)' 란 단어로 번역을 잘못했기 때문에 오늘날의 혼동이 생기게 되었다.

종교의 진화

종교도 진화하는 경향이 있다. 한 종교가 생긴 후에 새로 등장한 종교는 대체로 전에 등장한 종교의 내용을 포용하고 새로운 내용을 추가하는 방식으로 진화한다. 이 과정에서 전종교의 단점을 보완함으로써 새로운 세력을 키우는 방법을 사용한다.

아브라함계 종교의 개혁과 진화

유대교에서 독립한 기독교(천주교)는 유대교의 구약을 인정하는 한편, 예수가 구세주라고 주장하며 새로운 언약이라는 신약을 내세운다. 그리고 신약을 통해 새로운 신을 창조한다. 바로 예수가 신이 되는 것이다. 그리고 예수 사후 300여 년 후 후배들은 하나님, 예수 그리고 성령(聖靈)이 각각 다른 삼위이지만, 실제로는 하나라는 삼위일체설(三位一體說)을 성립시킨다.

삼위일체설

한 분뿐이신 하나님 안에는 성부, 성자, 성령 삼위가 존재한다. 이 삼위는 각각 완전히 독립된 존재이지만, 서로의 일에 협력하고 동참하므로 본질적으로 삼위(아버지 하나님, 아들 예수, 성령)는 일체라는 주장을 말한다.

또한 예수의 어머니를 성모마리아로 섬기며, 성인 반열 중 최상위에 위치시킨다. 기독교 자체 내에서도 진화를 거듭하는 것이다.

271

7세기 초에는 이슬람교가 탄생한다. 이슬람교는 구약도 인정하고, 예수도 인정한다. 하지만 예수가 메시아라는 사실과 삼위일체설 등은 부정한다. 이슬람교는 이러한 방식으로 아브라함 계통 종교 중에서 신도수가 가장 많은 종교로 진화했다.

이후 15세기 초에는 종교 개혁을 통해 기독교가 천주교로부터 독립한다. 16세기에는 로마의 성당을 건설하기 위해 면죄부를 판매한 천주교의 교황 세력에 대항해 진화한다.

한편 원래 오리지널이던 유대교는 아직까지 예수나 무함마드를 전혀 인정하지 않는 폐쇄성을 보여 준다. 진화학적으로 말하면 진화를 멈춘 원시 종교인 것이다.

종교도 우주 탄생 이래 계속 돼 온 진화 과정처럼 계속 진화하고 있다.

인도계 종교의 개혁과 진화

인도계 종교의 진화 과정을 살펴보자. 불교는 브라만교의 인격신 체제와 카스트 제도를 부정하며 출발한다. 브라만교의 기본 사상이던 '업'과 '윤회' 사상은 인정하지만 카스트 제도는 부정하기 때문에 많은 하층민의 환호를 받으며 발전한다.

브라만교가 불교로 인해 쇠퇴하자 브라만교를 개혁한 힌두교가 일반 대중을 포섭하기보다는 불교 승려 계급의 '해탈' 문제에만 치중하며 일반 대중들과 멀어져 갔던 불교의 단점을 비집고 8세기경에 새로운 종교적 형태인 힌두교가 나타난다.

즉, 불교와 자이나교가 융성함에 따라 한때 쇠퇴했던 브라만교가 새로운 힌두교의 형태로 탄생한 것이다. 이후 힌두교는 불교마저도 자신들의 체제 안에 포섭시키며 발전을 거듭해 오늘날에는 불교를 인도에서 몰아내고, 세계 3위의 종교로 자리잡게 된다. 또한 불교 자체도 석가모니 한 분에게만 의지하지 않고 1세기경 소승불교에서 대승불교로 진화하며 많은 신을 창조하게 된다.

석가모니가 생전에 "신은 없다!"라고 강조하며 "스스로를 등불로 삼고 스스로에게 귀의하라, 법을 등불로 삼고 법에게 귀의하라!"고 했건만 이에 구애받지 않고 석가모니를 신으로 만들었다.

그뿐 아니라 '비로자나불', '노사나불'이라는 두 명의 인격신도 추가로 창조하는데, 이를 '삼신불(三身佛)'이라고 한다. 삼신불은 법신불((法身佛), 보신불(報身佛), 화신불(化身佛)을 말한다. 즉, 우주의 진리 자체인 법신불, 인연으로 생긴 것이 보신불, 법신불이 중생 구제를 위해 인간으로 나타난 것이 화신불(석가모니)이다. 이러한 화신불 사상은 마치 하나님을 대신해 나타난 예수의 개념과 비슷하다. 예수가 활동한 시기와 대승불교가 나타난 시기(BC 1세기~AD 1세기)가 겹치는 것도 흥미롭다.

이외에도 많은 신을 추가로 만들면서 새로운 종파를 형성한다. 예를 들어 '아미타불'이라는 신을 이용해 극락정토를 만들고, '미륵불'이라는 미래의 부처를 만들어 새로운 신도를 모집하는 방식으로 진화하는 것이다. 이러한 대승불교 사상은 티베트, 중국, 한국, 일본 등과 같은 북방 국가에서 성행하고 있다.

하지만 석가모니 한 분에게만 의지하는 소승불교에서는 대승불교의 신들을 인정하지 않는다. 예를 들어 소승불교 국가인 스리랑카, 미얀마, 태국 등에서는 대승불교 국가인 중국·한국·일본에서 가장 인기 있는 '아미타불', '관세음보살', '지장보살' 등을 인정하지 않는다. 이러한 경향은 오늘날 유대교가 기독교, 이슬람교를 인정하지 않는 것과 비슷한 현상이라고 할 수 있다.

종교개혁과 진화의 결과

전 세계 종교인 통계를 보면, 총 인구 78억 명 중에서 종교를 믿는 사람은 약 59억 명(76%)이고, 무종교는 19억 명(24%) 정도다. 종교인 중에서도 출발 종교인 유대교는 1,400만 명에 그

첬고, 그다음 출발 종교인 천주교는 13억 명(17%), 기독교는 9억 명(12%)이다. 하지만 가장 나중에 나타난(진화한) 이슬람교는 17억 명(22%)으로, 세계 1위를 차지했다.

　BC 3세기경 브라만교를 타파하고 전성기를 누렸던 불교는 현재 5억 명(6%)에 그치는데 비해 불교보다도 300년 정도 늦게 출발하면서 과거 브라만교의 단점을 일부 수정하고, 당시 불교의 약점(일반 신자를 외면한 부파 불교 수도승들의 폐쇄성)을 보완한 힌두교의 전 세계 신도 수는 11억 명(14%)이다.

　즉, 힌두교는 브라만교의 제사 양식을 간편하게 개량하고, 불교의 석가모니를 비슈누신의 제9 화신이라고 하면서 세력을 불린 결과, 불교를 인도에서 사라지게 만들었다. 지금까지 살펴본 바와 같이 일반적으로 후배 종교들이 선배 종교의 단점을 보완하며 새로운 세력으로 진화한 것을 알 수 있다.

> **성자들 말씀 간의 모순**
> 우리는 가끔 진리를 깨달았다고 하는 성자들의 말씀에 모순이 있다는 것을 발견하면 혼란스럽다. 그들은 모두 똑같은 달을 가리키고 있지만, 그들의 손가락은 각기 다르다.
> 목적은 달이지 손가락이 아니다. 모든 차이는 손가락, 즉 표현에 있는 것이다. 진리는 언제나 일차원이 아닌 다차원으로 표현된다. 그래서 진리는 모든 모순을 포용하며, 모든 모순은 하나의 우주 속으로 용해된다. 우리는 우주 전체를 어떠한 말로도 표현할 수 없다. ― 김상대(아주대 명예교수)

종교와 영혼

영혼, 귀신은 과연 있는 것일까? 어떤 사람은 없다고 하고, 어떤 사람은 있다고 한다. 대부분의 종교에서는 영혼, 귀신의 존재를 인정하고, 귀신에게 제례를 지내기도 한다.

천주교, 기독교, 이슬람교

근본적으로 영혼의 존재를 인정한다. 창세의 "여호와 하나님께서 땅의 흙으로 사람을 빚으시고 그 코에 생기를 불어 넣으셨다. 그러자 사람이 살아 움직이기 시작했다."라는(창세기 2:7) 구절에서는 이 숨이 영혼을 부여한 것이라고 한다.

이 성경 구절을 그리스 철학자와 불교에서 '세상의 4대 원소'라 생각하는 '지수화풍(地水火風)'의 개념으로 해석해 보면 재미있다. 우선 원료로 사용한 진흙은 '지수(地水)'로서 흙(地)을 물(水)과 섞은 것이다. 또한 숨을 불어넣는다는 것은 '바람(風)'을 넣는 것이다. 이렇게 생명을 만들면 체온을 유지하기 위해 열이 몸 안에 생기게 된다. 이것이 불(火) 기운이다. 즉, 기독교식 사고방식이나 고대 철학자나 불교의 생각이 근본적으로 같다는 것을 알 수 있다.

그리고 인간이 죽으면 영혼이 하늘나라의 생명 책에 기록된 바에 따라 심판을 받는다. 즉, 살았을 때의 행위대로 천국이나 지옥 중 한곳으로 간다.

4대 원소

고대 문화에서는 '지수화풍(地水火風)'을 4대 원소라고 생각했다. 즉, '흙·물·불·바람'이 4대 원소인데 그중 특히 태양(불, 빛)은 이집트, 인도, 페르샤, 남미 등 전 세계 고대 문화에서 최고 숭배의 대상으로 받들어지고 있다.

불교, 힌두교

불교 힌두교는 인간뿐 아니라 모든 생명체(동물·식물·광물)까지도 영혼이 있다고 생각하며, 사람과 동물 모두 영혼이 죽은 후에 윤회한다고 생각한다.

이 인도 계통의 종교에서는 죽으면 영혼이 염라대왕에게 가서 업경대에 비추는 자신의 행위에 대한 심판을 받는데, 살았을 때 믿고 행한 바인 자신의 업(業, 카르마)대로 육도 윤회를 한다는 것이다. 여기서 육도는 '지옥, 아귀, 동물, 사람, 아수라, 천상'의 여섯 가지 세상에 다시 태어난다는 사상이다. 즉, 사람이 죽어 동물도 될 수 있고, 동물이 죽어 사람이 될 수 있다는 생각이다. 따라서 모든 생명을 존중하라는 것이다.

유교

유교는 영혼을 '혼백(魂魄)'이라 표현하며 사람이 죽으면 혼(魂)은 하늘로 올라가고, 백(魄)은 땅에 남는다고 생각한다. 그래서 사람이 죽으면 제사를 지낼 때, 죽은 전날(혼백이 분리되기 전)에 제사를 드린다. 그때 향을 태우며 하늘로 올려보내 혼을 위로하고 땅으로 술을 부으며 백을 달랜다.

단, 유교에서 생각하는 혼백은 영원히 존재하는 '영혼'의 개념이 아니다. 혼백은 죽은 후 어느 정도의 시간이 지나면 마치 육체가 썩어 없어지는 것과 같이 없어진다고 생각한다. 그래서 제사를 지낼 때, 일반적으로 평민은 그저 '제1대~제2대'에 대한 제사만 지내고 사대부라 하더라도 '제1대~제4대' 조상까지만 지내는 것이다.

종교와 기적

바로 이 문제 때문에 인간들이 종교를 믿는 것이다. 수많은 기적이 일어났고, 지금도, 앞으로도 일어난다고 믿는 것이다. 기적은 무엇인가? 한마디로 보통 세상에서 있을 수 없는 일이 일어나는 것이다. 따라서 종교를 믿고, 안 믿고는 바로 이러한 관점에서도 나눠진다.

이러한 기적은 모든 종교에서 일어난다. 예를 들면 기독교에서 "모세가 지팡이로 바위를 치자 물이 솟아났다.", "예수가 물 위를 걷는다." "하늘로 날아 올라간다.", "물로 포도주를 만들었다." "죽은 사람을 살렸다."라고 하고, 불교에서도 "석가모니가 큰 강을 뛰어넘고 물 위를 걸었으며, 하늘로 날아 올라갔다가 내려올 때는 계단으로 걸어 내려왔다." 등 종교에서 주장하는 기적의 예는 참으로 많다.

회오리 바람. 사막 한군데서 갑자기 바람이 불며 회오리를 일으키면 사람들은 두려워하며 경외하게 된다.

미얀마의 산 정상에 있는 바위 모습. 미끄러져 굴러떨어질 위치인데도 그대로 버티고 남아 있다. 더욱 이 바위 아래에 틈이 있어 떠 있다고도 한다. 현지인들은 이 바위를 신과 같이 숭배한다.

한편 사람들이 일으키는 기적도 있지만, 자연 현상에 따른 기적도 있다. 인간의 상식으로는 도저히 이해되지 않지만, 엄연히 현존하는 자연 상태를 말한다. 예를 들면 바다가 갈라진다든지, 토네이도와 같은 회오리 바람 현상이라든지, 커다란 바위덩어리가 아래로 굴러 떨어질 형편인데도 굳건히 남아 있는 경우 등이다.

하지만 무신론자들은 기적을 믿지 않는다. 이처럼 기적을 믿는지의 여부에 따라 유신론자 또는 무신론자가 될 것인가가 갈라지게 된다.

진화론

다윈은 『종의 기원』에서 "생물은 생활 환경에 적응하는 과정에서 생존 경쟁에 이기는 종은 살아남고 그렇지 못한 것은 도태된다."라고 했다. '진화론'의 문제도 '종교를 믿을 것인지, 말 것인지'의 문제처럼 의견이 극명하게 갈린다.

모든 종교의 공통점은 '인간은 선(善)하다.'는 것이다. 기독교에서는 인간은 하나님이 원래 선하게 창조했고, 불교에서도 인간의 깊은 내면에는 선한 불성이 있으며 인간은 근본적으로 위대한 존재라고 한다.

하지만 다윈의 진화론 출현으로 모든 종교는 소멸될 운명에 처하게 됐다. 진화론은 '인간은 선하다.' 또는 '인간은 위대하다.' 등의 생각을 송두리째 부정하며 출발한다.

우연히 우주가 터져서 생긴 것을 기회로 우연히 아주 작은 단세포가 생긴 이래 진화를 거쳤다는 것이다. 즉, 원래 전혀 별 볼일 없던 존재가 차츰차츰 좋아져, 아니 좋아지는 것이 아니라 자신만 살아남기 위해 남들은 배신하고 잡아먹으며 살아남은 결과가 현재의 모든 생물의 모습이라는 것이다.

이것은 좋고, 나쁘고의 문제가 아니다. 그저 어떻게 해서든 살아남기 위한 방편인 것이다. 다윈은 이를 '적자생존(適者生存)의 법칙'이라고 불렀다. 이 법칙을 한마디로 요약하면 자신이 살아 남기 위해 온갖 더러운 수단을 사용했다는 것이다. 이 이론에 따르면 나와 너 우리 모두와 생 물들은 종교적으로 말하면 천하

적자생존. 길바닥에 떨어진 식빵을 비둘기가 먹고 있는데 참새가 틈을 엿보고 있다.

에 나쁜 '악의 산물'로 생각할 수도 있는 것이다.

진화론의 영향

진화론의 탄생은 세계 사상계에 큰 영향을 미쳤다. 지그문트 프로이트(Sigmund Freud)는 『꿈의 해석』에서 "리비도(성욕)가 모든 인간 발달의 기본"이라고 했고, 칼 막스는 사회적 진화론을 주장하면서 '전 세계·전 인류·평등론'을 만들었다.

산업혁명 이후 서구 국가들은 공장을 돌리는 데 필요한 원

료를 구하기 위해 아시아·아프리카 등을 식민지로 삼았고, 이 땅을 지배하기 위해 사회진화론을 주장하게 된다. 즉, 우수한 문명국가가 열등한 국가를 다스리는 것이 사회가 진화돼 나가는 과정이고, 이는 제국주의가 탄생하는 근거가 됐다.

독일의 히틀러는 사회진화론에 민족주의 개념을 더해 게르만 우월주의를 만들었다. 즉, '아리안' 민족이 우수하고 '유대인'은 열등하므로 유대인을 없애야 한다며 제2차 세계대전을 일으키기도 했다. 일본이 한국 및 동아시아 국가들을 점령하는 데 사용한 이론도 유럽에서 배운 사회진화론이다. 어쨌든 진화론으로 인해 종교계는 무척 골치가 아파진다.

진화론 비판

대체로 종교인들은 진화론을 부정하는 편이고, 과학자들은 진화론을 지지하는 편이다. 진화론에 대해서는 주로 종교계에서 주장하는 여러 가지의 종류의 비판이 있지만, 여기서는 다른 시각으로 접근해 보고자 한다.

과학자들이 주장하는 빅뱅(Big Bang)은 어느 날 갑자기 '큰 힘'이 작용해 뻥하고 터져, 별들이 탄생했다고 하며, 그 이후 우주 자체와 생물에게 많은 진화가 이뤄졌다고 한다.

그런데 빅뱅을 생기게 한 첫 번째 '큰 힘'이 무엇인지에 대한 문제는 과학계에서도 아직 밝혀진 바가 없다.

한편 이러한 면에서 기독교는 확실한 입장을 취한다. 즉, '하나님이 모든 것을 만들었다!'는 것이다. 그렇다면 과학에서 말하는 '어느 날 갑자기의 큰 힘'은 혹시 '기독교의 하나님'이 아닐까?' 하나님이 이 세상을 창조한 것을 믿기 힘들다면, 어느 날 갑자기 우연히 '큰 힘'이 작용했다는 사실도 믿기 힘들다는 생각은 잘못된 것일까?

만약 내가 기독교 지도자라면 다음과 같이 주장할 것 같다. "빅뱅을 포함한 이 세상 변화의 모든 것은 하나님이 진화하라고 설계한 입력 정보에 따라 이뤄지는 것이다!"라고 주장하는 것이다. 굳이 "진화란 없다."라고 주장하며 일일이 싸울 필요는 없다고 생각한다.

그리고 나는 "과학도 진화해 '과학 만능 종교'가 돼가고 있고, 무종교도 진화해 '무종교의 종교'가 돼가고 있다."라고 생각한다.

창조론과 진화론

진화론은 빅뱅에서 시작된다. 빅뱅이 있고 나서 별들이 탄생하고, 그 후 생물들이 나타나 진화했다는 것이다. 하지만 기독교 계통에서는 진화론을 부정한다. 오직 하나님께서 이 세상과 온 우주를 만들었다는 것이다. 힌두교에서도 신이 세상을 창조했다고 한다.

그리고 불교의 석가모니는 제자들의 질문에 "이 세상에 절대적인 신은 없다."라고 확실하게 말했으면서도 '창조 문제'에 대해서는 의견을 말하지 않는다. 우주의 창조를 비롯한 형이상학적인 질문을 받으면 일체 대답을 하지 않았다. 이를 불교에서는 '무기(無記)'라 한다. 요즘 말로는 '노코멘트(No Comment)'이다. 그리고 '독화살의 비유'를 말한다.

유교의 공자는 비교적 솔직하다. 제자들이 사후 세계에 대해 물으니 "나는 모른다."라고 확실하게 답했다.

독화살의 비유

세존은 말씀하셨다. "어떤 사람이 독화살을 맞아 견디기 어려운 고통을 겪을 때, 친척들이 의사를 부르려 했다. 하지만 화살에 맞은 사람이 아직 이 화살을 뽑아서는 안 된다. 나는 먼저 화살을 쏜 사람이 크샤트리아인지, 바라문인지, 바이샤인지, 수드라인지 또는 그 이름과 성은 무엇인지, 그의 키가 큰지, 작은지 중간 정도인지, 그의 얼굴색이 흰지 검은지, 어떤 마을에서 왔는지 먼저 알아야겠다. 또한 내가 맞은 화살이 어떤 종류의 것인지 알아야 화살을 뽑을 것이다.

아울러 어떤 새의 깃으로 장식된 화살인지, 화살 끝에 묻힌 독은 어떤 종류의 독인지 알아야 화살을 뽑을 것이라고 한다면, 그 사람은 이러한 사실을 알기도 전에 죽고 말 것이다."

독화살의 비유를 한마디로 말하면, 현실 세계와 관계없는 공허한 문제에 매달리지 말고 자신에게 부여된 가장 급한 문제, 즉 '죽은 후에 육도 윤회를 거듭하며 계속 고통의 바다에 빠지는 근본 문제'를 해결하라는 것이다. 그리고 해결책으로는 자신의 내면에 집중해 해탈(解脫, 육도 윤회에서 벗어나는 것)을 하라는 것이다.

유신론과 무신론

신은 있는가? 없는가? 죽은 것인가?

유신론

신이 있다고 생각하는 세계를 분류해 보면 다음과 같이 세 가지로 나눠 볼 수 있다.

A. 큰 귀신(GOD)인 하나님, 알라, 브라흐마, 비로자나불 등을 인정한다

위대한 신이 이 세상을 창조했다고 믿으며, 이 세상의 모든 일은 그 분의 뜻대로 이뤄진다고 믿는 종교이다. 그분께 의지해야만 영생을 얻는다고 생각한다. 오직 큰 귀신 한 분만을 믿고 의지하는 것이다.

그런데 이 세계에도 작은 귀신(god)은 존재한다. 단지 큰 귀신 아래에 작은 귀신들이 존재하는 것이다. 이러한 유신론 종교에는 유대교, 기독교, 천주교, 이슬람교, 브라만교, 힌두교, 대승불교가 있다.

B. 작은 귀신만 인정한다

세상을 창조했다는 유일신인 큰 귀신은 없으며 수많은 작은 귀신은 있다고 생각한다. 이러한 종교에는 소승불교, 도교, 유교, 무속신앙, 증산교, 신도(神道)가 있다.

불교

소승불교에서는 큰 귀신을 부정하고 작은 귀신은 인정하며 자신이 직접 성불해 작은 귀신(부처)이 되려 한다. 한편 대승불교에서는 큰 귀신(비로자나불 등)과 작은 귀신(보살)을 모두 인정한다.

- 도교: 자기 자신이 바로 작은 귀신(신선)이 되려고 한다.
- 유교: 큰 귀신 부정하고, 작은 귀신은 인정한다.
- 무속 신앙, 증산교, 신도(神道): 작은 귀신은 인정한다.

C. 무종교·무신론

크든, 작든 완전히 귀신은 없다고 생각한다.

무신론

무신론에는 유일신과 같이 큰 귀신은 없지만, 작은 귀신은 있다고 생각하는 초기 불교, 도교, 유교, 증산교 등이 있고, 일체의 귀신은 없다고 생각하는 무종교, 무신론 등이 있다.

이제는 각 종교별 특징에 대해 생각해 보자.

결론부터 이야기하면 이 유대교, 천주교, 기독교, 이슬람교는 모두 같은 종교라고 할 수 있다. 왜냐하면 모두가 아브라함계 종교로서 같은 뿌리이기 때문이다. 이들은 오직 한 분 유일신(GOD)을 믿는다. 이 유일신의 이름은 지방에 따라 다르다. 어느 지방의 발음으로는 '여호와(Jehovah)'라 하고, 다른 지방에서는 '알라(Allāh)'라고 한다. 마치 한국에서는 '하나님'을 미국에서는

'God'이라고 하는 것과 같다. 실제로는 같은 신이며, 완전히 같은 개념이다.

이 중 가장 오래된 최고(最古)의 뿌리는 유대교이다. 이들 종교에서 가장 존경하는 사람은 '아브라함'이다. 즉, 아브라함의 자손들이 만든 종교가 바로 유대교, 기독교, 천주교, 이슬람교이기 때문에 이들을 '아브라함 계통 종교'라고 한다.

유대교

아브라함에서 시작한 유대 민족의 종교이다. 경전은 '구약 성서(The Old Testimony)'이고 여호와 유일신을 신봉한다.

선민 사상

'그대들의 주님은 지상에 있는 모든 백성 가운데 그대들을 선택해 주님의 보배로운 백성으로 삼았다(신명기 7:7).'라는 구약의 구절을 근거로 이스라엘 민족은 특별히 하나님께 '선택받은 민족(The Selected People)'이라고 믿는다. 따라서 유대인들은 타 민족을 '이방인(異邦人)'으로 생각하고, 선민(選民)인 자기들과는 본질적으로 다르다고 생각했다. 유대인들은 오늘날까지도 이 사상을 갖고 있는데, 이 선민 사상은 전 세계에 오랜 세월 동안 흩어져 살며 이민족에게 갖은 박해를 받으면서도 그들만의 전통을 지켜 나가는 힘이 되고 있다.

구약성서

창세기

인간을 창조하고 난 후 창조주를 계속 배신하는 인간들을 분노의 신 여호와가 응징하는 이야기의 모음집으로 처음에는 천지창조 이야기로 시작된다.

"태초에 하나님이 세상을 지으시다. 하나님의 영이 어두운 바다 위를 돌다가 '빛이 생겨나 환히 비춰라.' 하매 빛이 생겼다 (창세기 1:3)."

일반적으로 대부분의 종교의 출발은 '빛'에서 시작하는 경우가 많다. 이집트, 로마, 남미 잉카 등에서는 태양신, 동양에서는 불신(火神), 달신(月神) 등을 믿었다.

어쨌든 하나님이 만든 첫째 작품은 바로 '빛'이었다. 하나님이 만든 다음 작품은 '짐승'이었다(창세기 1:24). 하나님이 그다음에 만든 작품은 바로 '사람'이었다(창세기 1:26). 이때 사람의 모습을 당신들의 모습대로 만들었다고 한다. 즉, 우리 현재의 모습이 바로 하나님의 모습인 것이다. 맨 먼저 진흙으로 남자인 아담을 만들었고, 그 후 아담의 갈비뼈로 여자인 이브를 만들었다.

이후 뱀이 이브를 유혹해 하나님이 금지한 선악과를 따먹는 원죄(原罪)를 저질러 에덴 동산에서 쫓겨나게 됐고, 이들은 인류의 조상이 된다.

태양을 넘어서. 모든 종교는 '빛'에서 시작한다.

뱀

성경에서는 뱀을 악마, 사탄, 어둠의 권세라고 표현한다. 하지만 이집트, 인도 등에서는 신으로 모시기도 하며, 다산의 상징으로 여기기도 한다. 힌두교의 시바신은 항상 뱀을 목에 두르고 다니며, 불교의 부처님을 수호하기 위해 아홉 마리의 뱀이 부처님을 보호하는 장면도 남방불교 사원에 가면 많이 볼 수 있다.

우리나라에서도 집안의 수호신으로, 구렁이를 귀중하게 모시는 구렁이 신앙이 있다. 이와 같이 뱀은 다양하게 해석된다. 아무튼 서양의 영향을 받아 일반적으로는 유혹의 상징으로 더 많이 알려져 있다.

유혹. 이 뱀의 허물을 자세히 보면 여자의 나체로 이뤄져 있으며 빨간 혀로는 유혹을 하는 듯하다.

아브라함과 두 부인

아담과 이브가 에덴 동산에서 쫓겨난 후 자손을 낳았는데, 계속 하나님을 배신하고 우상을 경배했다. 그러던 중 유일하게 여호와에게 인정받은 사람이 '노아'였다. 그래서 노아 십안만을 남기고 물의 홍수로 모든 인류를 멸망시키기에 이른다.

그 후 노아의 자손들이 번성했지만, 하나님의 뜻과는 전혀 다른 길로만 나아갔다. 그래서 하나님은 노아의 후손 중에서 하나님을 잘 믿는 아브라함과 "네가 큰 민족의 아버지가 될 것이며, 네 자손이 열방의 끝까지 이르리라."라는 약속을 한다. 그 후 아브라함의 후예들은 번성해 유대 민족을 이뤘다.

아브라함은 '믿음을 갖는 모든 사람의 아버지'로 일컬어지며, 노아 시대 이후 가장 하나님을 경배하고 따랐던 사람이다. '사라'는 아브라함의 첫째 부인이다. 미모가 빼어났고 여호와에 대한 믿음도 강했다. 하지만 하나님은 웬일인지 '사라'가 90여 살이 넘도록 자손을 주지 않으셨다. 착한 성품을 가진 '사라'는 아브라함에게 술을 먹인 후 자신의 하녀 '하갈'을 방에 넣어 아기를 배게 했다. 이 하녀 '하갈'이 낳은 아들이 '이스마일'이다. 하녀 '하갈'이 아들을 낳은 후에 첫째 부인 '사라'도 아들을 낳았는데, 그 이름이 '이삭'이다.

이후 '이삭'의 후예인 예수가 탄생하고, 유대교에 대항해 천주교(기독교)를 만든다. 그리고 '이삭'의 자손인 '예수' 시대에서 약 600여 년 후 '이스마일'의 자손 '무함마드'가 나온다. 그 후 이스마일의 후예들은 이슬람교를 만들었다.

> 오늘날 전 세계에서 기독교와 이슬람교가 서로 싸우는 것은 바로 '이스마일'의 자손과 '이삭'의 자손, 즉 이복형제 간의 싸움이라는 것을 알 수 있다.

아무튼 아브라함의 자손들은 유대교, 기독교, 이슬람교로 갈라져 현재에 이르고 있다.

그리스도 문제

유대교와 기독교의 공통 경전인 『구약성경』 중 이사야서에는 "그러므로 주께서 친히 너희에게 주실 것이라! 보라! 처녀가 잉태해 아들을 낳을 것이요, 그 이름을 임마누엘이라 하리라(이사야 7:14)."라고 돼 있다.

이 구절을 근거로 천주교, 기독교에서는 신약 성경의 그리스도 예수가 탄생하게 됐다고 해석한다. 한편, 유대교, 이슬람교에서는 예수를 그리스도로 인정하지 않는다.

오히려 유대교에서는 예수가 그리스도가 아니고 적그리스도(Anti Christ)라 생각해 십자가에 매달아 죽였다. 그때부터 천주교는 유대교와 완전히 갈라져 독자적인 길을 걷게 된다.

바빌론 유수

바빌론 유수는 BC 6세기 바빌로니아가 예루살렘을 정복한 후 약 50여 년 동안 유대인을 바빌로니아로 이주시키고 억류했던 사건을 말한다. 이를 '디아스포라(Diaspora)'라고 한다.

유대인은 이 시기 동안의 고통 속에서도 민족 정신과 종교적인 정체성을 버리지 않았다. 그들은 안식일과 유대교 절기를 지켰고, 할례를 수행했으며, 예루살렘에 성전을 재건하고 경전을 정리해 구약성서의 기초를 만들었다.

디아스포라

본토를 떠나 타국에서 살아가는 공동체 집단 또는 이주 그 자체를 말한다. 바빌론 유수로 중동에서 생긴 유대인 집단이 디아스포라의 시작이며, 이후로도 유대인들은 여러 번 이주를 반복한다.

바빌론 강 노래

현대인들의 애창곡인 'Rivers of Babylon'은 찬송가인 시편 137편의 내용을 기초로 지어진 유대인 유수기의 슬픈 감정을 표현한 노래이다. 곡조는 경쾌하지만 가사에 슬픔이 묻어나온다.

"By the ri–vers of Ba–by–lon, there we sat down
ye–eah we wept, when we re–mem–bered Zi–on.
By the ri–vers of Ba–by–lon, there we sat down
ye–eah we wept, when we re–mem–bered Zi–on."

"바빌론 강가에, 거기에 우리는 앉았네
예~ 우리는 울었네, 시온을 기억하며
바빌론 강가에, 거기에 우리는 앉았네
예~ 우리는 울었네, 시온을 기억하며"

　　최근 유대교의 전 세계 신도 수는 약 1,400만 명으로, 숫자는 매우 작지만, 전 세계에 끼치는 영향력은 세계 제일이다. 유대인들은 기본적으로는 선민 사상으로 무장하고 바빌론 유수 이후 전 세계로 퍼져 많은 부를 쌓게 됐고, 오늘날에는 실질적으로 세계를 움직이는 강한 세력을 이뤘다.

　　『유대인을 알면 전 세계가 보인다』라는 책의 내용처럼 수많은 미국 대통령을 만들기도 했다. 대통령이 되기 위해서는 많은 돈이 필요한데, 유대인들이 가장 많이 기부를 하기 때문이다. 미국 대통령 트럼프의 사위 재러드 쿠슈너, 현 미국 대통령 바이든의 세 명의 사위도 모두 유대인이다.

　　이외에도 빌 게이츠(Bill Gates), 스티브 잡스(Steve Jobs), 존 록펠러(John Rockfeller), 칼 마르크스(Karl Marks), 지그먼트 프로이트(Sigmund Freud), 알버트 아인슈타인(Albert Einstein), 헨리 키신저(Henry Kissinger) 등 역사상 업적을 남긴 유대인이 많다. 또한 노벨 경제학상 수상자 중 약 40%가 유대인이며, 세계 억만장자의 30%가 유대인이다. 조지 소로스(George Soros)도 전 재산 500억 불 중 430억 불(86%)을 사회에 기부했다.

　　전 세계 대부호들이 사후나 생전에 재산의 대부분을 사회에 환원할 것을 약속하는 운동인 '더 기빙 플레지(The Giving Pledge)'는 2010년에 시작됐는데, 이 중 1/3이 유대인이다. 이와 같이 유대인들이 기부를 많이 하는 것은 어렸을 때부터 탈무드 교육을 통해 약한 자를 도와주는 정신을 교육받았기 때문으로 사료된다.

통곡의 벽. 성벽에 기대어 울며 기도하고 있는 유대인들의 모습이다. 로마가 예루살렘을 함락한 후 헤롯 성전을 헐어버리고 조롱하듯이 서쪽 담장 하나만 남겨 뒀다.

스핑크스. 피라미드를 지키는 수호신이다.

출애굽기와 십계명

출애굽기(Exodus)는 '모세'가 이스라엘 민족을 이집트에서 탈출시키는 이야기다. 탈출 도중 광야를 40년간 떠돌다가 시나이 산상의 불꽃 속에 나타나신 하나님에게 십계명을 받는다.

십계명의 내용은 다음과 같다. 이 십계명은 재미나게도 천주교에서 자기 모순을 극복하느라 고치게 된 것으로 사료된다. 잘 살펴보자.

A. 유대교 및 기독교에서 사용하는 십계명

❶ 너는 나 외에는 다른 신들을 네게 두지 말라.

❷ 너를 위해 새긴 우상을 만들지 말고, 또 위로 하늘에 있는 것이나, 아래로 땅에 있는 것이나, 땅 아래 물속에 있는 것의 어떤 형상도 만들지 말며, 그것들에게 절하지 말며, 그것들을 섬기지 말라.

❸ 너는 네 하나님 여호와의 이름을 망령되게 부르지 말라.

❹ 주일을 거룩히 지내라.

❺ 네 부모를 공경하라.

❻ 살인하지 말라.

❼ 간음하지 말라.

❽ 도둑질하지 말라.

❾ 네 이웃에 대해 거짓 증거하지 말라.

❿ 네 이웃의 집을 탐내지 말라. 네 이웃의 아내나 남종이나 여종이나 소나 나귀나 소유 중 아무것도 탐내지 말라.

B. 천주교 및 일부 기독교에서 사용하는 십계명

❶ 한 분이신 하나님을 흠숭하라.

❷ 하나님의 이름을 함부로 부르지 말라.

❸ 주일을 거룩히 지내라.

❹ 부모에게 효도하라.

❺ 사람을 죽이지 말라.

❻ 간음하지 말라.

❼ 도둑질하지 말라.

❽ 거짓 증언을 하지 말라.

❾ 남의 아내를 탐내지 말라.

❿ 남의 재물을 탐내지 말라.

천주교에서는 둘째 계명(우상 숭배 금지)을 삭제하고, 열째 계명을 아홉째, 열째 계명 두 가지로 나눠 분류했다. 즉, 원래 둘째 계명이던 "너를 위해 새긴 우상을 만들지 말고, 또 위로 하늘에 있는 것이나, 아래로 땅에 있는 것이나, 땅 아래 물속에 있는 것의 어떤 형상도 만들지 말며, 그것들에게 절하지 말며, 그것들을 섬기지 말라."를 "하나님의 이름을 함부로 부르지 말라."고 변경하고 열째 계명인 "네 이웃의 집을 탐내지 말라. 네 이웃의 아내나 남종이나 여종이나 소나 나귀나 소유 중 아무것도 탐내지 말라."를 아홉째 계명 "남의 아내를 탐내지 말라."와 열째 계명 "남의 재물을 탐내지 말라."의 두 가지로 나눠 버린 것이다.

천주교는 원래 십계명의 우상 숭배 금지 원칙을 위반하게 됐기 때문에 이 조항을 삭제한 것 같다. 그러다 보니 십계명 열 칸 중 한 칸이 모자라 원래 십계명 중 맨 마지막 조항을 둘로 나눈 것이다.

천주교에서는 성모마리아상, 예수상 등 수많은 조각을 해 숭배물로 삼았다. 여호와 하나님이 가장 싫어하는 것이 우상 숭배(십계명 제2조 위반)인 줄 뻔히 알면서도 왜 그들은 성모마리아상을 세우게 된 것일까? 그리고 십계명마저 고치게 됐을까? 과연 그 이유는 무엇일까?

나의 생각은 다음과 같다. 원래 유대인의 요청에 따라 예수를 십자가에 처형한 것은 로마 세력이었다. 예수 사후에도 수많은 사도와 기독교인을 죽였다. 하지만 예수 사후 300년경 로마는 기독교를 국교로 인정하게 된다. 기독교는 이 과정에서 로마 문화의 영향을 많이 받게 됐다. 그리스와 로마인들은 대리석으로 많은 것을 조각하고 숭배하는 문화를 가졌다. 이러한 문화가 기독교에도 영향을 미쳐 예수상과 성모마리아상 등을 조각하게 됐을 것이다. 이러한 로마 문화는 훗날 불교에도 영향을 미쳐, 인도 지역의 간다라와 마투라 지방에서 불상을 만들게 되기도 한다.

아무튼 천주교는 로마의 영향으로 성모마리아상을 만들었을 것이고, 또한 중세 시대에 천국 면죄부를 만들어 팔기도 한 기득권 세력이므로 여러 가지 조각상이 자신들이 원하는 목적을 달성하기에 편리했을 것이다.

나는 현재의 천주교, 기독교 성직자 장로 집사님들조차도 천주교와 기독교의 십계명이 서로 다르다는 사실을 모르는 분들이 많음을 보고 깜짝 놀랐다. 종교를 믿더라도 공부를 하며 믿을 필요가 있을 것이다.

천주교

천주교는 '예수가 그리스도라는 것'을 믿는 종교로, '예수교' 또는 '그리스도교(기독교)'라고도 한다. 천주교는 유태교의 종교 경전인 구약도 사용하지만, 예수의 사상과 전기를 다룬 신약을 강조한다.

구약에서는 하나님의 선택된 인종은 오로지 유대인뿐이라고 믿으며, 외국인들을 멸시하는 사상이 있었다. 하지만 예수는 구약의 약속을 새로이 만들고자 자신이 하나님의 아들로 왔다고 선포하면서 "이방인들도 모두가 하나님 아버지 안에서는 동일하다."라고 했다.

유대인들은 이러한 예수를 받아들일 수 없었다. 그들은 예수를 '적그리스도'로 여기며 핍박한 끝에 결국 십자가에 처형하게 된다.

한편 기독교가 유럽을 지배하게 되면서부터는 유럽인들(유대교 입장에서는 외국인)이 예수를 죽인 유대인들을 여러 가지로 차별했다. 그래서 유대인들은 유럽인이 기피하던 사업인 사채업, 광산업, 보석업 등에 투자하게 됐는데, 그 결과 큰 부자가 됐다.

그리고 히틀러 시대에는 정치적으로 게르만 민족의 단결을 위해 유태인들을 학살하고, 강제 이주를 시키는 등 온갖 박해를 했다.

유럽인들이 유대인을 차별했던 현실적 이유는 유럽인들이 사채업을 하던 유대인에게 빌린 돈을 갚지 않기 위해서다. 심지어 유대인인 아인슈타인은 초등학생 때 따돌림을 받았다고 고백하기도 했다.

신약

• 예수의 생년월일은 정확한가?

예수의 생년월일은 정확하지 않다. 이는 불교의 석가모니 부처의 생년월일이 정확하지 않는 것과 마찬가지다.

기원후(AD, Anno Domini)는 '예수 출생 이후', 기원전(BC, Before Christ)은 '예수 출생 이전'을 말한다. 헤롯은 그리스도가 탄생했다는 소문을 듣고 베들레헴의 모든 아기를 죽이라고 명령했다. 그런데 역사 기록을 보면 이 헤롯왕은 BC 4년에 죽었다. 따라서 예수는 그 이전인 BC 4~6년경에 출생했을 것으로 생각한다. 이와 같이 예수의 출생 연도가 잘못된 이유는 로마에서 달력을 만들 때, 예수 출생 연도를 잘못 계산했기 때문이다. 또한 예수 탄생일로 기념하는 크리스마스 12월 25일도 사실과는 다르다고 생각한다.

AD 336년 크리스마스를 정할 때 당시 주변국에 광범위하게 퍼져 왔던 태양신 신앙을 흡수하기 위한 전략적 선택이라는 학설이 있다. 태양신 숭배자들은 동지(冬至)가 지난 다음 날부터 태양이 커지기 시작하기 때문에 동지 다음날을 설날로 잡았다고 한다. 즉, 오늘날 기독교에서 주장하는 예수 탄생일은 태양신의 설날일 가능성이 높다. 따라서 크리스마스를 정확한 '예수님의 생일'이라 생각하기보다 단순히 예수의 탄생을 경축하는 기념일로 생각하는 것이 좋다.

또한 상식적으로 생각해 보면 아무리 중동 지방이라고 해도 겨울에는 꽤 춥다. 중동 지방에서의 겨울은 섭씨 5~10도 정도인데 우리에게는 약간 쌀쌀하게 느껴질 정도이지만, 그곳 사람들은 밍크코트를 입고 다닐 정도로 추워한다. 그런데 예수가 그 추운 때 마구간의 말구유에서 태어났다는 것은 어불성설이라 할 수 있다.

한편 부처의 생년월일도 정확하지 않다. 왜냐하면 인도인들은 원래 기록 문화가 발달하지 않았기 때문이다. 석가모니의 탄생년도조차 수십 년씩 차이가 난다. 석가의 탄생 연도는 1956년에 이르러서야 세계 불교 대회에서 BC 2564년으로 통일하기로 했다. 그리고 탄생일은 양력 5월 15일로 결정했지만, 이것도 한국에서는 음력 4월 8일로 정했다.

이와 같이 과거의 기록이 확실하지 않은 경우에는 해당 지역의 문화에 따라 달리 정한다. 여기서 가장 중요한 것은 정확한 날짜가 아니라 성인을 기리는 마음일 것이다.

• 십자가

　예수는 처형될 때 십자가에 똑바로 매달려 죽는다. 그리고 죽은 후 3일 만에 부활해 하늘로 올라간다. 12제자 중 으뜸인 베드로는 하룻밤에 세 번씩이나 예수를 모른다고 부인했지만, 훗날 회개하고 로마로 돌아가서 십자가에 거꾸로 매달려 죽으며 순교한다. 이후 최초로 천주교의 교황이 돼 로마의 성베드로 성당의 지하에 묻히게 된다.

십자가를 진 예수

혁명

예수의 위대함은 완전히 일반적인 고정관념을 깨고 혁명을 한 것이다. 즉, 상위 계층 피라미드 중에서 하부 계층을 존중하고 그들 편에 섰다. 이러한 점에서는 불교의 석가모니와 동일하다. 이 위대한 두 명의 성자들은 여자들을 중요하게 여겼고, 노예들도 귀하게 여기며 사회 혁명을 했다.

"너희는 유대인이나, 헬라인이나, 종이나, 지주나, 남자나, 여자 모두 그리스도 예수 안에서 하나다(갈라디아서 2:28)." 즉 인간 모두가 동일하다는 것이다. 예수는 프롤레타리아(Proletarier, 흙수저) 출신이다. 그래서인지 사회 개혁을 표방하는 혁명을 일으키고 기꺼이 목숨을 내 놓는다.

한편 불교의 석가모니는 부르주아(Bourgeoi, 금수저) 출신이다. 왕자로서 권력, 부 등 세상의 모든 좋은 조건을 가졌지만, 그 모든 것을 박차고 나와 나름대로 혁명을 한다. "이 세상에 절대적인 신은 없으며, 인간이 최고이니 너 자신을 믿으라!"라며 사상적 혁명을 했다. 또한 카스트 제도를 부정하고 모든 인간은 평등하다고 선언하는 사회 혁명을 직접 실천한다. 석가모니와 예수는 이러한 면에서 인류 역사상 가장 위대한 성자이며, 철학자라고 생각한다.

성모 공경

천주교는 유독 예수의 어머니 마리아를 공경하는 특징이 있다. '성령의 힘으로 그녀가 처녀의 몸으로 예수를 잉태했다.'고 하며 '원죄 없으신 분'이라는 차원에서 공경한다고 한다. 실제적으로는 성모마리아에게도 기도한다. 천주교도가 아닌 사람들이 볼 때는 일종의 성인(聖人) 취급을 하는 것이라고 생각한다.

일부 사람들은 이와 관련해 다음과 같은 의문을 갖게 된다.

신약성경에서는 예수의 아버지 요셉이 다윗의 후손이라며, 아브라함부터 시작해 다윗을 거치는 긴 족보를 나열한 후 요셉이 이 계열에 있으므로 요셉의 아들 예수도 다윗의 후손이라고 말한다. "동정녀 마리아의 아들이라면 마리아의 남편 '요셉'이 다윗의 후손이라고 하는 관계 설정은 이상한 것이 아닌가? 예수도 다윗의 후손이라는 점에 맞추려고 요셉과의 관계를 설정한 것은 아닌가?" 또 "예수에게는 형제가 있었는데, 어떻게 마리아가 평생 동정녀(童貞女)라고 주장할 수 있는가?"

즉, 예수께서 무리에게 말씀하실 때 그의 어머니와 동생들이 예수께 말하려고 밖에 섰더니 "이는 그 목수의 아들이 아니냐? 그 어머니는 마리아, 그 형제들은 야고보, 요셉, 시몬, 유다라 하지 않느냐? 한 사람이 예수께 여쭈되, 보소서 당신의 어머니와 동생들이 당신께 말하려고 밖에 서 있나이다 하니~ (마태복음 13:55)"라는 구절처럼 예수의 형제가 있다고 했다.

어쨌든 천주교도들은 성모마리아의 발현이 수세기에 걸쳐 발생했다고 믿으며, 오늘날도 순례를 한다. 즉, '가르멜 산의 성모', '과 달루페의 성모', '뤼뒤박의 성모', '파티마의 성모' 등이 있다.

예수와 마리아의 첫 번째 기적

예수가 세례자 요한에게 요르단강에서 세례를 받고 혼인 잔 치에 참석했다. 포도주가 떨어지자 마리아가 예수에게 포도주가 떨어졌다고 하고, 예수는 "물독에 물을 채워라."라고 한 다음 물 을 포도주로 변화시켰다. 이것이 예수가 행한 첫 번째 기적이다.

그 뒤에 마리아는 예수의 형제들이라 불린 야고보, 요셉, 시몬, 유다 등을 데리고 군중을 상대로 설교하고 있는 예수를 찾아갔다. 천주교의 예로니모 신부는 평생 동정녀라는 마리아의 정체성에 문제가 있어 보인다는 일부의 주장에 대해 "여기서 '형제'와 '자 매'라고 번역된 말은 실제로는 사촌을 가리키는 말"이라고 주장 한다.

이 대답은 억지 주장인 견강부회(牽强附會)가 아닐까? 웬지 궁 색함이 느껴진다. 성경에는 일자일획(一字一劃)도 틀림이 없다고 설 교하는 신부가 '형제'와 '사촌 형제'도 구별하지 못하는 것일까?

파티마의 성모마리아(박옥수 작)

명동성당과 마리아(박옥수 작)

마리아의 동정녀 문제

마리아가 동정녀라는 것은 처녀의 몸으로 예수를 낳았다는 말이다. 한 마디로 기적이 일어난 것이다. 그리고 천주교 후배들은 마리아를 신격화하기 시작한다. 물론 하나님, 예수와 같은 공경은 아니라고 말하지만, 신도들은 이와 비슷한 감정으로 마리아를 대한다. 당장 명동 성당을 가보라. 좋은 명당 자리에 마리아상이 우뚝 서 있다. 그리고 매일 그 앞에서 손을 맞잡고 기도한다.

원래 성인이 태어나면 후배들은 성인을 너무도 공경한 나머지 쓸데없는 짓을 하는 경향이 있다. 기독교에서의 마리아 숭배 사상이 그러할지도 모른다. 이러한 사상은 기독교에만 국한되는 것이 아니다.

불교에서도 마찬가지다. 석가모니 부처님은 어머니 마야부인의 '아래'를 통해 나온 것이 아니라 나뭇가지를 잡고 선 채로 '허리'를 통해 태어났다고 한다. 불교에서의 이러한 발상은 예수가 마리아의 '허리'를 통해 나왔다고 주장하지 않는데 비해 한층 더 과장된 표현일 것이다.

그뿐 아니다. 우리나라에서도 성인은 이상하게 탄생한다. 즉, 보통 사람과는 다르게 태어났다고 해야 민중들이 속아 넘어가 숭배하기 때문일 것이다.

'박혁거세'와 '김수로'는 알에서 태어나고, '김알지'는 처음부터 인간의 모습으로 태어난다. 한국인의 이러한 생각은 예수나 석가모니가 여자에게서 태어났다고 하는 이야기보다 한 층 더 상상력이 뛰어나다고 할 수 있다.

또한 마리아를 성인처럼 모시며 공경하는 사상은 불교에서도 마찬가지다. 석가모니가 위대하다고 생각한 후배들은 석가모니가 절대적으로 없다고 부정한 '위대한 신(GOD)'들을 마구 만들어 낸다. 석가모니 사후 500년경 대승불교 시대에 들어와 각종 부처님(비로자나불, 노사나불, 아미타불, 미륵불 등)을 만들고 관세음보살, 지장보살, 약사여래보살 등 석가모니 바로 아래의 끗발도 많이 만들어 공경한다. 마치 천주교에서 성모마리아를 숭배하듯이 한다.

불교도들은 교육받은 대로 말한다. 석가모니가 최고이고 관세음보살은 그다음이라고….

이는 완전히 비슷한 구조라고 생각한다. 예수가 최고이고, 마리아는 그다음이라고 하듯이 말이다.

나는 여기서 소위 성직자들의 한계점을 느낀다. 쓸데없는 짓을 한 것이다. 석가모니는 석가모니대로, 예수는 예수대로 위대한 성인임에 틀림없다.

그들은 수많은 인간에게 위로를 줬고, 아직도 인류가 의지하고 따르는 위대한 성인이다. 그들이 어떻게 태어났는지는 중요하지 않다. 그저 '평범한 인간이 태어나 인류를 위해 위대한 업적을 이룬 성과'만 평가하면 될 것을 지나치게 미화한 것이다. 후배들이 쓸데없이 지나치게 미화하려고 했기 때문에 많은

예수와 마리아

사람이 이러저러한 이유로 믿지 못하게 되는 것은 아닐까 생각해
본다.

나는 예수교를 믿지 않고 예수를 믿는다.
나는 불교를 믿지 않고 석가모니를 믿는다.
후배들이 쓸데없이 만든 어설픈 종교의 형식을 믿는 것이 아니라 석가모니
와 예수의 위대한 사상과 모범적인 삶을 한없이 존경하기 때문에 그들의 가
르침을 따르고 싶을 뿐이다.

종교개혁과 기독교

중세 시대에 로마 교황이 지배하는 천주교는 부패하게 됐다.
로마 교황청은 면죄부 판매와 같은 정책을 수립하고 실천한다. 이
러한 때 교황청의 잘못을 바로잡아야 한다며 일어난 천주교의 신
부가 바로 종교개혁을 일으킨 '마틴 루터(Martin Luther)'이다.

당시 성경은 라틴어로 쓰여 있어서 일반인들은 성경을 직접
읽을 수 없었다. 또한 강론 시에도 신부들은 민중이 알아듣지 못
하는 라틴어로 말하며 자신이 유식하다는 것을 과시했다. 이는
마치 자신들만이 유일하게 하나님의 대리인인 듯한 역할을 하는
데 도움이 됐다.

'마틴 루터'는 성경을 독일어로 번역해 발간함으로써 일반
인들이 직접 성경을 접할 수 있게 했고, 하나님과 인간 사이에서
중재자의 역할을 독점하려는 로마 교황청을 부정하고, 성도들은
하나님과 직접 대화할 수 있다고 가르쳤다.

즉, 현대식으로 말하면 중간 부동산 업자를 빼고 소비자가 주인과 직거래하는 것이다. 이런 생각이 소비자들의 요구에 부응해 기독교를 탄생시킨다.

루터는 "모든 사람은 신 앞에 평등하며 인간은 오직 믿음으로만 구원을 받을 수 있고, 회개를 통해 하나님을 만날 수 있고, 또 영생을 얻을 수 있다!"라고 설파했다.

종교개혁 이후 기독교는 전 세계로 퍼져나가 오늘날에는 천주교와 더불어 전 세계 제일의 종교로 자리잡았다.

면죄부

12세기경 천주교는 성경에도 없는 엉뚱한 교리를 발명하게 되는데, 그것은 바로 '연옥(燃獄)' 개념이다. 천국과 지옥 사이에 '연옥'이라는 중간 장소가 있어서 나쁜 일을 많이 해 지옥행이 결정된 사람은 제외하고, 사소한 죄를 지은 사람들은 연옥에 머물면서 벌을 받는다. 즉, 연옥은 천국으로 들어가기 위해 일시적으로 머물면서 정화를 거치는 곳을 말한다.

교황청은 위와 같은 이론적 배경을 바탕으로 16세기 면죄부 판매를 하게 되는데, 교황 레오 10세가 '산피에트로 대성당' 건축을 위해 면죄부 판매를 결정했다.

면죄부 한 장의 값은 대략 송아지 3마리 정도의 값이라고 하는데, 일반 민중들은 돌아가신 부모 형제가 연옥에서 고통받지 않고 천국으로 가게 해 드리려고 면죄부를 샀던 것이다.

김대건 신부상

한반도의 천주교, 기독교 전파

천주교는 이승훈이 북경에서 세례를 받은 후 1784년에 한국에 전파됐다. 그 후 1845년 김대건은 한국인 최초의 신부가 됐고, 1846년 새남터에서 순교했다.

그리고 1885년에는 장로교 선교사 언더우드와 감리교 선교사 아펜셀라가 기독교를 선교하기 시작했다.

사랑

"내가 사람의 방언과 천사의 말을 할지라도 사랑이 없으면 소리나는 구리와 울리는 꽹과리가 되고, 내가 예언하는 능력이 있어 모든 비밀과 모든 지식을 알고 또 산을 옮길 만한 모든 믿음이 있을지라도 사랑이 없으면 내게 아무것도 유익이 없느니라."

"내가 내게 있는 모든 것으로 구제하고 또 내 몸을 불사르게 내 줄지라도 사랑이 없으면 내게 아무 유익이 없느니라. 여호와시니라."

"사랑은 오래 참고, 사랑은 온유하며, 시기하지 아니하며, 사랑은 자랑하지 아니하며, 교만하지 아니하며, 무례히 행하지 아니하며, 자기의 유익을 구하지 아니하며, 성내지 아니하며, 악한 것을 생각하지 아니하며, 불의를 기뻐하지 아니하며, 진리와 함께 기뻐하고 모든 것을 참으며, 모든 것을 믿으며, 모든 것을 바라며, 모든 것을 견디느니라."

"사랑은 언제나 떨어지지 아니하되 예언도 폐하고 방언도 그치고 지식도 폐하리라. 그런 즉 믿음, 소망, 사랑 이 세 가지는 항상 있을 것인데, 그중에 제일은 사랑이라." – 신약 (고린도전서 13장)

이슬람교

이슬람교 또는 회교(回敎)는 '알라'를 유일신으로 믿으며 불교, 기독교, 유대교, 힌두교와 함께 세계 5대 종교에 속한다. '알라'는 아랍어로, '하나님'이라는 뜻이다.

이 종교에 대한 오해 중 하나는 무함마드를 믿는 종교라고 생각하는 것이다. 하지만 이슬람교는 무함마드를 믿는 종교가 아니다. 이슬람교는 '알라'를 믿는 것이고, 알라신은 기독교나 유대교에서 믿는 '여호와' 하나님과 완전히 같은 신이다. 다만 지방이 달라서 '알라'라고 발음한 것일 뿐인 것이다.

이슬람교는 아브라함 자손의 종교이기 때문에 경전의 내용이 기독교의 구약과 비슷하다. 하지만 일부분은 기독교의 구약과 달리 변경했으며, 신약 내용도 일부 변경했다. 이는 자신들의 편리를 위해 변경한 것으로 사료된다.

예를 들면, 기독교의 구약에서는 아브라함과 자손들을 표현할 때 항상 '아브라함과 이삭의 하나님' 식으로 표현하는데 이슬람교의 코란에서는 '아브라함과 이스마일과 이삭의 하나님'이라고 표현한다. 즉, 자신들의 직계 조상인 이스마일을 항상 앞에 내세우는 것이다.

그리고 구약에 하나님이 아브라함을 시험하기 위해 아들을 바치라고 했을 때 아들을 데리고 산에 올라가는 장면이 있는데, 기독교 성경에서는 둘째 아들 '이삭'을 데리고 올라가는데 반해

서울 이슬람교 중앙 성원

코란에서는 첫째 아들 '이스마일'을 데리고 올라간다는 식이다.

　　"아브라함과 이스마일이 그 집의 주춧돌을 세우며~(코란 2:127)",

　　"야곱이 죽음에 이를 때 너희가 지켜보고 있었나니 야곱이 그의 자손들에게 '내 다음에 너희는 무엇을 경배할 것인가?'라고 물으니 당신의 신이며, 당신의 선지자인 아브라함과 이스마일과 이삭의 신인 하나님만을 경배하며, 그분에게만 순종할 것이라 대답하더라(코란 2:133)."

경전

이슬람의 경전은 '코란'이다. 코란이 현재의 형태가 된 것은 무함마드의 사후이다. '코란'은 기독교의 신약 이후 또 다른 신약에 해당한다. 구약의 내용은 기독교의 구약과 같지만, 많은 부분을 수정했다.

코란은 "하나님은 모세에게 성서를 줬고, 그를 이어 예언자들을 오게 했으며, 마리아의 아들 예수에게 권능을 주어 그를 보호케 했노라(코란 2:87)."라고 하며 예수도 선지자로서 공경하고 있다. 다만 예수는 구약에서 예언한 그리스도는 아니라고 하며, 무함마드를 마지막 예언자로 본다. 그리고 아브라함 종교의 후배로서 선배들의 종교를 비판하기도 한다.

"유대인이나 기독교인이 아니면 천국에 들어갈 수 없다고 그들은 말하나 그것은 그들의 상상에 불과하도다. 일러 가로되 그들이 진실이라면 증거를 제시하라 말하라(코란 2:111)."

이슬람 성지

"그대가 어느 곳으로 여행을 하든 그대의 얼굴을 '하람 사원'으로 돌릴 것이며, 너희가 어디에 있든 얼굴을 그쪽으로 향할지니 악을 지향하는 자 외에는 아무도 이의를 제기치 않을 것이라. 그대는 그들을 두려워 말며 나만을 공경하라. 그리하면 나의 은혜가 너희 위에 충만케 해 옳은 길로 인도되게 하리라(코란 2:150)."

하람 사원은 사우디아라비아의 메카에 있는 모스크다. 이곳에는 무슬림의 최고의 성지인 '카바'가 있는데, 이곳에서 예배를 올린다. 이 '카바' 속에는 경배의 대상인 검은색 돌이 있다. 이 검은색 돌은 길이 약 30cm 타원형의 돌덩이로, 천당에서 떨어진 돌이라 믿는다. 과학적으로는 우주에서 떨어진 운석으로 알려져 있다.

이슬람교도들인 무슬림(남자)이나 무슬리마(여자)들은 외지에 여행을 하더라도 하루 다섯 번씩 정해진 시간에 메카를 향해 절을 하게 돼 있다. 이들을 위해 전 세계의 공항조차도 이슬람교 예배실이 별도로 설치돼 있다.

"그대가 어디로 여행을 하든 하람 사원으로 고개를 돌리라. 이것은 그대 주님에서의 진리이며 하나님은 너희가 행하는 모든 일을 알고 계시니라(코란 2:149)."

이슬람 종파

이슬람 종파에는 '수니파'와 '시아파'가 있다. 수니파는 전체 무슬림의 80~90%를 차지하는데, 사우디아라비아가 대표 국가다. 시아파는 10~20%를 차지하는데, 이란이 대표 국가다. 이 두 종파는 무함마드 사후에 계승권을 놓고 다투다가 갈라선 것이며, 그 갈등은 오늘날에도 이어지고 있다.

기독교와 이슬람교의 차이점

• 신의 아들 문제

기독교에서는 예수를 '신의 아들'로 보지만, 이슬람교에서는 무함마드를 '신의 아들'로 보지 않는다. 단지 무함마드는 최후이자, 최대의 예언자로 받들어질 뿐이다.

"그들은 하나님이 아들을 낳았으니 그 분께 찬미드리라고 말하나 그렇지 않노라. 천지의 모든 것이 하나님께 있으며 이 모두가 하나님께 순종하노라(코란 2:116)."

• 우상 숭배

천주교에서 마리아상, 예수상 등을 만들었지만, 이슬람교에서는 신을 나타내는 그림이나 조각 등을 금기시한다.

"그들이 말하길 유대인이나 기독교인들이 돼라. 그러하면 너희가 옳은 길로 인도되리라. 일러 가로되, 우리는 가장 올바른 아브라함의 종교를 따르노라. 그 분은 우상 숭배자가 아니노라(코란 2:135)."

• 삼위일체

기독교에서는 성부·성자·성신이 삼위일체라고 하지만 이슬람교에선 이 점을 부정한다. 이슬람교에서 신(알라)은 '단 한 분이시며, 영원하시며, 성자와 성부도 두지 않았으며, 그분과 대등한 것은 세상에 없다.'라고 믿는다.

"하나님께서 '마리아의 아들, 예수야! 네가 백성에게 말해 하나님을 제외하고 나 예수와 나의 어머니를 경배하라 했느뇨?' 하시니 영광을 받으소서 결코 그렇게 말하지 아니했으며 그렇게 할 권리도 없나이다. 제가 그렇게 말했디면 당신께서 알고 계실 것입니다. 당신은 저의 심중을 아시나 저는 당신의 심중을 모르나니 당신은 숨겨진 것도 아시는 분이십니다(코란 5:116). "

• 안식일

유대교와 기독교에서는 여호와 하나님이 6일 만에 천지를 창조하고 제7일만에 휴식을 취했다고 하며, 안식일을 지키라고 한다. 하지만 이슬람교에서는 '알라'는 6일 만에 천지를 창조했으며, 전능의 신이 휴식을 할 이유가 없다고 생각해 이 부분을 부정한다.

한국의 이슬람교

1955년 한국전쟁에 참전한 터키군의 종교 지도자가 선교 활동을 시작했다. 한국 이슬람교 중앙회는 국내의 한국인 무슬림 수가 2018년 기준 6만 명이라고 한다. 전국의 이슬람 사원은 16개, 작은 규모의 사원인 '무쌀라'는 80여 개가 있다.

• 무함마드의 기적

어느 날 무함마드가 군중들에게 설교를 마치자 한 신도가 물었다. "위대하신 선지자시여! 성경에는 선지자들께서 수많은 기적을 일으켰습니다. 무함마드님께서도 기적을 보여 주십시오." 하고 요청했다.

그러자 무함마드는 말했다. "저 멀리 있는 큰 산에게 명령해 이곳으로 오라고 할 것이다."라고 말하며 "큰 산아! 이곳으로 다가오라!" 하고 명령했다. 하지만 불행하게도 산은 다가오질 않았고, 군중들은 웅성거리기 시작했다. 그리고 또 다시 묻길 "어째서 산이 다가오지 않나요?"

무함마드는 간단하게 대답한다. "저 산이 나에게로 오지 않는다면 내가 저 산으로 가면 될 것이다."라고 말하며 한 발 한 발 산 앞으로 걸어갔고, 모든 군중은 그를 따라 걸어갔다. 이로써 그의 기적은 현실로 이뤄지게 됐다.

이를 통해 무함마드는 매우 현실적인 성자라는 것을 알 수 있다. 그런데 후배들은 그를 또다시 신격화한다. 죽은 후에 계단을 통해 하늘로 올라갔다가 계단으로 내려왔으며, 사우디아라비아의 메카 성전이 아닌 예루살렘 성전까지 와서 날아 올라갔다는 등 많은 일을 기록해 놓기도 했다.

하늘에서 계단으로 내려왔다는 이야기는 이미 인도에서 부처님이 하늘에서 계단으로 내려왔다는 전설적인 이야기와 또 그것을 증명하는 계단이 현재도 남아 있다고 하는 인도의 유적지 스토리와 유사하다. 참고로 무함마드는 석가모니보다 천 년 정도 이후의 사람이다.

브라만교

브라만교(Brahmanism)는 인도에서 아리안족의 고유 사상인 베다 사상을 기본으로 범아일여(梵我一如)를 추구하는 범신론적 종교이다. 브라흐만은 우주를 창조한 인격신이자 우주의 본질이라고 믿는다.

불 공양. 브라만·힌두교 사제가 바라나시 강변에서 불 공양을 올리고 있다.

BC 1500년경 유럽 코카서스 지방에서 아리안족이 서북 인도의 편잡 지방에 정착해 철제 무기를 사용하며 원주민이던 흑인 세력과 청동기 부족인 드라비다족을 정복했다. 아리안족은 원주민의 윤회, 업 사상을 수용하고, 카스트 제도를 만들어 통치 수단으로 이용했다.

브라만교는 처음에는 태양, 불, 황소 등 수많은 종류의 자연신을 숭배하는 다신교로 출발했지만, 이후 베다 경전 등을 만들면서 우주의 근본적 최고 원리가 브라만(범, 梵)이라고 하면서 브라만을 믿는 신앙으로 바뀌었다.

브라만 사상은 훗날 힌두교에서 창조의 신 브라흐만(범천, 梵天), 유지의 신 비슈누, 파괴의 신 시바와 함께 3대 신이 된다. 아무튼 브라만들은 제사장 역할을 하면서 다양한 제사 의식을 통해 부와 권력을 차지했다.

카스트 제도

카스트 제도는 아리안 족(백인)이 원주민(흑인)을 지배하기 위해 만든 것이다.

카스트 제도는 브라만(제사장), 크샤트리아(왕족·무사), 바이샤(평민·상인), 수드라(천민, 흑인원주민 드라비다족) 등 4개로 구분된다. 이 중 상위 3단계는 백색 인종인 아리안족이며, 하위 계급은 흑색 인종이자, 토착 민족인 드라비다족이다. 이외에 최하층인 수드라에도 속하지 못하는 '불가촉천민'이 있다. 불가촉천민은 접촉해서는 안 되며, 닿기만 해도 부정을 탄다고 생각하는 계층으로, 과거 우리나라에서의 상놈 밑의 '백정' 개념이라고 보면 된다.

브라만교가 카스트 제도를 만든 것은 원주민들의 '업'과 '윤회' 사상을 수용해 내세움으로써 피지배자들이 자신의 신분을 숙명으로 여기도록 하기 위해 만든 것이다. 즉, 죽어서 윤회를 하더라도 브라만은 다음 생에도 브라만으로 태어나고, 수드라는 다음 생에도 수드라로 태어난다고 하며 숙명으로 받아들이도록 세뇌하는 것이다.

현대의 카스트제도

현대인들은 인도에만 카스트 제도가 있다는 착각을 하고 있다. 하지만 냉정하게 살펴보면 전 세계가 과거로부터 현재까지 비슷한 제도를 갖고 있었다는 것을 알 수 있다. 인도에서는 백인(아리안)-브라만(사제)-크샤트리아(왕족·귀족)-바이샤(평민)-수드라(노예, 흑인 원주민)-불가촉천민, 서양에서는 백인(왕족-귀족-평민)-노예(흑인), 한국에서도 왕족-양반-중인-

상놈-백정. 일본에서도 왕족-귀족-무사-평민-부락민 등 모두가 비슷한 구조인 것이다.

브라만교에 대항하는 신흥 세력의 발호

인도 서북부에서 만들어진 브라만교는 인도 중부와 동부로 퍼져나간다. BC 10세기경 인도 중·동부에서는 농업 생산이 늘어나고, 인구가 밀집해 도시들이 생겨났다. 또한 상공업이 발달함에 따라 강력한 군주 국가가 형성되고 있었다.

과거에는 카스트 제도상 브라만들이 최상의 계급이었지만, 점차 왕권이 강화되면서 두 번째 순위였던 크샤트리아 세력이 커졌다. 이에 따라 브라만의 종교적 권위와 지도력은 상대적으로 약화됐으며 많은 비용이 들어가는 제사 의례에 대한 비판이 일어나기 시작했다.

한편 사상적으로도 베다 경전의 권위를 부정하는 사문(沙門) 계급들이 다수 출현해 숲속으로 들어가 수행자 생활을 했다. 사문들은 베다 사상을 비판하고 다양한 철학적 사상을 펼쳤다. 이 중 대표적인 여섯 부류를 '육사 외도'라고 하는데, 그들은 유물론, 회의론, 숙명론, 도덕 부정론, 불멸론, 자이나교 등 다양한 주장을 했고, 타락한 브라만들의 권위와 제사 행위 등에 회의를 느끼는 많은 사람이 따르게 됐다.

이어서 베다 사상의 비판뿐 아니라 사문 계급들의 잘못도 지적하는 석가모니가 나타나 불교가 만들어진다. 그리고 석가모

1 브라만(사제)

2 크샤트리아(귀족) 결혼식의 신부

3 크샤트리아(귀족) 결혼식의 신랑

4 크샤트리아 계급의 신랑, 신부가 첫날밤을 지낼 화려한 신방 모습

5 바이샤(상인 계급)

6 수드라(노예 계급), 빨래터 노동

7 수드라(노예 계급), 연료로 쓰기 위한 소똥을 반죽해서 말리고 있다.

8 수드라(노예 계급), 이발사

9 불가촉천민 1

10 불가촉천민 2

니 열반 이후 약 250년이 흘러 아소카왕이 전 인도를 통일하고 강력한 불교 진흥 정책을 펼치자, 브라만교의 교세는 한층 약해진다.

불교

석가모니가 진리에 대한 깨달음을 얻은 후 45년 동안 수많은 중생을 구제하는 방법을 가르치고 열반에 들게 된다. 그 이후 제자들이 만든 종교가 불교다. 불교는 현실적인 종교로, 인간의 삶과 고통 해결을 최우선으로 삼는다.

외출하신 석가모니. 조계사 대웅전에만 계시던 석가모니가 바깥으로 외출하셨다.

불교의 탄생

석가모니는 왕자로 태어났지만, 생노병사(生老病死)의 원인을 알기 위해 29살에 궁에서 뛰쳐나와 숲속으로 출가한다. 출가후 여러 유명한 사문을 찾아가 배웠지만, 어느 누구도 생과 사에서 완전히 벗어나는 법을 알려 주지는 못했다. 그래서 석가모니는 혼자 수행하기로 결심하고, 6년간 처절하게 수행한다.

식사를 거의 하지 않고 굶는 고행(苦行), 아주 찬 데서 자는 고행, 시체를 버리는 곳에서 밤을 새는 고행, 숨을 안 쉬고 버티는 고행 등 다양한 고행을 해 봤지만, 궁극적인 진리는 깨닫지 못했다. 석가모니는 진리를 깨닫기 위해서는 육체를 괴롭히는 고행만이 정도(正道)가 아니라고 생각하고 '쾌락'과 '고통'을 떠난 '중도(中道)'의 길을 택한다. 식사(탁발)를 하면서 수행을 하게 되자, 수행의 깊이가 더욱 깊어지게 됐고, 보리수 아래에서의 깊은 선정(禪定) 끝에 드디어 깨달음을 얻었다. 출가 후 6년만인 35세 때 일이다.

깨달음의 내용

석가모니는 '인간이 태어나서 늙고 병들고 죽는가?', '죽은 후에도 끊임없이 윤회해 또다시 태어나 같은 고통을 받아야 하는가?', '이러한 고통의 바다에서 벗어나는 길은 무엇인가?'를 고민했다.

오랜 수행 끝에 이 문제의 근본적인 해결 방법을 찾아 낸 것이다. 석가모니가 깨달은 내용은 사성제, 팔정도, 12연기로 요약할 수 있다.

• 사성제

사성제는 '네 가지 성스러운 진리'라는 뜻으로, 간단히 '고집멸도(苦集滅道)'라고 부른다. 이는 "이것은 괴로움이다. 이것은 괴로움의 발생이다. 이것은 괴로움의 소멸이다. 이것은 괴로움의 소멸에 이르는 길이다."라는 내용이다.

• 고성제

괴로움의 성스러운 진리다. 여기서 고(苦)라 함은 '고통'이라는 뜻이라기보다 '괴로움'이라는 뜻이다. 우선 괴로움이 일어난다는 사실을 확실히 알라는 것이다. 의사와 환자와의 관계로 설명하면 우선 환자가 병에 걸렸다는 사실을 알아야 한다는 것이다.

괴로움의 종류로는 생노병사(生老病死)의 기본적인 네 가지 괴로움 외에도 사랑하는 사람과 헤어지는 괴로움(애별리고, 愛別離苦), 증오하는 대상과 만나야 하는 괴로움(원증회고, 怨憎會苦), 갖고자하나 얻지 못하는 괴로움(구부득고, 求不得苦), 자신의 몸과 마음의 집착에서 생기는 괴로움(오취온고, 五取蘊苦)이 있다.

• 집성제

괴로움의 원인에 관한 성스러운 진리다. 의사와 환자와의 관계로 설명하면 환자가 걸린 병이 무엇인지와 그 원인을 짚어보는 것이다.

괴로움의 원인으로는 인간의 끝없는 욕망인 갈애(渴愛)와 어리석은 집착(망집, 妄執)이 핵심 원인이라는 것이다. 욕망의 종류에는 재욕(財欲), 성욕(性欲), 탐욕(貪欲), 명예욕(名譽欲), 수면욕(睡眠欲)이 있다.

• 멸성제

괴로움의 소멸에 관한 성스러운 진리다. 의사와 환자와의 관계로 설명하면 환자가 걸린 병이 완전히 치료돼 병에서 벗어났다는 것이다.

즉, 괴로움의 원인인 갈애(渴愛), 망집(妄執)이 완전히 소멸됐음을 뜻한다. 이렇게 괴로움의 원인이 완전히 소멸된 상태를 '열반(涅槃)' 또는 '해탈(解脫)'이라고 한다.

• 도성제

'어떻게 하면 괴로움을 없애고 열반 상태에 이르게 되는가?' 하는 방법론을 말한다. 즉, 이 도성제를 행함으로써 실제로 멸성제를 성취할 수 있다. 구체적인 방법론으로 팔정도(八正道)가 있다.

팔정도

정견(正見, 바른 견해), 정사유(正思惟, 바른 생각), 정어(正語, 바른 말), 정업(正業, 바른 행위), 정명(正命, 바른 생계), 정정진(正精進, 바른 노력), 정념(正念, 바른 마음 챙김), 정정(正定, 바른 선정)의 여덟 가지 덕목을 실천하라는 것이다.

• 연기법

연기법은 모든 생명은 무명(無明) 때문에 생사를 반복한다는 것이다. 즉, "이것이 있으므로 저것이 있고, 저것이 있으므로 이것이 있다. 모든 존재는 서로 원인과 결과가 돼 서로 의존해 생겨난다."는 것이다.

석가모니는 생노병사의 고통 문제를 해결하고자 "늙고 병들고 죽는 원인이 무엇인가?"를 살펴보다가 그 원인은 바로 태어났기 때문이라는 것을 알아 냈고, 태어나는 원인을 살펴보며 계속 원인과 결과를 규명한 것이 12연기법이다.

구체적으로는 무명(無明) → 행(行) → 식(識) → 명색(名色) → 육입(六入) → 촉(觸) → 수(受) → 애(愛) → 취(取) → 유(有) → 생(生) → 노사(老死)의 12가지로 설명했다.

"연기와 사성제에 대한 무지(무명, 無明) 때문에 어떤 행위를 하려는 의도(행, 行)를 일으키게 되고, 이것이 잠재 의식(식, 識)이 되고 정신과 물질(명색, 名色) 등의 대상이 여섯 감각 기관(육입, 六入)과 서로 접촉(촉, 觸)해 일어나는 느낌을 받아들임(수, 受)으로써 애착하는 마음(애, 愛)이 일어나고, 집착(취, 取)하게 된다. 집착 때문에 다시 태어나는 존재(유, 有)가 형성돼 태어나고(생, 生) 병들고 죽게 된다(노사, 老死)."는 것이다.

따라서 "모든 고통의 원인을 없애려면 12연기와 사성제를 이해해야 하고, 무명(無明) 상태를 없애면 해탈하게 돼 다시는 윤회하는 세상을 떠돌지 않게 된다."는 것이 결론이라고 할 수 있다.

석가모니의 일생

카필라국(네팔 지방)의 왕자로 태어나 29세에 출가했고, 35세에 깨닫고, 80세에 세상을 떠났다. 붓다는 45년의 세월을 교화의 삶을 살았다. 석가모니 사후 제자들은 경전을 만들고, 불교를 만든다. 석가모니는 6년 동안 갖가지 고행을 했다. 6년 동안 철저히 굶는 수행도 하는데, 심지어는 자신의 똥도 먹고 하루에 콩알 1개만 먹는 등의 고행을 한 결과 갈비뼈가 다 드러났으며, 배를 만지면 등가죽이 만져졌다고 한다.

하지만 아무리 고행을 해도 도저히 깨달음은 이뤄지지 않았다. 그래서 그는 새로운 결심을 한다. 이제는 그만 굶고 식사를 하자고 생각해 비틀거리며 물가로 가서 몸을 씻고 마을로 다가간다. 그러다가 전날 밤 꿈에서 위대한 분이 오실 테니 공양 준비를 하라는 말을 들은 한 소녀가 우유죽을 쑤고 기다려서 그 죽을 바쳤다.

석가모니는 그 죽을 받아먹고 또다시 숲으로 돌아가 보리수나무 아래서 결심을 한다. "나는 이 자리에서 깨달음을 얻기까지는 일어나지 않으리라!" 하고 삼매경에 들어간 결과 새벽 별이 나오는 순간에 깨달은 것이다. 그 후 그는 자신의 깨달음을 중생들에게 전하기 위해 길을 나선다.

6년 동안 수행한 앙상한 모습

6년 수행 끝에 보리수나무 아래에서 깨달았다.

녹야원 사르나트

녹야원은 '사슴동산'이라는 뜻으로, 바라나시 북쪽에 있는데, 석가모니가 깨달음을 얻은 후 자신과 함께 고행했던 다섯 명의 수행자들에게 처음으로 설법한 곳으로, 불교 4대 성지 중 하나다. 녹야원에는 '다메크탑'이 있다.

전도선언

석가모니는 35세에 깨달음을 얻고 난 후 바라나시의 녹야원으로 찾아가 6년 동안 함께 수행했던 교진여 등 5명의 수행자를 상대로 처음으로 중도, 사성제, 팔정도 등을 설법했다. 이 다섯 명이 부처에게 귀의해 비구가 되자, 드디어 불·법·승(佛·法·

僧) 삼보(三寶)가 성립됐다. 불·법·승 (佛·法·僧) 삼보가 갖는 의미
는 불(佛)은 부처로서 교주이고, 법(法)은 교리이며, 승(僧)은 따르
는 제자를 의미한다. 이어서 제자가 60명에 이르자, 불교를 퍼뜨
리라는 전도선언(傳道宣言)을 한다.

"비구들이여, 나는 신과 인간의 굴레에서 해방됐다. 그대들
역시 신과 인간의 굴레에서 해방됐다. 이제 법을 전하러 길을 떠
나라! 많은 사람의 행복과 이익을 위해, 세상 사람들에 대한 연
민의 마음을 갖고, 천신과 사람들의 행복과 이익을 위해 전도하
라. 두 사람이 같은 길을 가지 말고 혼자서 가라! 비구들이여, 처
음도 중간도 마지막도 좋은 의미와 표현을 갖춘 법을 설하라! 온
전하고 도덕적 행위를 알게 하라! 더러움을 적게 타고난 중생들
이 있다. 법에 대해 듣지 못한 자들도 있다. 그들이 법을 듣지 않
으면 퇴보할 것이다. 하지만 그들이 법에 대해 듣게 되면 지혜를
갖춘 자가 될 것이다. 비구들이여, 나도 법을 설하기 위해 우루
벨라의 병장촌으로 갈 것이다."

이로써 61명의 아라한들이 불교를 전하기 위해 각자 한 명
씩 길을 떠난다.

이 장면에서 흥미로운 것은 석가모니는 제자들에게 한 명씩
떠나라고 지시하는데, 약 500년 후의 예수는 제자들의 전도 여
행 지시에서 혼자 가지 말고 두 명씩 떠나라고 지시하는 것이다.
아마도 석가모니는 한 곳이라도 더 전도를 하기 위해 한 명씩 가
라고 한 것 같다.

1 다메크탑(높이 42m, 기부 지름 28m)
2 여러 나라에서 온 스님들이 모여 특별 법회를 하고 있다.
3 이 여인은 도대체 무엇을 하고 있을까?
4 스님들께 빳빳한 현찰로 보시를 하고 있다.
5 노스님과의 우정 사진 한 컷

그런데 이교도 지역을 혼자서 다니면 많은 위험도 따랐을 것이며, 실패하고 죽는 사람들도 있었을 것이다. 그러한 정보를 입수한(?) 예수는 안전하게 서로 의지하라고 두 명씩 떠나라고 한 것은 아닐까 상상해 본다.

열반

석가모니는 45년간 걸식을 하며 전도 생활을 하고 80세에 수명이 다해 죽게 된다. 불교에서는 이를 '열반(涅槃)'이라고 하는데, 열반은 '번뇌가 소멸된 상태' 또는 '완성된 깨달음의 세계'를 의미한다. 즉, 열반은 '타오르는 번뇌의 불을 입으로 불어 끄는 것', '불어서 꺼진 상태' 등을 나타낸다.

열반도 엄밀하게 보면 두 가지 경우가 있다. 우선 석가모니가 35세에 깨달은 상태를 '열반에 들었다.'라고 말한다. 즉, 모든 번뇌에서 해탈했으므로 다시는 윤회의 수레바퀴에 들어가지 않게 된 것을 뜻한다. 하지만 정신적으로는 완전히 해탈했지만, 아직 살아 있기 때문에 육체는 남아 있다. 그렇기 때문에 살기 위해 식사를 해야 하고, 병에 걸리고, 늙어감은 어쩔 수 없다. 그러다 육체의 연한이 다해 죽게 되면 '완전한 열반'에 들어가게 되는 것이다. 이를 '반열반(般涅槃)'에 들었다고 말한다.

석가모니는 죽기 직전 깊은 명상에 들어간다. 그리고 두 발을 포개고 손으로 얼굴을 받치고 옆으로 누운 편안한 자세로 돌아가신다.

석가모니 열반상. 옆으로 누운 모습으로 편안하게 돌아가셨다.

불교의 신관

초기 불교에서 석가모니는 제자가 "신은 있는가?"라고 질문하니 "신은 없다!"라고 대답한다. 이때의 신은 유일신(GOD)으로, 기독교의 여호와나 이슬람의 알라, 또 브라만교에서의 신인 브라흐만(범·梵)을 부정하는 것이다.

열반이 가까웠을 때 제자 아난이 물었다. "부처님께서 열반에 들으시면 우리는 누구를 의지해야 합니까?"라고 질문하니, "나를 믿지 말라, 내 말도 믿지 말라. 오직 네가 바로 부처이니 네 자신이 잘 생각해 보고, 그것이 진리에 맞다고 생각하면 바로 그것을 믿어라! 즉, 너 자신을 믿어라."라고 대답했다.

대승불교와 소승불교의 실태

앞에서 설명했듯이 석가모니는 "신은 없다!"라고 설파했다. 하지만 석가모니 사후 500여 년경 대승불교 시대에 이르러 후배들이 신을 만들게 된다. 석가모니가 깨달은 진리는 너무도 위대해 6년이라는 짧은 세월의 수행으로 얻을 수 없는 경지라고 생각하고, 필히 과거 수억 겁 이전부터의 수행과 공덕이 있었다고 생각하게 된다.

그래서 석가모니의 과거 547 전생담인 『본생경』을 만들게 된다.

본생경

본생경(자타카)은 부처님의 전생 이야기로 이뤄진 경전이다. 여기에서 석가모니는 수행자뿐 아니라 원숭이, 토끼, 말, 사슴 같은 동물로 태어나기도 하고, 온갖 직업과 인생을 전전한다. 결론적으로 부처가 되기 위해 전생에 수많은 공덕과 인연을 쌓았다는 것이다.

그래서 석가모니가 "신은 없다!"라고 했는데도 그를 신으로 만들었고, 심지어 추가하기도 했다(과거칠불, 삼세제불, 비로자나불, 노사나불, 아미타불, 미륵불 등). 또한 보살이라는 이름 아래 관세음보살, 지장보살, 보현보살, 문수보살 등 신에 준하는 작은 신도 만들었다. 처음에는 석가모니의 위대성을 설명하기 위해 만들었지만, 차차 후배들의 필요성 때문에 만들게 된 것은 아닌지 모르겠다.

삼신불

석가모니가 죽은 후 대승불교의 제자들은 붓다의 생명은 영원하며 불멸의 진리인 법신(法身)이라고 생각하게 됐다. 그래서 삼신불(三身佛) 사상을 만든다. 삼신불은 법신불(法身佛), 보신불(報身佛), 화신불(化身佛)을 말한다.

법신불은 영원히 변하지 않는 진리로서의 법신(法身), 보신불은 자신이 쌓은 업보로 이뤄진 보신(報身), 화신불은 일체중생을 계도하기 위해 나타난 역사적 부처 석가모니다.

이러한 삼신불 사상이 생기게 된 것은 석가모니라는 한 인간이 이룩한 깨달음의 세계가 너무도 심오하고 훌륭하다고 생각한 후배들이 석가모니를 계속 그리워하게 되면서 생겼다고 여겨진다. 석가모니가 유훈으로 남긴 말 중에서 "너 자신을 믿어라."라는 말을 생각하고 이 중에서 바로 법등명을 받들라는 것을 생각하다가 문득 최고의 영원불멸한 진리인 '법(法)'이야말로 모든 부처를 만드는 기본'이라고 생각했을 것이다.

그래서 우선 법신불 사상을 창조했고, 다음에는 중생을 구제하는 위대한 원(願)을 세우고, 수행한 결과, 부처가 된다는 보신불(報身佛)을 설정한 후 원래 부처인 석가모니는 법신불(法身佛)이 중생을 구제하기 위해 인간으로 변화한 화신불(化身佛)이 됐다는 사상을 창조했다.

보신불에도 여러 부처가 있는데, 그중 대표적인 부처가 '아미타불'이다. '아미타불'은 원래 법장(法藏)이라는 비구승이었는데, 48개의 큰 서원을 세우고 오랜 수행 끝에 서원을 모두 이룬 후 부처가 된 다음, 서방 극락세계를 세워 누구든지 아미타불을 염불하면 모두 극락 세계로 인도하게 한다고 한다.

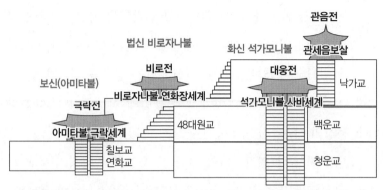

불국사 가람 배치도(높이 위주). 삼신불 중 가장 높은 위치에 법신불 비로자나불이 있고, 다음에 화신불인 석가모니불 보신불인 아미타불을 배치했다. 부처는 아니지만, 현실 세계를 관장하며 대중에게 가장 인기가 있는 관세음보살을 맨 꼭대기에 모신 것을 보면 당시 신라인들이 현실적이라는 것을 알 수 있다.

삼신 사상

삼신(三神) 사상은 우리나라에도 있다. 즉, 우리들이 태어나는 것은 삼신할머니께서 점지했기 때문이라고 생각한다. 또한 전 세계적으로도 삼신 사상이 있다.

힌두교에는 브라만, 비슈누, 시바의 삼신 사상이 있고, 기독교에는 성부, 성자, 성신의 삼위일체설이 있다. 이와 같은 삼신 사상은 아마도 힌두교·불교·기독교 등이 인도와 중동 지역에서 탄생하면서 서로 간에 영향을 미친 것이 아닌가 생각되기도 한다.

어쨌든 대승불교의 이러한 신격화 시스템은 힌두교가 최고의 신 인드라 유일신(GOD) 체제 아래 그다음 신 브라흐만, 비슈누, 시바 그리고 그 아래 수많은 작은 신(god)을 만들었고 심지어 석가모니조차도 자신들의 신 시스템(비슈누의 제9 화신)으로 편입시킨 것과 비슷한 행동으로 볼 수 있다.

힌두교가 이렇게 작은 신을 수없이 만들어 범신론적인 종교로 생각되듯이 대승불교에서도 대승의 부처와 그 후보자인 보살(菩薩)이 수적으로 크게 증가해 범신론적인 경향을 지니게 된 것이다. 오늘날 한국 불교는 힌두교와 융합돼 힌두교 신들을 찬양하고 동양의 산신, 칠성신 등까지 모시고 있다.

만약 어느 날 석가모니가 한국 불교 사찰에 와서 힌두교 신(시바, 비슈누) 등을 인도 현지어로 찬양하는 광경(신묘장구대다라니 독송 등)과 현지 적응이라는 생각으로 삼성각이나 칠성각에서 절하는 불교도들을 본다면 과연 어떻게 생각할 것인가?

제행무상(諸行無常, 모든 것은 변한다.)이라고 할 것인가? 석가모니 부처님께 묻고 싶다.

관세음보살

불교의 보살 가운데 가장 잘 알려졌고 인기가 많은 보살 중 하나로, 석가모니의 입적 이후 미륵이 출현할 때까지 중생들을 고통에서 지켜 주는 대자대비(大慈大悲)의 보살이다. 티베트에서는 달라이 라마를 관세음보살의 현신으로 받든다.

우리나라에는 관세음보살로 유명한 동해 양양 낙산사 홍련암, 서해 석모도 보문사, 남해 금산 보리암이 있다. 관세음보살상은 주로 바닷가에 세워져 있는 것이 특징이다.

동해 낙산사의 홍련암은 대표적인 관세음보살 성지다.

낙산사의 관세음보살이 마치 세상을 쳐다보는 눈동자 속에서 온 세상의 소리를 들으며 어머니
처럼 우리를 바라보고 있는 듯하다.

힌두교의 것은 힌두교에게 돌려 주고 석가모니에게로 돌아가자!
– 신묘장구대다라니를 중심으로 살펴보기 –

불교가 대승불교의 이름으로 인도에서 중국으로 그리고 일본으로 진파되는 과정에서 힌두교의 신들을 많이 차용하게 됐고, 중국의 칠성 신앙, 한국의 산신 신앙과 무속 신앙 등을 모두 수용해 오늘에 이르고 있다.

한국 불교는 그동안 힌두교의 신묘장구대다라니를 열심히 외우고, 무속인들처럼 부적도 써 주고, 사주를 보기도 하는 등 석가모니 부처께서 하지 말라고 하는 짓만 골라 해 왔다.

이와 같이 한국 불교는 겉으로만 불교일 뿐, 실제로는 힌두교 등 외도에 물든 점을 직시하고 참된 불교로 돌아가야 한다.

석가모니는 생전에 분명히 제자들에게 주술적인 행위를 일체 하지 말라고 명령했다. 그런데 천수경은 조계종에서 가장 많이 염송하는 경전 중 하나로, 각종 주문이 들어 있다. 특히 '신묘장구대다라니'가 유명하다. 일부 학자들은 신묘장구대다라니가 힌두교의 시바신과 비슈누신을 찬양하는 내용이라고 주장한다.

한양대 민희식 명예교수는 "신묘장구대다라니는 본래 시바(Shiva)신과 비슈누(Vishnu)신을 예찬하는 다라니였다."라며 "이 다라니가 불교에 수용될 때, 그 속에 들어 있던 시바신과 비슈누신을 예찬하는 내용을 수정하지 않은 채 그대로 받아들여 천수경으로 자리잡게 된 것"이라고 주장한다.

신묘장구대다라니는 "나모라 다나다라 야야 나막알약 바로 기제 새바라야 ~"라는 인도 현지어로만 염불한다. 그래서 일반 불교 신도들은 그 뜻을 전혀 알 수 없다. 그런데 이 뜻을 살펴보면, 그 자체가 시바신과 비슈누신에 대한 예찬문이라는 것이다. "자비로우신 푸른 목의 관자재님을 예찬하나이다.", "브라흐마신, 비슈누신, 시바신의 삼보에 귀의하나이다." 등이다.

그리고 관세음보살의 산스크리트어인 '아발로키테스바라(Avalokiteśvara)'는 비슈누의 여러 호칭 중 하나다.

• 아발로키테스바라

원래 힌두교에서 아발로키테스바라의 뜻은 '세상을 굽어 살피시며, 스스로 계시는 절대자, 즉 하느님'이다. 불교에서는 이를 가져다 '관자재(觀自在)' 또는 '관세음(觀世音)'으로 번역해 그 본래의 위격인 '힌두교 최고의 하느님'이 아니라 부처님보다 아래 단계인 '보살'로 수용했다. 이처럼 불교에 수용된 이후, 인도에서의 원뜻과는 전혀 다르게 왜곡, 변질됐다.

또 시바신에 대한 예경 존칭어인 보디싸트바(Bodhisattva, 보살)와 마하싸트바(Mahasattva, 마하살, 대보살-시바신/Mahat의 존칭어) 역시 불교에 수용돼 본래의 시바신과는 무관한 다른 인격과 의미로 왜곡, 변질돼 버렸다(출처: 법진(이진우), 이원일 공저, 『신묘장구대다라니는 힌두교신 예찬문인가?』)

시바신의 특징은 세상 창조 과정에서 우유 바다에 퍼진 맹독을 들이마신 관계로 '목이 푸르다.'는 것이며 모습은 여성스럽게 생겼다. 앞으로 시바신과 관세음보살의 조각이나 그림을 볼 때 이러한 점에 유의해서 보면 공통점이 있다는 것을 알게 될 것이다.

관세음보살. 여성스럽다.   시바신. 여성스럽다.

어느 날 한 스님께 "조계사에서 매일 힌두교 신을 찬양하는 '신묘장구대다라니'를 현지어로 크게 염송하는 이유는 무엇인가요? 그리고 인도의 독성, 중국의 칠성신, 한국의 산신을 모시는 삼신각을 석가모니 부처님이 보신다면 어떻게 생각하실까요?"라고 물으니 "원래 주문은 신성해 번역을 하지 않습니다."라고 하면서 말을 끊었다. 그리고 한마디 덧붙이길 "이 조직이 싫으면 나가서 다른 데로 가면 되지요."라며 화를 냈다.

나는 어디까지나 불교가 좋아서 공부를 하려고 강의를 듣다가 생긴 평소의 의문점을 풀려고 질문한 것인데, 상대방은 내가 마치 시비를 걸려 한다고 생각한 모양이었다. 부처님은 화를 내는 것이 가장 나쁜 업을 짓는 것이라고 교육했건만, 그 스님은 잘 모르는 것 같았다.

"수리수리 마하수리 수수리 사바하!('훌륭하다 훌륭하다.'라고 외치며 남을 비난했던 자신의 잘못된 생각을 반성하는 주문)."

삼성각(三聖閣)에 산신님, 칠성님, 독성님을 모시고 있다. 산신님은 한국의 신이고, 칠성님은 중국의 신이며, 독성님은 석가모니에게 가르침을 받지 않고 홀로 깨달음을 이룬 분이다.

한편 중국, 티베트, 한국, 일본 등 북방계의 대승불교 국가와 달리, 스리랑카, 태국, 미얀마 등 소승불교 국가에서는 오로지 석가모니 한 분만을 의지하며 아직도 스님들이 매일 아침 직접 탁발을 나가는 등 초기 불교의 순수성을 유지하고 있다.

탁발

탁발(託鉢)은 발우 한 그릇을 들고 식사를 해결하기 위해 스님들이 마을로 동냥을 나가는 행위를 말한다. 한마디로 거지처럼 빌어먹으러 나가는 것이다. 스님을 '비구(比丘)'라고 하는데, 비구는 '걸사(乞士)'로 의역된다. 즉, '거지'라는 뜻이다.

이러한 면에서 보면 석가모니는 '거지왕'이라고 할 수 있을 것이다. 한 나라의 왕자님이 어느 날 갑자기 '거지왕'이 된 것이다. 그런데 이 거지 세계에도 엄격한 규칙이 있었다.

즉, 하루에 한 번만 얻어먹는 것이다. 그리고 시간적으로도 아침에 나가서 구걸한 후에 숲으로 돌아와 먹는 것을 12시 전에 마쳐야 하며, 오후에는 절대로 아무것도 먹어서는 안 되는 것이다. 오후에는 약간의 잠을 자거나 명상을 하며 내면의 정신 근육을 키운다. 물론 자신들이 직접 사찰에서 밥을 지어 먹어서도 안 된다. 반드시 마을로 나가 빌어먹어야 하는 것이다. 이렇게 함으로써 스님들은 명상하는 시간을 더 얻을 수 있고, 신도들은 스님들께 보시하는 공덕을 쌓게 되는 것이다.

그런데 대승불교가 인도 북방의 티베트, 중국, 한국, 일본으로 오면서 이 탁발 제도를 없애 버렸다. 북방 지역은 날씨도 춥고 여러 가지 여건이 남방 국가들과 다르므로 사찰 안에서 직접 밥을 만들 수밖에 없었기 때문이다. 그 결과 석가모니가 제자들에게 너희들은 일체 깨달음을 얻어 해탈하는 일 외에는 직접 먹고 살기 위한 일을 하지 말라고 했는데도 다음과 같은 새로운

미얀마 승려들이 탁발하러 마을로 향하는 모습(이한욱 작)

아침에 마을로 들어가면 신도들이 기다렸다가 공양을 올린다(이한욱 작).

미얀마 비구니 스님 탁발 모습. 미얀마에서는 스님들 사이에서도 차별이 존재한다. 비구 스님들이 탁발을 한 후에야 비구니 스님들이 탁발을 나서야 하며 복장 색도 다르다. 석가모니가 남녀 차별을 일체 하지 말라했거늘….

규칙을 정하게 된다.

8세기에 이르러 중국의 백장(百丈) 스님은 "하루 동안 일하지 않으면 하루 동안 먹지 않는다(一日不作 一日不食)."라는 새로운 규칙을 제정하게 된다. 아무튼 오늘날 대승불교 지역에서는 스님들이 탁발을 하지 않는다.

불교와 과학

불교의 놀라움은 석가모니가 대단히 과학적인 사고를 했다는 점이다. 이런 점에서 석가모니의 위대성이 나타난다. 그가 사유한 바는 2,500년이 지난 오늘날의 과학이 이를 증명하고 있다.

과학은 도구를 사용해 진리에 다가서고, 불교는 수행을 통한 직관으로 진리에 다가선다. 아인슈타인이 "종교는 과학적으로 증명되고, 과학자와 예술가에게 영감을 줄 수 있어야 한다."라고 했듯이 전 세계 종교 중에서 유일하게 과학적인 종교가 바로 불교라고 생각한다.

• 일적수 구억충

일적수 구억충(一適水 九億蟲)은 '한 방울의 물속에 구억 마리의 벌레가 있다.'는 뜻으로, 2,500년 전의 석가모니가 한 말이다. 그 당시에는 무슨 소리인가 했겠지만, 현대 과학 세계에서 현미경이 발명된 이후 수억 마리 이상의 박테리아, 바이러스 등이 있다는 것이 증명됐다.

• 삼천대천세계

삼천대천세계(三千大天世界)는 불교의 세계관에서 부처 하나가 교화를 맡는 세계의 범위로, '대천세계(大天世界)' 또는 '삼천대천세계(三千大天世界)'라고도 한다.

불교에서는 우리가 살고 있는 지구와 같은 세계 1,000개를 묶어 '일천세계(一千世界)' 또는 '소천세계(小天世界)'라 하며, 일천세계 1,000개를 묶어 '이천세계(二千世界)' 또는 '중천세계(中天世界)'라고 하는데, 이런 이천세계를 1,000개 모으면 '삼천세계'가 된다. 즉, 삼천세계는 1,000×3=삼천 세계가 아니라 1,000×1,000×1,000=십억 세계인 것이다.

즉, 이 우주에는 엄청난 별들의 세계가 무한대로 펼쳐 있어 그 수를 셀 수도 없다는 뜻이다. 이러한 사실은 과학 세계에 망원경이 발달하면서 사실로 밝혀졌다.

윤회

윤회(輪廻)는 산스크리트 원어로, '함께 건너는 것'이라는 뜻이지만, 중국에서는 '수레바퀴가 돈다(輪廻).'라고 번역했다.

고대 인도에서는 '죽은 후 다시 태어남을 거듭한다.'는 윤회 이론에 대해 다양한 의견이 있었다. 죽은 후 2세상~5세상을 돈다든지 하는 의견이 있었지만, 불교에서는 5세상~6세상으로 정리했고, 해탈의 경지에 도달해야 비로소 윤회의 바퀴에서 벗어난다고 생각했다.

대체로 인도계 종교인 힌두교, 자이나교, 불교, 시크교 등에서 윤회를 믿으며, 서양의 경우에도 고대 이집트, 피타고라스, 영지주의 등에서도 윤회를 믿었다고 한다.

도시로 들어가시는 부처님

삼법인

삼법인(三法印)은 제행무상, 일체개고, 제법무아의 세 가지 진리를 말한다. 석가모니는 일생 동안 이 세 가지 진리를 설했다.

제행무상(諸行無常): 이 세상의 모든 것은 변한다.

일체개고(一切皆苦): 이 세상의 모든 것은 변하므로 괴롭다.

제법무아(諸法無我): 따라서 내 것이랄 것이 아무것도 없다.

위에서 제행무상(諸行無常)과 제법무아(諸法無我)를 깨달으면 고통이 사라지는 단계인 열반적정(涅槃寂靜)의 세계에 이른다. 하지만 이 진리를 깨닫지 못하면 일체개고(一切皆苦)의 세계를 헤매게 된다. 결국 최상의 목표는 열반적정(涅槃寂靜)의 세계(열반에 들어 고요한 상태)에 이르는 것이다.

나는 삼법인 중에서 어려운 일이 다가오면 항상 '제행무상'을 생각하며 많은 위로를 받았다. 예를 들면 동생이 죽는 순간을 맞이하거나 강아지가 죽는 순간이 다가옴을 느낄 때 항상 이 진리를 새기면서 담담하도록 노력했다.

이 진리를 모를 때는 어려운 일이 닥쳐오고 내가 해결할 수 없는 순간에 한없이 슬퍼하고 당황했는데, 불교에서 이 진리를 배운 후에는 많은 도움이 됐다. 그래서 석가모니를 존경하게 된 것이다.

불교에서 배운 점 I

탐 · 진 · 치 [貪 · 瞋 · 癡(痴)]

석가모니는 인간이 계속 윤회의 굴레를 벗어나지 못하는 점에 대해 생각하다가 인간의 어리석음을 깨달았는데, 이러한 사상을 요약한 것이 바로 탐 · 진 · 치다. 이를 세 가지 독이라고 해 '삼독심(三毒心)'이라고 했다. 이 삼독심 때문에 인간은 해탈을 하지 못하고 영원히 윤회를 계속해 괴로운 세상에 태어나게 된다는 것이다.

여기서 탐(貪)은 끊임없이 일어나는 탐욕, 진(瞋)은 화를 냄을 뜻한다. 자신이 욕망하는 것이 이뤄지지 않기 때문에 인간이 화를 낸다는 것이다. 그리고 이러한 원인은 바로 인간이 어리석기(치, 癡) 때문이라는 것이다.

다음은 이러한 탐·진·치의 한자 표현을 나름대로 생각해 본 결과다.

탐할 탐(貪)

이제 금(今) 조개 패(貝)의 합성어다. 즉, 지금 추구하는 것이 조개(돈)뿐이기 때문에 '욕심 덩어리'라는 뜻이다.

부릅뜰 진(瞋)

눈 목(目), 참 진(眞)의 합성어다. 진실을 보는 데 왜 화가 날까? 자신이 남을 볼 때 상대방이 진실되지 않다고 착각하기 때문이다. 그래서 눈을 부릅뜨고 성을 내는 것이다.

어리석을 치(癡, 痴)

불교계에서는 두 가지 한자를 혼용한다. 痴는 癡의 속자(俗字)이기 때문이다. 각각 나름대로 생각해 보기 바란다.

1. 치(癡)

병(病), 의심할 의(疑)의 합성어다. 즉, '의심하는 병'이다. 무엇이든지 모르기 때문에 의심한다. 심지어 진리조차도 의심한다. 어리석기 때문이다.

2. 치(痴)

병(病), 알 지(知)의 합성어다. 즉, '앎병'이다. 무엇이든지 안다고 착각한다. 어리석기 때문이다.

불교에서 배운 점 II

이 육체는 뼈의 집
뼈들은 살과 피로 덮여 있나니
이 집의 식구들은 누구인가?
자만과 위선 그리고 늙음과 죽음이다.

– 법구경 11:150

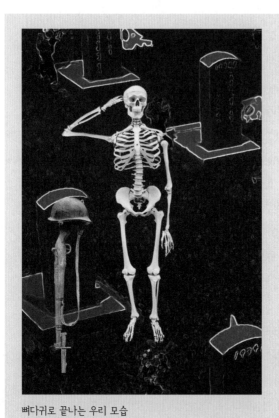

뼈다귀로 끝나는 우리 모습

자기 자신의 스승은 자기 자신이다.
자기 자신 외에 누가
자기 자신의 스승이 될 수 있겠는가?
자기 자신을 잘 다스리면
만나기 어려운 스승을 만난 것이다.

– 법구경 12:160

힌두교

힌두교의 탄생 배경

석가모니 열반 이후 불교의 승려들은 경전과 율장의 해석 등과 같은 문제로 분열하게 된다. 경전 및 율장 해석의 전통을 고집하는 상좌부와 일부 교리는 시대에 맞춰 변경해도 좋다고 생각하는 대중부로 나뉘게 되고, 이후로도 약 20여 개의 교단으로 나뉜다. 이를 부파 불교의 시대라고 하는데, 이때는 승려들이 주로 일반인들에 대한 포교를 게을리하고, 오직 자신을 구제하기 위한 수행과 경전 해석에만 몰두했다. 그 결과 불교는 민중에서 점점 멀어지게 되는데, 이 틈새를 파고든 것이 바로 '힌두교'였다.

힌두교 사제들의 제사 모습

힌두교는 브라만교의 철학을 배경으로 새롭게 탄생한 종교다. 힌두교는 용광로와 같은 종교로, 모든 다른 종교들까지 녹여 자신의 종교로 흡수 합병한다. 우선 브라만교를 흡수한 후 불교 등의 다른 종교까지도 흡수한다. 힌두교는 잘못을 개선하면서 상대방을 포용하는 형식을 취한다.

예를 들면 과거 브라만교에서 동물을 죽여 제사에 사용한 점을 불교에서 비판하자 이를 수용하고 동물을 제사에 사용하는 대신 꽃, 향, 과일 등으로 대체했다. 그리고 불교의 석가모니를 자신들의 신인 비슈누의 '제9아바타라(화신)'로 만들어 흡수한다.

알라하바드 축제

인도의 여러 지방에서 사진 촬영을 하던 중 만난 힌두교도들의 모습은 충격적이었다. 바로 수십만 명의 사람이 강물에 들어가 목욕하고 기도하는 '알라하바드(Allahabad) 축제'에 참여하는 모습 때문이다.

그 축제는 매년 1월경 메타라는 힌두교의 큰 제사가 열리는데, 특히 그해는 12년 만에 한 번씩 열리는 대축제로, 전 인도로부터 몇 달씩 걸려 찾아와 참석한다는 것이다. 모두가 강물에 들어가 목욕을 하고, 기도하고, 물을 떠 마시고, 그 강물을 물통에 담아 고향으로 가져가는 것이다. 절름발이도 발을 질질 끌며 강물로 들어가 목욕하고 강물을 정성스럽게 담았다. 그 신도는 무려 한 달이나 걸려 이곳에 왔다며 매우 만족해했다.

알라하바드는 바라나시 서쪽 도시로, 야무나 강과 갠지스 강의 합류점에 있는 종교, 행정, 상업의 중심지이다. 두 강의 합류 지점을 '상감'이라고 하는데, 이는 마치 북한강과 남한강이 합쳐지는 '양수리'와 같은 개념이다.

또 그들은 며칠씩 묵으며 기도를 하기 때문에 넓은 강변에 당국에서 쳐놓은 몇 만 개는 족히 될 만한 수많은 천막이 설치돼 있었다.

이렇게 많은 사람이 모두 이곳으로 달려와 기도하며 목욕하고 비는 이유는 무엇일까? 그들은 자신과 가족들의 안녕을 위해 신에게 비는 것이다. 이 강물에 몸을 담그고 기도하면 신이 확실하게 들어 줄 것이라는 믿음을 갖고 있다. 또 그들은 과거에 그들의 신이 일으킨 수많은 기적 이야기를 많이 들었고, 또 믿을 것이다.

당초 기독교적 사고방식에 젖어 있던 나는 힌두교도들은 이교도들이며 악마의 집단이라고 생각하는 고정관념이 있었다. 하지만 그 장엄한 장면을 보고 깨달았다.

"저렇게 수많은 사람이 기도하는 데는 이유가 있을 것이다. 그 누구도 저들을 비난하거나 비웃을 자격이 없다. 저들은 나름대로의 세계가 있고 불교도들과 기독교도들은 또 그들 나름대로의 세계가 있는 것이다. 서로 무시하지 말고 존중해 나가는 세상을 만들면 될 것이다."

수많은 신도가 축제에 참여하기 위해 강변에 접근하고 있다.

알라하바드 축제가 열리는 야무나 강과 갠지스 강의 '상감' 강변

한없이 펼쳐진 모래사장에 천막이 빽빽하게 설치돼 있다.

성수를 담고 만족해하는 힌두교도. 옆의 나무기둥에 박아놓은 호박은 신에게 바치는 제물이라 한다. 몇 달간 힘든 고생 끝에 찾아온 행복의 미소가 느껴진다.

성수 목욕   이른 새벽의 간절한 기도

힌두교 신들의 세계

힌두교는 흔히 '다신교(多神教)'라는 오해를 받는다. 왜냐하면 인도에서는 신뿐 아니라 동물(황소, 코끼리, 뱀, 쥐, 원숭이 등), 식물, 광물 등의 자연신을 숭배하기 때문이다.

하지만 힌두교는 실제로는 유일신교 체제다. 신들의 신인 '인드라'를 최고신으로 설정하고, 힌두교의 다른 여러 신을 최고신의 다양한 모습이라고 하는 것이다. 즉, 최고의 신 '인드라' 밑에 '브라마', '비슈누', '시바' 신 등으로 이뤄진 종교다. '인드라'는 유럽에서 넘어온 정복자 아리아인의 고유 신이기 때문에 그를 최상위에 배치했을 것이다.

세월이 흐름에 따라 베다 시대 이후에는 최상위 신인 '인드라'의 지위가 약화되고, 비슈누, 시바와 같은 신들의 지위가 격상된다. 재미있는 것은 시바 신도는 주로 시바만을 믿고 비슈누신도는 비슈누만을 믿는다. 따라서 시바 신도에게 비슈누신은 별다른 중요성이 없고, 또 비슈누 신도에게 시바신은 별 의미가 없다. 하지만 그들은 서로 싸우지 않으며, 서로를 존중하는 문화가 있다.

힌두교의 시바신을 배경으로 설명하는 요기(요가 수행자), 시바신은 '요가의 왕'이라고도 불린다.

인드라

베다 경전에서 인드라는 신들의 신이자, 신들의 통치자이며, 천상과 빛의 신이라고 한다.

• 브리트라

뱀의 신으로, 인드라의 반대편에서 대립적 역할을 하는 신이다. 기독교에서 하나님이 천지창조, 인간 창조 후 뱀이 이브를 유혹해 선악과를 따먹게 함으로써 원죄가 생기는 이야기를 참조하면 좋을 것 같다. 기독교 성경에서는 뱀을 악마의 대표격인 생물이라 생각한다.

하지만 힌두교에서는 다양한 신 중의 하나로 모시며, 불교에서는 석가모니가 깨달은 후 큰 폭풍우가 닥쳐오자, 여러 마리의 뱀이 석가모니 부처를 폭풍우에서 보호하는 역할을 했다고 하며, 기독교에서의 악마처럼 보지는 않는다.

힌두교의 뱀신 중 하나다.

부처를 보호하고 있는 아홉 마리의 뱀

• 아그니

불과 빛의 신으로, 하늘에서는 태양, 땅에서는 불로 나타난다. 가정에서는 아궁이에서 밥을 짓고 요리하는 생명의 불꽃이고, 화장터에서는 시체를 태우는 죽음의 불꽃이기도 하다. '아그니'는 한국에서는 발음이 '아궁이'로 변했다. 한국 무속 신앙에서는 부엌신, 아궁이신 등에게 치성을 드리기도 한다.

아그니는 하늘과 땅과 인간을 연결하는 신이고, 항상 젊으며, 불멸하다. 지금도 인도 바라나시 화장터에 가면 3,000여 년을 꺼지지 않고 전해 내려온 불씨를 소중하게 보관하고 있다.

시바신의 불. 바라나시 화장터 불씨는 이곳에서 채취한다. 이 불은 수천년 동안 한 번도 꺼지지 않았다고 하며 대단히 성스럽게 여긴다. 사진을 절대로 찍지 못하게 한다. 만약 사진을 찍다 걸리면 카메라를 뺏기므로 주의해야 한다.

• 바라나시

힌두교에서 가장 성스럽게 생각하는 갠지스(인도인들은 '강가'라고 한다.) 강이 흐르는 바라나시는 인도 동부에서 가장 유명한 도시다. 갠지스 강은 히말라야 산맥에서 발원해 이곳까지 왔기 때문에 성스럽게 여기며, 이곳에는 힌두교 사원은 물론 이슬람교 사원 그리고 불교 4대 성지의 하나인 사르나트도 있다.

힌두교도가 이 강에서 목욕하면 죄를 씻을 수 있다고 해서 모든 힌두교도들은 일생 한 번 방문하는 것이 소원이라고 한다.

바라나시 강변

바라나시 화장터. 이곳에서 화장을 하려면 장작을 사야 하는데 가격이 꽤 비싸다고 한다. 화장 후 갠지스 강에 화장 찌꺼기를 그대로 버리면 좋은 곳에 태어난다고 믿는다.

비슈누

　비슈누는 브라흐마, 시바와 함께 힌두교 3대 신 중 하나로, 유지와 재생의 신으로 불린다. 비슈누와 그 화신들은 통계적으로 기독교의 여호와 신과 함께 가장 숭배받는 신이다. 비슈누는 계속 자신의 아바타라(화신)를 만들어 낸다.

비슈누

비슈누의 다양한 모습

• 아바타라

비슈누는 세상을 유지하기 위해 아바타라(Avatar, 화신, 化身)를 세상에 내려 보내 인류를 구원한다. 화신 중 유명한 것으로는 크리슈나, 칼키, 붓다 등이 있다.

가장 대표적인 화신은 총 10명이 있는데, 현재까지 9명이 출현했고, 마지막 한 명인 칼키는 미래에 나타날 것으로 예정된 존재다. 불교의 미륵불이나 유대교의 메시아와 비슷한 그리스도 역할이다.

이러한 비슈누의 아바타 사상은 불교 화신불의 개념을 탄생시키는 계기가 됐다고 한다. 즉, 석가모니는 '우주의 가장 위대한 진리' 자체인 '비로자나불'이 인간을 구제하기 위해 이 세상에 나타난 '비로자나불의 화신'이라는 것이다. 그래서 대승불교에서는 석가모니를 '화신불'이라고 한다. 한편 오로지 석가모니만을 주신(主神)으로 섬기는 소승불교에서는 이러한 개념이 없다.

• 크리슈나

크리슈나는 비슈누의 여덟 번째 화신으로, 인도에서 제일 인기 있는 아바타라다. 크리슈나교도는 그를 아바타라의 반열이 아니라 비슈누 그 자체라 하며, 찬양하기도 한다.

비슈누의 화신 크리슈나. 크리슈나는 인도 현지인과 같은 흑인 출신이다.

비슈누의 다양한 모습

• 부처

힌두교는 불교의 창시자 석가모니 부처를 비슈누의 아홉 번째 화신으로 편입했다. 이렇게 용광로처럼 불교를 흡수, 통일한 결과, 불교는 인도에서 거의 사라져 버리고, 북방불교는 대승불교라는 이름으로 티베트, 중국, 한국, 일본으로 이사를 갔으며, 남방불교는 소승불교로서 스리랑카, 태국, 미얀마 등으로 이사를 갔다. 그 결과, 오늘날 인도에는 불교가 없다고 해도 과언이 아니다.

그런데 재미있는 것은 티베트, 중국, 한국, 일본으로 이사간 대승불교는 이사를 갈 때 '힌두교 신의 짐'을 함께 싸갖고 가 버렸다는 점이다. 그 결과 티베트의 밀교와 대승불교는 힌두교의 비슈누와 시바신에게 지금도 경배드리고 있는지 모른다.

'달라이라마', 티베트에서는 관세음보살의 화신이라고 숭배한다.

북방불교에서 가장 인기있는 관세음보살의 특징(목이 푸른 모습, 여인의 모습, 손과 눈이 여러 개인 천수천안관세음보살의 모습 등)은 바로 시바신의 모습을 흉내낸 것으로 볼 수 있다.

흥천사 금동 천수관세음보살상

시바

힌두교의 주신(主神) 중 하나인 시바(루드라)는 '파괴의 신'이다. 시바의 모습은 강물이 흘러내리는 듯한 머리에 3개의 눈, 검푸른 목, 수많은 팔을 지닌 모습으로 묘사된다. 시바의 도시 바라나시에서는 오늘날도 성화가 꺼지지 않고 계속 타오른다.

• 카주라호

카주라호는 북인도 최고의 사원 유적지다. 동서남북에 사원들이 많이 있지만, '야한' 볼거리가 많은 곳이 서부 사원이다. 이 사원의 이름은 '브로디비슈와나트라'인데, 시바신을 모신 곳이며, 야한 조각상이 많다. 시바신 신앙자들은 요가를 수행하며 신과의 합일점을 찾는데, 일부 요가 수행자들은 섹스의 기쁨을 맛봄으로써 신과 합일한다고 생각하는 부류가 있다. 이런 생각에서 고대 인도에서는 성행위 경전인 '카마수트라'가 생겼고, 이 사원에서는 그 경전의 다양한 성행위 체위가 나와 있다. 사람들끼리의 다양한 성행위는 물론 심지어 동물과의 성행위 장면도 있다.

힌두교에서 배운 점

힌두교는 스펀지와 같이 모든 것을 빨아들인다. 힌두교가 지배하는 인도에서는 일체 모든 종교를 수용한다. 불교, 예수교, 이슬람교, 기타 모든 종교를 수용한다. 따라서 힌두교가 전쟁을 일으킨 적은 없다. 다만 이교도들이 쳐들어오면 저항할 따름이다. 힌두교의 사상은 용광로와 같다. 모든 것을 녹여 수용하는 것이다. 이러한 면에서 전 세계 종교 중 가장 스펙트럼이 넓다고 생각한다.

카주라호 사원. 시바신을 모신다.

성행위를 통해 신과의 합일을 추구한다. 성행위
시 느끼는 오르가즘의 순간에는 아무런 잡념이 떠
오르지 않는다. 즉, 명상의 최상점인 삼매에 빠지
는 순간이다. 이를 자신 안에 있는 '참나(아트만,
Atman)'와 우주의 지배자인 신과 합일하는 순간
이라고 생각한다.

다양한 성행위 표현

심지어 동물과의 성행위도 있다. 가운데 뒤에 있는 사람은 부끄러운지 얼굴을 가리면서도 살짝
쳐다보고 있다.

한국의 통과의례와 무속 종교

통과의례

통과의례(通過儀禮)는 인간이 태어나 죽을 때까지 발생하는 중요한 순간을 기념하는 의례로, 의식(儀式)의 형태를 지닌다. 출산, 백일, 돌, 관례, 혼례, 회갑, 상례, 장례, 제례 등을 전통적인 의례로 지키고 있다.

이러한 통과의례는 문화, 모든 종교에 존재하는 인류의 보편적인 의례다. 한국에서 전통 가정의례(家庭儀禮)는 주로 유교의 이념적 효를 그 근본으로 했으며, 전통적으로 출생, 백일, 첫돌, 혼례, 회갑, 희년, 상례, 제례 등을 주로 치른다. 한국의 토속 신앙과 풍속은 불교와 영합해 불교 의례 의식을 낳았고, 기독교에서는 제사 의식 등을 귀신 숭배 사상이라며 거부하고 있다.

유교식 제사

상여를 모시는 장례 의식

무속 종교

    무속 신앙은 신령과 인간의 중간에서 중재자 역할을 하는 무당을 믿는 종교다.

    무당의 숭배 대상은 옥황상제, 단군, 산신령, 최영 장군, 조상신, 관우이다. 이러한 무당 종교는 고대 몽골 지역에서 처음 생겼다고 추정된다. 무속 종교는 각종 외래 종교가 들어오기 이전부터 한국의 원초적 신앙이었다.

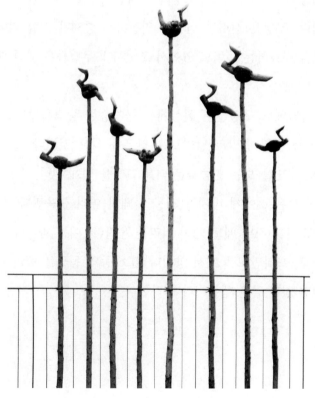

솟대는 마을 수호신의 상징으로, 장대 위에 새 조각을 붙여 세웠다.

• 무당

　'무당(巫堂)'은 여성, '박수'는 남성을 말하는데, 이들은 오늘날 현대화돼 굿, 점술, 퇴마, 부적 판매 등을 하는 종교 서비스를 하고 있다. 무당의 한자인 무(巫)를 살펴보자. 위에 일(一) 자 아래에 또 일(一) 자가 있고, 가운데에 세로로 일(一) 자가 있다. 그리고 양옆에 사람 인(人) 자가 2개 있다. 위에 일(一) 자는 하늘, 아래의 일(一) 자는 땅이다. 중간의 세로로 일(一) 자는 하늘과 땅을 잇는 기둥이며, 그 기둥을 조정하는 사람이 바로 무당(巫堂)이라는 뜻이다. 무당은 신령과 인간을 연결하는 중재자 역할 외에도 일부 병을 치료하는 능력도 있어서 조선시대 무당들은 귀한 대우를 받기도 했다.

　오늘날에도 무당들은 현실에서 불가능한 능력을 보이기도 한다, 예를 들면 맨발로 날카로운 작두를 타는 것이다. 그러한 기적적인 장면을 보는 민중들은 더욱 그들을 믿게 된다.

　무당들은 신에게 바치는 제물로 돼지 머리를 올린다. 일반인들이 고사를 지낼 때도 돼지 머리를 올린다. 이는 과거에 아브라함 종교, 브라만교 등에서 양이나 염소 등의 동물을 죽여 제물로 바쳤던 것과 같은 행동이라 생각한다.

무당(김미숙 작)

대관령 국사당에 모신 제물 돼지다.

작두 타는 무당(김미숙 작). 작두를 타며 그네를
타고 있다.

무종교 · 무신론

무종교(無宗敎)는 '종교를 믿지 않는 것'이다. 갤럽 조사에 따르면, 한국, 일본, 유럽이 무종교 비율이 높고, 중동, 동남아, 미국, 남미는 낮다.

리처드 도킨스

영국의 진화 생물학자인 클린턴 리처드 도킨스(Clinton Richard Dawkins)는 1976년 저서 『이기적 유전자(The Selfish Gene)』에서 찰스 다윈의 '적자생존과 자연선택' 이론을 유전자 차원 이론으로 바꿔 진화를 설명하면서 인간은 유전자가 만든 '기계'에 불과하다고 주장했고, 이러한 시각이 2006년의 저서 『만들어진 신』에도 나타나 있다.

리처드 도킨스   리처드 도킨스의 저서 『만들어진 신』

그는 이 책에서 "초자연적 창조자는 존재하지 않으며, 종교적 신앙은 착각에 불과하다."라고 주장했다. 또한 그는 "신이 만물을 창조한 것이 아니고 진화론의 자연 선택이 생명의 탄생 발전의 원인인 것이 확실하다."고 주장했다.

그는 초자연적 창조주는 존재하지 않는다고 하면서 로버트 피시그의 말을 인용해 종교에 대해 다음과 같이 말한다. "누군가 망상에 시달리면 정신 이상이라고 한다. 다수가 망상에 시달리면 종교라고 한다." 그리고 종교가 없는 우리 세상을 상상해 보라고 외친다. 그러한 세계는 자살 폭탄 테러범도 없고, 9·11 테러도 없고, 십자군도 없고, 마녀 사냥도 없을 것이라 단언한다.

종교를 믿는 사람들은 위와 같은 무종교·무신론자들의 주장도 완전히 외면할 것이 아니라 한 번 들여다볼 가치가 충분하다고 생각한다. 매일 자장면만 먹을 것을 고집하지 말고 남들이 좋아하는 짬뽕도 한 번쯤 먹어볼 가치가 있는 것은 아닐까? 특히 한국의 경우에는 무신론자들의 분포가 과반수가 넘는 56%이므로 그들의 의견을 들어 볼 필요가 있을 것이다.

종교 통계

2020년 기준, 전 세계 242개국 인구는 약 78억 명이다. 전 세계에서 단일 종교로서는 이슬람교의 신자 수가 제일 많다. 한편 최근에는 종교 신자는 줄어들고, 무신론자는 증가하고 있다.

세계 종교 분포

❶ 이슬람교: 17억(22%)

❷ 천주교: 13억(17%)

❸ 기독교: 9억(12%)

> 아브라함계 종교 소계: 39억 명(51%)

❹ 힌두교: 11억(14%)

❺ 불교: 5억(6%)

> 인도계 종교 소계: 16억 명(20%)

❻ 중국계 전통 신앙: 4억(5%)

❼ 무종교와 기타 무속 종교 등: 19억(24%)

> 인구 총계: 78억 명 (100%)

한국 종교 분포

❶ 기독교: 967만(19.7%)

❷ 불교: 761만(15.5%)

❸ 천주교: 389만(7.9%)

❹ 기타 종교: 38만(0.8%)

> 종교인 소계: 2,155만 명 (43.9%)

무종교 및 기타 무속 종교: 2,750만(56%)

(2015년 통계청 발표) 한국 전체 인구 4,905만

7부를 마치며

지금까지 다양한 종교의 현황을 살펴봤다. 각각의 종교는 각자 나름대로의 역사와 특징을 갖고, 인류와 함께하며 종교 나름의 진화를 계속해 온 것을 알 수 있었다. 인류는 어떤 종교든 종교에 의지해 위안도 받고, 때로는 실망도 하며 동거동락해 왔다. 또 종교를 믿지 않는 사람들은 또 그 나름대로의 행복을 추구하는 삶을 영위해 왔다.

여기서 중요한 것은 종교인이든 아니든 종교를 '인생을 행복하게 살기 위한 도구'로 이해해야 한다는 것이다. 따라서 자신만의 종교가 최고이며, 다른 종교는 안 된다는 좁은 생각은 내려놓고 다른 종교나 무신론자들도 존중하고, 이해하며 인류 모두의 공통 과제인 '각자의 행복 추구'를 향해 평화롭게 나아가야 할 것이다.

> "이런들 어떠하리 저런들 어떠하리, 우리도 이와 같이 얽혀 천년만년 살고지고, 기독교이든 어떠하리 불교이든 어떠하리, 우리도 이와 같이 얽혀 천년 만 년 살고지고."

Foreign Copyright:
Joonwon Lee
Address: 3F, 127, Yanghwa-ro, Mapo-gu, Seoul, Republic of Korea
        3rd Floor
Telephone: 82-2-3142-4151
E-mail: jwlee@cyber.co.kr

행복여행

2021. 10. 14. 1판 1쇄 인쇄
2021. 10. 21. 1판 1쇄 발행

지은이 | 양재헌
펴낸이 | 이종춘
펴낸곳 | BM ㈜도서출판 성안당
주소 | 04032 서울시 마포구 양화로 127 첨단빌딩 3층(출판기획 R&D 센터)
       10881 경기도 파주시 문발로 112 파주 출판 문화도시(제작 및 물류)
전화 | 02) 3142-0036
       031) 950-6300
팩스 | 031) 955-0510
등록 | 1973. 2. 1. 제406-2005-000046호
출판사 홈페이지 | www.cyber.co.kr
ISBN | 978-89-315-5779-4 (03040)
정가 | 18,000원

이 책을 만든 사람들

책임 | 최옥현
진행 | 앤미디어
교정 · 교열 | 안종군
본문 · 표지 디자인 | 앤미디어
홍보 | 김계향, 유미나, 서세원
국제부 | 이선민, 조혜란, 권수경
마케팅 | 구본철, 차정욱, 나진호, 이동후, 강호묵
마케팅 지원 | 장상범, 박지연
제작 | 김유석

■ 도서 A/S 안내

성안당에서 발행하는 모든 도서는 저자와 출판사, 그리고 독자가 함께 만들어 나갑니다.
좋은 책을 펴내기 위해 많은 노력을 기울이고 있습니다. 혹시라도 내용상의 오류나 오탈자 등이
발견되면 **"좋은 책은 나라의 보배"**로서 우리 모두가 함께 만들어 간다는 마음으로 연락주시기
바랍니다. 수정 보완하여 더 나은 책이 되도록 최선을 다하겠습니다.
성안당은 늘 독자 여러분들의 소중한 의견을 기다리고 있습니다. 좋은 의견을 보내주시는 분께는
성안당 쇼핑몰의 포인트(3,000포인트)를 적립해 드립니다.
잘못 만들어진 책이나 부록 등이 파손된 경우에는 교환해 드립니다.